JAHRESZEITEN KÜCHE

für die FAMILIE

250 Rezeptideen,
die leicht gelingen
und allen schmecken

AUTORINNEN
SUSANNE BODENSTEINER | MARTINA KITTLER | CHRISTA SCHMEDES
FOTOS
FOTOS MIT GESCHMACK: ULRIKE SCHMID, SABINE MADER

Einleitung & Service

Vorwort 7	Gemüse und Obst perfekt vorbereiten 17
Das koche ich, wenn 8	Rohköstlich genießen 17
Obst und Gemüse von A bis Z: Saisonkalender mit Tipps zu Einkauf und Aufbewahrung 10	Der richtige Platz für Kartoffeln, Obst, Kräuter & Co. 18
Einkaufsknigge für frisches Gemüse und Obst 16	Tiefkühl-Tipps 18
	Sommerfrüchte für den Wintervorrat 19

Frühling

Die Produkthits im Frühling: Spargel, Rhabarber und zartes Grün 22	Gemüsebeilagen, die glücklich machen ... 40
Aufgeweckte Powerdrinks: mit frischen Früchten gegen Frühjahrsmüdigkeit 24	Nudeln im Frühjahr: mit frischem Knoblauch und jungem Gemüse 42
Abwechslung aufs Brot 26	Das beste Fleisch aus Pfanne und Wok 44
Allerlei mit Eiern 28	Kaninchen und Lamm: frühlingsfrisch 46
Cremige Süppchen: mit Kerbel, Koriander und grünem Spargel 30	Schnell an Land gezogen: Garnelen, Matjes und Knusperfisch 48
Frühling in Suppentopf und Wok 32	Fisch – ganz fein gemacht 50
Frühlingsfrische Salate 34	Süße Frühlingsfreuden 52
Bunte Salate zum Sattessen 36	Frühling zum Dessert 54
So schmeckt der Mai: kleine Gemüsegerichte 38	Frohe Ostern! Mit Möhren-Muffins und toller Deko 56

Sommer

Die Produkthits im Sommer: Paprika, Tomaten und taufrischer Salat 62	Jetzt in Bestform: Zucchini, Bohnen und Spitzpaprika 82
Coole Sommerdrinks 64	Sommer auf dem Grill 84
Brotzeit: mal bayerisch, mal mediterran 66	Hähnchen, Lamm und Schweinefilet: saftig und aromatisch 86
Dip, Relish & Kräuterbutter 68	Fisch auf leichter Welle 88
Feine leichte Sommersnacks 70	Fruchtige Sommerfreuden 90
Salate für die heiße Jahreszeit 72	Eisvariationen: süß und soft und immer eine Sünde wert 92
Partytaugliche Sattmachersalate 74	Konfitüren & Chutneys 94
Sommersuppen: mal heiß, mal kalt 76	Im Freien feiern: mit lauter leckeren Partyhits 96
Schmeckt nach Urlaub: Sommer-Pasta 78	Sommerfest im Blütenrausch 99
Vegetarische Sommerküche 80	

INHALT 5

Herbst

Die Produkthits im Herbst: Pilze, Kürbis und knackfrische Äpfel	102
Für große und kleine Suppenfans	104
Deftiges aus dem Topf	106
Fruchtig, frisch & fein: Salate im Herbst	108
Vegetarische Schmankerl	110
Gemüse: von kräftig bis sahnig-mild	112
Heiß! Flammkuchen & Pizza	114
Quiche & Tarte: mal grün, mal bunt	117
Pastagerichte für Genießer	118
Heiße Liebe: Nudeln und Gemüse aus dem Ofen	120
Kartoffel-Hits aus Topf und Pfanne	122
Geflügel: drei mal lecker	124
Raffiniert und gästefein: Ragouts	127
Die besten Sonntagsbraten	128
Appetit auf Fisch und frische Muscheln	130
Apfelauflauf und Topfenknödel: Mehlspeisen direkt aus dem Paradies	133
Herbstliche Desserts: fruchtig und verführerisch	134
Uaahhh! Halloweenparty	136

Winter

Die Produkthits im Winter: Rosenkohl, Feldsalat und aromatische Nüsse	142
Suppen, die von innen wärmen	144
Wärmend und wohltuend: Eintöpfe	146
Kleine, feine Wintersnacks	148
Winterfeste Vitamine	150
Gemüse in Salzteig, Senfsahne und Orangenbutter	152
Hauptsache Gemüse!	154
Nudeln im Winter: herrlich würzig	156
Kartoffelgerichte für jeden Tag	158
Winterideen für Steak und Filet	160
Fleischeslust: sanft geschmorte Klassiker	162
Aromakick für Fisch und Meeresfrüchte	164
Versüßen kalte Wintertage: Bratäpfel und Mohnravioli	167
Für wintermüde Naschkatzen: Orangenparfait und Schokolade satt	168
Mmmh selbstgemacht! Pralinen & Konfekt	170
Das Weihnachtsmenü: so richtig festlich	172
Sternstunden im Glas und auf dem Teller	174
Einfach zum Dahinschmelzen: Raclette & Käsefondue	177

Zum Nachschlagen

Was ist eigentlich Cayennepfeffer? Glossar zu Gewürzen und Zutaten	178
Rezept- und Sachregister	182
Impressum	188
Schlaue Tipps: einfach clever	190

Die Autorinnen

Dienstags kaufe ich am liebsten ein. Denn dann ist Bauernmarkt in München-Schwabing. Hier finde ich Spargel, der erst morgens gestochen wurde, frischen Salat, Kraut und Rüben in hundert Variationen und im Sommer die weltbesten Tomaten. Im Februar suche ich dort vergeblich nach Erdbeeren. Die gibt's erst im Juni – dann aber so süß und lecker, dass ich sie kiloweise nach Hause schleppe. Und das Geniale: Auch am Monatsende kann ich mir den Dienstagseinkauf leisten. Denn auf dem Markt bekomme ich für wenig Geld volle Einkaufstüten.

Susanne Bodensteiner

Wann wachsen endlich die Quitten? Und in welchem Monat reifen die Heidelbeeren? Mit großer Lust und viel Vorfreude erlebe ich den Ablauf der Jahreszeiten in meinem Garten. Und ich finde es herrlich, die selbst geernteten Früchte und Beeren in Chutneys und Konfitüren zu verwandeln oder in feinen Speisen zu verarbeiten. Auch beim Einkauf richte ich mich ganz nach der Saison, was früher ja eine Selbstverständlichkeit war. Und es macht mir viel Freude, frische Produkte nach altbewährtem Wissen im lässigen neuen Gewand zuzubereiten.

Christa Schmedes

Beim Einkaufen lasse ich mich gerne vom saisonalen Angebot inspirieren. Ich greife spontan nach Gemüse und Obst, das mir gefällt und das Wasser im Munde zusammenlaufen lässt. Auf dem Weg nach Hause entsteht dann meist schon eine neue Rezeptidee in meinem Kopf. Da kann es schon mal sein, dass Zucchini als »Nudeln« in Sahnesauce auf dem Teller landen oder Rote Beten unter einer Salzkruste versteckt werden. Auch meine zwei Kids im Teenager-Alter experimentieren gerne – am liebsten mit Beeren aus dem eigenen Garten für coole Sommerdrinks.

Martina Kittler

WAS DIESES BUCH KANN

Möchten Sie für Ihre Familie gesund und günstig kochen? Etwas, das allen schmeckt und ohne großen Aufwand gekocht ist? Dann ist die Jahreszeiten-Küche genau das Richtige für Sie. Da macht schon der Einkauf Freude. Denn wir packen Obst und Gemüse am liebsten in den Einkaufswagen, wenn es bei uns Hochsaison hat. Dann schmeckt es aromatischer, enthält mehr Vitalstoffe und ist preisgünstiger, was der Haushaltskasse spürbar gut tut.

Und wir finden: Jede Jahreszeit schmeckt gut! Wir haben Kraut und Rüben neue Aromen verpasst, Klassiker mal trendig angerichtet und Rezepte für Köstlichkeiten kreiert, die schon unsere Großmütter kannten. Wir laden Sie ein, mit uns die Highlights jeder Saison zu entdecken. Genießen Sie bereits die Vorfreude auf Spargel, Kürbis und frische Beeren. Freuen Sie sich über frühlingsfrischen Bärlauchsalat, sommerleichte Antipasti, herbstlich-aromatische Mangold-Quiche und winterlichen Wurzel-Wok. Und lassen Sie Radieschen und Erdbeeren im Januar endgültig links liegen.

Wir wünschen Ihnen viel Spaß beim Kochen und Genießen à la saison!

Ihre Autorinnen Susanne Bodensteiner, Martina Kittler und Christa Schmedes

Einfach kochen und genießen!

Bei unseren Rezepten finden Sie viele Tipps, die die Jahreszeiten-Küche noch unkomplizierter machen. So können Sie die Rezepte nach Lust, Anlass und Zeitfenster variieren und ganz auf Ihre Familie abstimmen.

Austausch-Tipp Ihre Kinder mögen keine Zucchini? Im Supermarkt gab's keine Zuckerschoten? Hier finden Sie Ersatz für bestimmte Zutaten.

Deko-Tipp So schön angerichtet schmeckt das Essen gleich doppelt gut.

Mehr draus machen Erste Hilfe bei Überraschungsgästen: Hier erfahren Sie, wie Sie Mengen verdoppeln oder das Gericht ergänzen können. So werden alle satt.

Das schmeckt dazu Ob Salat, Nudeln oder Kartoffelpüree – diese Beilage passt garantiert.

Tuning-Tipp Damit lässt sich ein Rezept raffiniert aufpeppen – für anspruchsvolle Genießer und Gäste.

Dazu passt's Minutensteak oder Hähnchenbrust? Hier schlagen wir Ihnen vor, was am besten zu Ihrer ausgewählten Beilage schmeckt.

Speed-Tipp Keine Zeit? Hier verraten wir Ihnen pfiffige Zubereitungs-Tricks, wenn's mal noch schneller gehen soll.

Reste-Tipp Falls mal Reste bleiben – so können Sie morgen noch was Tolles daraus zaubern.

Vorrats-Tipp Hinweis, wie Sie Ihr Lieblingsessen im Voraus zubereiten und perfekt aufbewahren können.

Info Warum passt gerade diese Zutat so gut zum Rezept? Hier lesen Sie's!

DAS KOCHE ICH im Frühling, Sommer, Herbst und Winter,

→ wenn es schnell gehen soll

Minestrone mit jungem Gemüse 32
Frühlings-Wok 33
Fisch-Gemüse-Topf 33
Mango-Spargel-Salat 35
Römersalat mit Radieschencreme 35
Hähnchen-Avocado-Salat 36
Kräuterblumenkohl 40
Sprossen-Mangold 41
Knusper-Garnelen mit Aïoli-Creme 48
Bruschetta mit Tomaten 66
Hähnchen-Ciabatta 67
Thunfisch-Crostini 67
Bunter Sommersalat 72
Kopfsalat mit Erdbeeren 72
Herbstlicher Blattsalat mit Feigen 108
Birnen-Bohnen-Speck-Salat 109
Pfifferlingragout mit Heidelbeeren 110
Puten-Nuggets mit Apfel-Meerrettich-Dip 124
Endivien-Möhren-Apfel-Salat 151
Sauerkrautnudeln 157
Zitronennudeln mit Krebsen 157
Schokoladenpudding 169
Gefüllte Datteln 171

→ wenn es nicht viel kosten darf

Eier auf Gurkensauce 29
Kerbelcremesuppe 30
Möhrencremesuppe mit Curry 31
Minestrone mit jungem Gemüse 32
Frühkartoffeln mit Radieschenquark 39
Nudeln mit Frühlingsgemüse 42
Bärlauch-Frikadellen 45
Tomaten-Bohnen-Salat 73
Zucchini-Paprika-Salat 75
Gazpacho mit Croûtons 77
Ratatouille-Reis 80
Paprika-Graupen-Eintopf 107
Linseneintopf mit Tofu 107

Kartoffel-Egerling-Salat 109
Bunte Gemüse-Quiche 117
Kartoffel-Pastinaken-Puffer 123
Bratkartoffeln mit Pilz-Gröstl 123
Apfel-Auflauf 133
Sellerie mit Erdnusskruste 154
Spaghetti mit Steckrüben-Bolognese 156
Sauerkrautnudeln 157
Kartoffeltaler auf Rahmspinat 158

→ wenn es unkompliziert sein soll

Fisch-Gemüse-Topf 33
Spaghettini mit jungem Knoblauch 43
Fischfilet mit Tomaten-Kräuter-Kruste 49
Zitronen-Quark-Soufflé 53
Bruschetta mit Tomaten 66
Kartoffelsalat mit Kresse und Kefir 74
Gemüsesuppe mit Klößchen 76
Pennette mit geschmolzenen Tomaten 79
Sahnige Zucchini-»Nudeln« 82
Hähnchen im Päckchen 87
Hackbällchen mit Tomaten-Dip 96
Pichelsteiner Eintopf 106
Kürbisrisotto 111
Gebackene Kürbisspalten 113
Maroni-Kartoffeln 123
Hähnchenpfanne 125
Winter-Ratatouille 155
Kartoffeltaler auf Rahmspinat 158
Walnuss-Bratkartoffeln 159
Weiße Schoko-Crisps 171

→ wenn es gut vorzubereiten sein soll

Frühlingsfrischer Wurstsalat 36
Bulgursalat mit Spinat 37
Lammkeule mit Kräuter-Salsa 47
Matjestopf mit Zuckerschoten 49
Erdbeer-Tiramisu 56
Kräuter-Joghurt-Nocken mit Tomaten 70
Reisnudelsalat 75

Rote Grütze mit Vanillecreme 90

Joghurt-Törtchen mit Aprikosen 91

Nudelsalat mit Salami 97

Pizza-Muffins 97

Kürbis-Flammkuchen 114

Lauch-Apfel-Flammkuchen 115

Kalbsbrust mit Maroni-Füllung 128

Wirsing-Rouladen mit Lachs 130

Pflaumen-Trifle 134

Weiße Schoko-Panna-cotta 135

Fenchelwürziger Schweinebraten 162

Geschmorter Ochsenschwanz 163

Orangenparfait mit Granatapfelsauce 168

→ wenn es ein vegetarisches Hauptgericht sein soll

Frischer Eiersalat 29

Möhrencremesuppe mit Curry 31

Spargel mit Brunnenkresse-Hollandaise 38

Grünes Risotto 39

Frühkartoffeln mit Radieschenquark 39

Zucchini-Paprika-Salat 75

Provenzalische Nudelpfanne 78

Pennette mit geschmolzenen Tomaten 79

Ratatouille-Reis 80

Gemüseplatte mit Zitronensauce 81

Gefüllte Tomaten 81

Linseneintopf mit Tofu 107

Herbstlicher Blattsalat mit Feigen 108

Pfifferlingragout mit Heidelbeeren 110

Kürbisrisotto 111

Lauchgratin mit Kartoffeln 111

Lauch-Apfel-Flammkuchen 115

Bunte Gemüse-Quiche 117

Mangold-Tarte 117

Möhren-Spaghetti mit Nuss-Pesto 118

Kürbis-Ricotta-Cannelloni 120

Apfelauflauf 133

Topfenknödel mit Holunder-Cranberry-Kompott 133

Endiviensuppe 145

Feldsalat mit Radicchio und Croûtons 150

Sellerie mit Erdnusskruste 154

Pilz-Frittata mit Lauch 155

Winter-Ratatouille 155

Kartoffeltaler auf Rahmspinat 158

Ofenkartoffeln mit Rohkost 158

Walnuss-Bratkartoffeln 159

→ wenn es was Besonderes sein darf

Grüne Spargel-Limetten-Suppe 31

Bärlauchsalat mit Rotbarsch 37

Spargel mit Brunnenkresse-Hollandaise 38

Lammkoteletts mit Rhabarbersauce 44

Kaninchen mit Frühlingsgemüse 46

Lammkeule mit Kräuter-Salsa 47

Lachs mit Kräuterschaum 50

Erdbeer-Tiramisu 56

Schweinefilet im Kräutermantel 86

Lammpfanne mit Aprikosen 87

Gegrillte Makrele mit Gurken-Melonen-Salsa 88

Steinbeißer auf Ofengemüse 89

Fischröllchen auf Sahnegemüse 89

Fenchelcremesuppe mit Zander 104

Tagliatelle mit Steinpilzsauce 118

Pappardelle mit Kaninchenragout 119

Entenkeulen vom Blech 125

Hähnchenpfanne 125

Scharfes Lammragout 127

Rehragout mit Orange und Schalotten 127

Kalbsbrust mit Maroni-Füllung 128

Muschel-Gemüse-Topf 131

Doraden auf Kartoffel-Lauch-Bett 131

Wurzel-Wok mit Entenbrust 160

Rumpsteak mit Meerrettichkruste 161

Schweinemedaillons Stroganoff 161

Fenchelwürziger Schweinebraten 162

Rotbarsch-Schwarzwurzel-Gratin 164

Orangenparfait mit Granatapfelsauce 168

Gans mit Apfel-Füllung 172

OBST UND GEMÜSE VON A BIS Z
Saisonkalender plus Tipps und Know-how

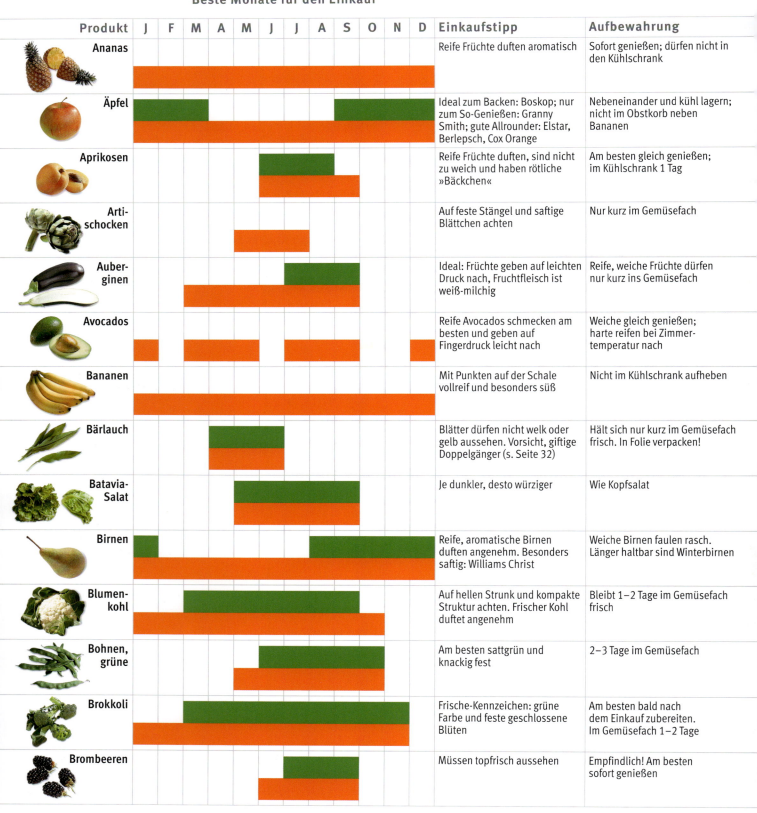

Beste Monate für den Einkauf

Produkt	J	F	M	A	M	J	J	A	S	O	N	D	Einkaufstipp	Aufbewahrung
Chicorée													Feste Stauden mit weißen Blättern und gelben Spitzen wählen	Im Kühlschrank bis max. 1 Woche
Chinakohl													Strunk darf nicht braun verfärbt sein	Im Gemüsefach 2 Wochen
Dicke Bohnen													Zugreifen, wenn sie frisch in der Schote angeboten werden! Sie brauchen dann die drei- bis vierfache Menge	Frische dicke Bohnen möglichst bald zubereiten
Eichblattsalat													Feste Exemplare ohne welke Blätter wählen	Nur kurz im Kühlschrank aufheben
Eisbergsalat													Am besten im Sommer vom Freilandanbau	Bleibt in Folie gewickelt im Kühlschrank knackig
Endiviensalat													Auf hellen Strunk achten	Im Gemüsefach bis zu 1 Woche haltbar
Erbsen													Ein Genuss: Frische Erbsen in der Schote kaufen und selbst palen	Frische Erbsen reifen nach, schnell verbrauchen
Erdbeeren													Am besten im Juni	Behalten im Kühlschrank max. 1–2 Tage Aroma
Feigen													Je dunkler, desto reifer und süßer	Reife Feigen gleich essen. Früchte nebeneinander lagern
Feldsalat													Kleine Blätter sind zarter im Geschmack als große »Hasenohren«	Hält sich in einer Papiertüte 1–2 Tage im Kühlschrank
Fenchel													Frische Knollen haben fedriges Grün und helle, feuchte Schnittflächen	Ganze Knollen überstehen 2–3 Tage im Gemüsefach
Friséesalat													Die krausen Blätter sollen frisch aussehen	In feuchtes Tuch gewickelt im Gemüsefach 2–3 Tage
Frühlingszwiebeln													Am besten im Frühling und Frühsommer; beim Kauf auf sattes, kräftiges Grün achten	Max. 3 Tage im Gemüsefach
Grapefruits													Pinkfarbene Grapefruits sind kaum bitter	Kühl, aber nicht im Kühlschrank aufbewahren

■ Angebot aus heimischem Anbau — ■ großes Angebot (Importe)

Beste Monate für den Einkauf

Produkt	J	F	M	A	M	J	J	A	S	O	N	D	Einkaufstipp	Aufbewahrung
Grünkohl	■	■									■	■	Erst nach dem ersten Frost kaufen. Bei ganzen Pflanzen viel Abfall	Bleibt 1–2 Tage im Kühlschrank oder auf dem kalten Balkon frisch
Gurken					■	■	■	■					Bio-Früchte kaufen und nicht schälen. Im Winter verzichten	Bis zu 1 Woche haltbar in Kühlschranktür oder Gemüsefach
Heidelbeeren						■	■	■	■				Aromatischer als Zuchtheidelbeeren sind die kleinen Wildheidelbeeren	Zuchtheidelbeeren im Kühlschrank 3–5 Tage haltbar, wild gewachsene gleich essen
Himbeeren						■	■	■					Müssen topfrisch aussehen	Gleich essen oder einfrieren
Johannisbeeren						■	■	■					An der Rispe kaufen	Max. 2 Tage im Kühlschrank
Kartoffeln	■	■	■			■	■	■	■	■			Von Juli bis Oktober erntefrisch vom heimischen Freiland	Kühl, dunkel und trocken (s. Seite 18)
Kirschen					■	■	■	■					Ob süß oder sauer: Die besten sind prall, fest und intensiv gefärbt	Sauerkirschen gleich verarbeiten; Festere Kirschen sind im Kühlschrank 1–2 Tage haltbar
Kiwis													Gut gereifte Kiwis geben auf Fingerdruck leicht nach, sind aber nicht zu weich	Harte Früchte reifen bei Zimmertemperatur nach. Reife Kiwis sind im Kühlschrank haltbar
Knoblauch					■	■	■	■	■				Frische Knollen haben pralle, saftige Zehen, getrocknete eine glatte, seidenpapierdünne, weiße oder rosafarbene Hülle	Kühl, trocken und luftig (s. Seite 18)
Knollensellerie	■	■						■	■	■	■		Für Rohkostsalate kleine Wurzeln wählen, sie haben weniger Fasern	Feste Knollen im Gemüsefach 1 Woche haltbar. Stücke in Folie wickeln; Schnittstellen mit Zitronensaft bepinseln
Kohlrabi				■	■	■	■	■	■				Kleine Knollen mit frischen grünen Blättern kaufen. Ab Juni vom Freiland	Im Gemüsefach max. 3 Tage lagern
Kopfsalat					■	■	■	■	■				Muss frisch und knackig aussehen, Schnittstelle darf nicht braun sein	In feuchtes Tuch gewickelt im Gemüsefach 1–2 Tage
Kürbis								■	■	■			Schale muss glatt, sauber und ohne Flecken sein	Erntefrische Kürbisse sind lange haltbar. Kürbisstücke in Folie gewickelt im Kühlschrank aufheben
Lauch	■						■	■	■	■	■	■	Stangen mit frischen grünen Blättern wählen	Nur kurz im Kühlschrank lagern. Welkt rasch
Lollo rosso				■	■	■	■	■	■				Sind die Außenblätter trocken oder verwelkt? Nicht kaufen!	Bleibt 1–2 Tage im Gemüsefach frisch

■ Angebot aus heimischem Anbau — ■ großes Angebot (Importe)

SAISONKALENDER

Beste Monate für den Einkauf

Produkt	J	F	M	A	M	J	J	A	S	O	N	D	Einkaufstipp	Aufbewahrung
Mairübchen				G/O	G/O								Auf frisches Grün achten	Kurz im Gemüsefach; das Grün vorher abdrehen
Mandarinen und Co.	O	O	O	O							O	O	Clementinen und Satsumas haben kaum Kerne	Kühl, aber nicht im Kühlschrank. Früchte nebeneinander lagern
Mangold				G/O	G/O	G/O	G/O	G/O	G/O				Stiele sollen schön weiß, Blätter grün und fest sein	Kurz im Kühlschrank
Mangos	O	O	O	O			O	O	O	O			Gut ausgereifte duften intensiv. Unreife Früchte fühlen sich rundum hart an	Reife Mangos gleich genießen, reifen nach
Maronen (Esskastanien)									G/O	G/O	G/O		Frische sind fest und haben eine glatte, glänzende Schale. Eilige Köche wählen vorgegarte Kastanien in Vakuumverpackung	Frische Maronen dürfen mit Schale bis zu 1 Monat im Kühlschrank lagern; gegarte Maronen einfrieren
Meerrettich	G/O	G/O	G/O						G/O	G/O	G/O		Gerade gewachsene Stangen lassen sich leichter schälen	Im Gemüsefach in Folie verpackt bis zu 4 Wochen
Melonen						O	O	O	O				Reife Melonen duften gut, Honigmelonen besonders intensiv	Melonen gleich genießen, sie reifen auch an einem kühlen Ort nach
Mirabellen							G/O	G/O	O				Frische sehen prall und appetitlich aus	Im Kühlschrank max. 2 Tage
Möhren	G/O	G/O	G/O	G/O	G/O	G/O	G/O	G/O	G/O	G/O	G/O	G/O	Bei Bundmöhren auf frisches Grün achten	Herbst- und Wintermöhren sind im Plastikbeutel im Gemüsefach bis zu 1 Woche haltbar
Nektarinen						O	G/O	G/O	O				Steinharte im Obstregal lassen; gut ausgereifte Früchte sind weich und duften gut	Druckempfindlich! Weiche, reife Nektarinen gleich essen
Orangen	O	O	O	O						O	O	O	Nur Bio-Früchte sind wirklich unbehandelt	Kühl, aber nicht im Kühlschrank. Früchte nebeneinander lagern
Papayas	O	O	O	O						O	O	O	Süße, reife Früchte sind grüngelb bis gelb und geben auf Druck leicht nach. Zum Kochen dürfen es auch grüne sein	Reife Papayas verderben rasch. Eventuell kurz im Kühlschrank lagern
Paprikaschoten	O	O	O	O	O	O	G/O	G/O	G/O	O	O	O	Am besten im Sommer und Herbst aus dem Freiland	Kurz im Gemüsefach
Pastinaken	G/O	G/O	G/O						G/O	G/O	G/O	G/O	Dürfen nicht biegsam sein. Pastinaken haben im Gegensatz zu Petersilienwurzeln am Krautansatz einen »Nabel«	Im Plastikbeutel verpackt im Kühlschrank bis zu 1 Woche haltbar
Petersilienwurzeln	G/O	G/O	G/O						G/O	G/O	G/O	G/O	Erntefrisch im Herbst bis zum ersten Frost. Sie müssen wie Pastinaken schön fest sein	Im Plastikbeutel verpackt im Kühlschrank bis zu 1 Woche haltbar

🟩 Angebot aus heimischem Anbau — 🟧 großes Angebot (Importe)

Beste Monate für den Einkauf

Produkt	J	F	M	A	M	J	J	A	S	O	N	D	Einkaufstipp	Aufbewahrung
Pfirsiche													Ideal gereifte Früchte sind weich, aber nicht matschig; sie duften gut	Druckempfindlich! Reife Früchte gleich essen
Pflaumen													Frische Pflaumen sind schön prall. Für Kuchen besser Zwetschgen kaufen	Im Kühlschrank max. 2 Tage
Quitten													Nur makellose Früchte ohne Risse oder Flecken kaufen!	Bis zu 1 Woche im Gemüsefach. Ihr intensives Aroma überträgt sich leicht
Radicchio													Auf knackig frische Außenblätter achten	1–2 Tage im Gemüsefach
Radieschen													Dürfen auf Fingerdruck nicht nachgeben, sonst sind sie innen pelzig. Das Grün darf nicht welk sein	Im Gemüsefach des Kühlschranks max. 2 Tage; das Grün vorher abdrehen
Rettich													Feste Rettiche mit frischem Grün kaufen	Nur kurz im Kühlschrank aufheben; das Grün vorher abdrehen
Rhabarber													Frische Stangen sind knackig und fest	Im Kühlschrank max. 3 Tage
Rosenkohl													Röschen müssen fest geschlossen ohne gelbe Blättchen sein	In einer Papiertüte 1–2 Tage im Kühlschrank
Rote Bete													Frische Knollen sind prall und haben eine glatte Haut	Im Kühlschrank
Rotkohl													Feste Köpfe wählen	Trocken und kühl gelagert lange haltbar
Rucola													Am besten im Bund kaufen, dann lassen sich lange Stiele leicht abschneiden	In feuchtem Küchentuch 1–2 Tage
Schwarzwurzeln													Dicke, gerade Wurzeln lassen sich leichter schälen	Im Gemüsefach mind. 2–3 Tage haltbar
Spargel													Sind die Schnittflächen trocken, die Stangen biegsam? Nicht kaufen!	1–2 Tage im Kühlschrank; vorher in feuchtes Tuch und Plastikbeutel verpacken
Spinat													Blätter müssen knackig, dürfen nicht welk aussehen	Kurz in feuchtem Tuch im Gemüsefach lagern
Spitzkohl													Sollte kompakt aussehen und feste Spitze bilden	Im Gemüsefach 5–6 Tage

■ Angebot aus heimischem Anbau — ■ großes Angebot (Importe)

Beste Monate für den Einkauf

Produkt	J	F	M	A	M	J	J	A	S	O	N	D	Einkaufstipp	Aufbewahrung
Stachelbeeren						G/O	G/O	O					Gelbe und rote schmecken pur, grüne zum Kochen nehmen	Max. 1–2 Tage im Kühlschrank. Sehr weiche Beeren vorher aussortieren
Staudensellerie						G/O	G/O	G/O	G/O	G/O			Stangen müssen knackig, Schnittflächen dürfen nicht trocken aussehen	In Folie im Kühlschrank gut 1 Woche haltbar
Steckrüben	G/O	G/O	G/O					G/O	G/O	G/O	G/O		Feste Rüben wählen	Im Kühlschrank bis zu 10 Tage haltbar
Tafeltrauben								G/O	G/O	G/O			Lösen sich einzelne Beeren, sind die Trauben überreif. Nicht kaufen!	Trauben gleich genießen, sie verderben schnell
Tomaten	O	O	O	O	O	G/O	G/O	G/O	G/O	O	O	O	Sonnengereifte leuchten kräftig rot, dürfen gelbe Stellen haben	Kurz im Gemüsefach, nicht neben anderen Früchten
Topinambur	G/O	G/O							G/O	G/O	G/O	G/O	Öko-Bauern lieben ihn, deshalb gut im Bioladen zu bekommen. Beim Gemüsehändler vorbestellen	Im Gemüsefach gut haltbar
Wassermelone						O	O	O	O				Reife Früchte geben auf Daumendruck am Blütenansatz nach	Stücke bleiben in Folie verpackt 1–2 Tage im Kühlschrank frisch
Weißkohl	G/O	G/O	G/O	G/O					G/O	G/O	G/O	G/O	Matter Glanz kommt von einer Wachs-Schutzschicht, die der Kohl selbst bildet	Trocken und kühl gelagert lange haltbar
Wirsing					G/O	G/O			G/O	G/O	G/O		Darf locker sein, aber keine schlappen Blätter haben	Erntefrischer Wirsing hält im Gemüsefach 2–3 Tage
Zitronen	O	O	O	O	O	O	O	O	O	O	O	O	Nur Bio-Früchte sind wirklich unbehandelt	Vertragen keine Kühlschrankkälte
Zucchini	O	O	O	O	O	G/O	G/O	G/O	G/O	O	O	O	Schmecken am aromatischsten, wenn sie schön fest und nicht größer als Bananen sind	Im Gemüsefach bis zu 1 Woche; nicht neben Tomaten legen
Zuckerhut	G/O	G/O							G/O	G/O	G/O		Weniger bitter nach dem ersten Frost	In Folie verpackt bis zu 2 Wochen im Kühlschrank haltbar
Zuckerschoten					O	G/O	G/O	O					Frische Schoten sind knackig und fest	Nur kurz im Kühlschrank
Zwetschgen							G/O	G/O	G/O				Gut ausgereifte, frische Zwetschgen sind fest, aber nicht steinhart	Schnell verarbeiten. Weißlichen Belag nicht abwaschen; er schützt die Früchte vorm Austrocknen
Zwiebeln	O	O	O	O	O	G/O	G/O	G/O	G/O	G/O	O	O	Müssen sich fest anfühlen	Kühl, trocken und luftig (s. Seite 18)

■ Angebot aus heimischem Anbau — ■ großes Angebot (Importe)

CLEVER EINKAUFEN

Großartig! Ob Äpfel oder Zucchini: Wenn Früchte Hochsaison haben, bieten Gärtner und Bauern sie oft günstig in großen Mengen an. Kaufen lohnt sich, wenn Sie die Früchte bald verarbeiten. Bevor Sie aber den Fünf-Kilo-Korb Erdbeeren mitnehmen, fragen Sie sich: Ist im Kühlschrank Platz? Habe ich Zeit, Marmelade zu kochen? Freut sich die Nachbarin, wenn ich mit ihr teile? Wenn ja, greifen Sie zu.

Einkaufsknigge für Gemüse und Obst

Alles zu seiner Zeit Kaufen Sie Obst und Gemüse immer dann, wenn es in unseren Breitengraden Saison hat. Dann schmeckt es besonders gut, weil es frisch nach der Ernte in Ihrem Einkaufskorb landet. Es ist günstig, weil in großer Menge vorhanden. Und wer warten kann, spart noch mehr Geld. Der Spargel, der im Mai und Juni bei uns gestochen wird, kostet meist weniger als die ersten Stangen im April. Plus für unsere Gesundheit: In der Hochsaison sind auch konventionell angebaute Früchte in der Regel weniger belastet mit Schadstoffen.

Mehr Genuss vom Freiland Obst und Gemüse, das unter freiem Himmel gewachsen ist, schmeckt in der Regel aromatischer und besser als Früchte aus dem Treibhaus oder Folientunnel. Studien haben außerdem gezeigt: Spinat, Rucola, Kopfsalat oder Rote Bete vom Freiland enthalten auch deutlich weniger Nitrat als Treibhausware.

Am besten Bio Bevorzugen Sie Produkte aus ökologisch kontrolliertem Anbau. Sie sind weniger schadstoffbelastet und garantiert nicht genmanipuliert. Und Bio muss gar nicht viel kosten. Saisonware aus der Region ist auch im Bioladen oft günstig. Und beliebte Gemüse- und Obstsorten wie Möhren, Kartoffeln, Bananen oder Äpfel bekommen Sie in Bio-Qualität sogar beim Discounter.

Heimvorteil Bevorzugen Sie Obst und Gemüse aus Ihrer Region. Es ist gut gereift, weil es keinen langen Transportweg hat. Frische Früchte aus Ihrer Nachbarschaft finden Sie nicht nur direkt beim Bauern und auf dem Wochenmarkt. Mittlerweile machen auch viele Supermärkte auf regional erzeugte Früchte in ihren Regalen aufmerksam.

Natur pur Ob im Supermarkt, beim Händler um die Ecke oder auf dem Bauernmarkt: Kaufen Sie lose Ware. So sehen Sie genau, wofür Sie Ihr Geld ausgeben. Verpackungen schützen Lebensmittel nämlich nicht nur, sondern sie verdecken auch geschickt holzige Enden, welkes Grün oder faule Stellen. In Zellophan eingeschweißte Früchte bekommen einen appetitlichen Glanz. Und sehen auf diese Weise häufig frischer aus, als sie tatsächlich sind.

Raus aus der Tüte Nach dem Einkauf frisches Obst und Gemüse sofort aus dem Einkaufskorb nehmen und richtig verstauen. Konkrete Tipps, wo Sie was am besten aufheben können, finden Sie im Saisonkalender (ab Seite 10) und auf den folgenden Seiten. Warum das wichtig ist? Ein Beispiel: Bleibt Blattspinat an einem heißen Sommertag nur ein paar Stündchen auf dem Küchentisch liegen, hat er mehr als die Hälfte seines Vitamin-C-Gehalts verloren.

Frische frei Haus

Wollen Sie rund ums Jahr à la saison genießen? Dann bestellen Sie beim Bio-Lieferdienst oder einem Bauernhof in Ihrer Nähe eine bunte Obst- und Gemüsekiste. So bekommen Sie wöchentlich erntefrische Bio-Produkte frei Haus geliefert – wenn's sein muss, auch bis in den 4. Stock. Was neben den obligatorischen Möhren mit in die Kiste kommt, bestimmen Jahreszeit und Wetterlage – und Ihre ganz persönlichen Wünsche und Vorlieben. Wenn Sie keine Extras möchten, packen die Lieferanten querbeet ein, was gerade wächst und gedeiht: im späten Frühjahr Spargel und Erdbeeren, im Sommer Auberginen und Beeren, im September Kürbis, im Dezember Weißkohl und Feldsalat. Lassen Sie sich jede Woche neu überraschen. Und keine Sorge: Was Ihrer Familie gar nicht schmeckt, können Sie auf eine »schwarze Liste« setzen lassen. (Anbieter unter www.oekokiste.de oder Branchenbuch »Biogärtnerei« oder »Naturkost-Lieferdienst«)

FRISCHES EINKAUFEN UND VORBEREITEN 17

Gemüse und Obst perfekt vorbereiten

→ **Sauber!** Alles, was Sie mit Schale essen wollen, zunächst heiß abwaschen, dann mit Küchenpapier abtrocknen: So beseitigen Sie fast alle Schadstoffe, die an der Schale haften. Schmutz und Erde unter fließendem Wasser mit einer Gemüsebürste abschrubben. Blattgemüse mehrmals in kaltem Wasser waschen, Salate am besten in der Salatschleuder. Obst und Gemüse mit krauser oder rauer Oberfläche, z. B. Grünkohl oder Pfirsiche, besonders gründlich abspülen.

→ **Weg damit!** Gelbe und verwelkte Blätter aussortieren. Bei Kohl und Salaten auch äußere Hüllblätter entfernen. Strünke oder Kerngehäuse, Stiel- und Blütenansätze, bei Kartoffeln Keime und grüne Stellen rausschneiden. Bei grünem und weißem Spargel die holzigen Enden großzügig abschneiden.

→ **Last minute** Waschen, schälen, kleiner schnippeln – am besten erledigen Sie das erst kurz vorm Essen. Denn je länger Schnittstellen an der Luft sind und mit Sauerstoff reagieren, desto schneller lösen sich die Vitamine der Gemüse und Früchte in Luft auf.

Mit scharfen Sparschälern lassen sich Äpfel, Kartoffeln und sogar Tomaten hauchdünn und doch gründlich schälen. Es gibt Modelle mit fester oder beweglicher bzw. waagerecht oder senkrecht verankerter Klinge. Probieren Sie aus, womit Sie am besten klarkommen.

Eine gute Salatschleuder macht sich in der Jahreszeitenküche doppelt nützlich. Damit schleudern Sie Burgunder und Batavia trocken, damit das Dressing nicht verwässert. Und vorher können Sie die vom Strunk gelösten Blätter schon bequem darin waschen.

Rohköstlich genießen

Nicht nur frisches Obst schmeckt »einfach so«. Knabbern Sie so oft wie möglich auch **Möhren, Chicorée, Paprika, Kohlrabi, Staudensellerie, Rettich und Radieschen.** Einfach waschen oder schälen, putzen und in Stäbchen oder Stückchen schneiden. Lassen Sie Ihre Kinder mithelfen. Denn selbst geschnippeltes Grünzeug schmeckt auch Gemüsemuffeln gut – noch besser mit einem Dip dazu.

Probieren Sie mal **Mairübchen, zarte Zucchini, Pastinaken, Fenchel, frische Blumenkohlröschen oder Topinambur** ungegart: ein Genuss, der sich zu entdecken lohnt. Auch **Maiskolben** dürfen Sie roh abknabbern. Und im Salat schmecken frisch geraspelter **Knollensellerie,** dünn geschnittene **Lauchringe** und fein gehobelter **Rot- und Weißkohl.**

Aber Vorsicht: Auberginen, grüne Bohnen, Kartoffeln und Rhabarber niemals roh genießen, sondern immer garen!

REIFE LEISTUNG

Manche Früchte reifen nach der Ernte weiter. Sie strömen ein Reifegas aus und lassen nebenan liegendes Obst und Gemüse schneller faulen. Die beliebtesten »Nachreifer« sind Apfel, Aprikose, Avocado, Banane, Birne, Feige, Heidelbeeren, Kiwi, Mango, Nektarine, Pfirsich, Papaya und Tomate.

Der perfekte Platz ...

für Kartoffeln Sie mögen weder Licht noch Wärme. Kleine Mengen in eine dunkle Papiertüte packen und an einem kühlen und trockenen Ort aufbewahren, z. B. im Flurschrank oder in einem Küchenschrank, der nicht gerade neben Herd oder Heizung steht. So halten sie einige Tage, im Winter auch Wochen. Kartoffeln auf keinen Fall in Plastiktüten aufheben. Haben Sie einen dunklen, trockenen und kühlen Kellerraum? Darin können spät geerntete Sorten (Aula, Monza oder Datura) sogar überwintern. Am besten auf Lattenrosten oder in Kartoffelhorden lagern. Lassen Sie Erdreste an den Kartoffeln. Sie sorgen auf natürliche Weise für längere Haltbarkeit.

für frisches Obst Eine schöne Schale mit bunten Obstsorten ist dekorativ, aber wenig sinnvoll. Äpfel, Bananen und andere Nachreifer (s. links) sorgen dafür, dass die anderen Früchte in der Schale schneller altern. Deshalb alle Obstsorten getrennt voneinander und nebeneinander lagern, z. B. auf einem Tablett. So bekommen sie keine Druckstellen. Und: am besten kühl, aber nicht im Kühlschrank. Faule oder schimmelige Exemplare gleich aussortieren. Übrigens: Unsere Großeltern legten frisch gepflückte Äpfel nebeneinander auf den Kleiderschrank im kühlen Schlafzimmer – auch heute noch ein idealer Platz!

für Knoblauch und Zwiebeln Frischer Knoblauch und Frühlingszwiebeln sind im Gemüsefach gut aufgehoben. Vorsicht: Lebensmittel wie Milch nehmen Knofel- oder Zwiebelaroma leicht an. Für getrockneten Knoblauch und Zwiebeln einen kühlen, luftigen und trockenen Platz suchen, auf keinen Fall in der Nähe von Herd oder Spüle. Denn Wärme lässt grüne Triebe sprießen, Küchendunst fördert die Schimmelbildung. Im Idealfall halten sich braune Küchenzwiebeln monatelang, Schalotten und Knoblauch mehrere Wochen. Weiße und rote Zwiebeln möglichst bald verbrauchen.

für Kräutertöpfchen Wer lange frisches Grün ernten möchte, topft Basilikum, Thymian oder Zitronenmelisse gleich nach dem Einkauf in größere Kästen oder Kübel um. Kräuter ab Mai ins Freie stellen – vors Küchenfenster, auf den Balkon oder die Terrasse. Auf dem Fensterbrett in der Küche gehen Kräuter im Töpfchen schnell ein. Die Glasscheibe schluckt zuviel Tageslicht. Außerdem brauchen viele Pflanzen Temperaturschwankungen zwischen Tag und Nacht. Die gleichmäßige Küchenwärme macht Kräutern deshalb Stress. Regelmäßiges Zurückschneiden und Ernten lässt Petersilie & Co. üppiger gedeihen und immer neu austreiben.

Tiefkühl-Tipps

→ **Paprikaschoten** nur putzen, waschen, in Stücke schneiden und im Gefrierbeutel einfrieren. Die Stückchen lassen sich portionsweise für Suppen oder Saucen entnehmen.

→ **Beeren** verlesen, nebeneinander auf ein Tablett legen und vorfrosten. Dann in einen Gefrierbeutel umfüllen.

→ **Sommertomaten** häuten (s. Seite 78), entkernen, pürieren und portionsweise in frostfesten Dosen einfrieren.

→ **Aprikosen, Brokkoli, Blumenkohl, Bohnen, Erbsen und Möhren** vorher blanchieren. So stoppen Sie Enzyme, die Tiefgekühltes schneller verderben lassen. Dafür das vorbereitete Obst oder Gemüse in reichlich sprudelnd kochendem Salzwasser je nach Sorte 1–5 Min. kochen lassen. In ein Sieb abgießen und eiskalt abschrecken. Durch den Kälteschock wird der Garprozess gestoppt. Das erhält Farbe und Konsistenz der Früchte.

→ **Was mag keine Minusgrade?** Blattsalat welkt beim Auftauen. Gurken und Radieschen werden matschig.

FRISCHES LAGERN UND KONSERVIEREN 19

Obst auf Vorrat

Die Nachbarin hat Ihnen einen Riesenkorb Äpfel geschenkt? Ihre Kinder haben kiloweise Erdbeeren selbst gepflückt? So werden daraus leckere Vorräte – garantiert ohne Küchenstress.

→ **Das einfachste Mus der Welt** 1 kg Äpfel oder Birnen waschen und vierteln. Die Stiele und Blütenansätze entfernen. Die Apfelstücke mit Schale und Kernen 10–15 Min. mit 3 EL Zitronensaft, 1 EL Vanillezucker und 3 EL Zucker zugedeckt bei schwacher Hitze weich dünsten. Äpfel oder Birnen dann durch die flotte Lotte oder ein Sieb passieren. Fertig! Hält 2 Wochen.

→ **Lieblingskonfitüre, die mühelos gelingt**
Zunächst die Gläser vorbereiten: kochendheiß spülen und abtrocknen. Dann 1 kg Obst nach Wahl, z. B. Erdbeeren, sorgfältig waschen, putzen und zerkleinern. 1 Apfel schälen, fein reiben und dazugeben. Mit 500 g Gelierzucker (2 : 1) aufkochen und kurz nach Packungsanweisung sprudelnd kochen lassen. Konfitüre kochend heiß in die vorbereiteten Schraubverschlussgläser füllen und diese sofort verschließen. Hält maximal bis zur nächsten Saison.

→ **Noch mehr Rezepte für frisches Obst**
Erdbeer-Orangen-Aufstrich (Seite 27), Aprikosenkonfitüre, Drei-Frucht-Konfitüre, Nektarinen-Melonen- und Stachelbeer-Mirabellen-Chutney (alle Seite 94 und 95).

Kräuter Robuste Sommerkräuter wie Thymian, Bohnenkraut, Majoran, Oregano und Rosmarin lassen sich prima trocknen. Die Zweige waschen, trocken schütteln und zu Sträußchen binden. Dann mit den Blättern nach unten aufhängen. Wenn die Sträußchen nach 4–6 Tagen getrocknet sind, raschen sie beim Reinfassen. Jetzt die Blättchen abstreifen und in dunkle Gläschen (Apotheke) mit Schraubverschluss füllen.

Basilikum, Schnittlauch und Bärlauch am besten mit hochwertigem Öl pürieren, in saubere, dicht schließende Gläser füllen, mit einer dünnen Schicht Olivenöl bedecken und kühl lagern. Prima für Saucen! Pesto s. Tipp Seite 32.

Sommer im Glas!

Für eingelegtes Gemüse 3 bunte Paprikaschoten und 2 kleine Zucchini (insgesamt ca. 1 kg) waschen, putzen und in Stücke schneiden. 3–4 Knoblauchzehen schälen und in dünne Scheibchen schneiden. 500 ml Olivenöl in einem großen Topf stark erhitzen. Gemüse und Knoblauch hineingeben. Hitze sofort reduzieren. Das Gemüse mit knapp 2 EL Salz sowie je 2 EL frischen Thymianblättchen und Rosmarinnadeln bestreuen und zugedeckt 5 Min. garen. Gemüse und Knoblauch mit einem Schaumlöffel aus dem Kochsud nehmen und in 4 bis 5 saubere Schraubverschlussgläser (à 300 ml) geben. Kochsud mit 125 ml Balsamico bianco oder mildem Weißweinessig mischen und bei starker Hitze 5 Min. sprudelnd einkochen lassen. Dann den heißen Sud über die Gemüsestücke in den Gläsern gießen. Sofort heiß verschließen und kühl lagern. Hält einige Wochen.

Frühling

Welche Freude! **Endlich zeigt sich frisches Grün.**
Es sprießt und duftet im Gemüseregal. Zarte Schnittlauch-
hälmchen, anisaromatischer Kerbel und knoblauchwürziger
Bärlauch **betören alle Sinne.** Frühlingszwiebeln quiet-
schen vor Frische, wenn man sie aneinanderreibt. Und endlich
gibt's Spargel, Rhabarber und frisch geerntete Erdbeeren aus
heimischem Anbau. Ein ganzes Jahr lang mussten wir darauf
warten. **Wie herrlich schmeckt das jetzt alles!**

DIE HIGHLIGHTS IM FRÜHJAHR

Bärlauch

Ein Knoblauch-Duft liegt in der Luft! Im März sprießt er wieder in schattigen, feuchten Wäldern und Parks und verströmt sein intensives Aroma, weshalb der Bärlauch auch Wald- oder wilder Knoblauch heißt. Auch im Geschmack sind sich die beiden ähnlich. Wer die lanzettförmigen Blätter wild pflückt, sollte sie vor der Blüte sammeln. Dann schmecken sie aromatischer. Aber nicht mit den giftigen Maiglöckchenblättern verwechseln! Bärlauch können Sie auch auf dem Markt kaufen. Stets frisch verwenden oder zum Schluss unter warme Gerichte mischen, beim Erhitzen verliert er an Aroma. Passt in Saucen, Suppen, Salate, auch als Pesto zur Pasta, zu Kartoffeln, Fleisch und Fisch.

Brunnenkresse

Kaltes, klares und quellsauberes Wasser kleiner Wald- oder Gebirgsbäche mag das in »freier Wildbahn« seltene Kraut am liebsten. Nach dem Pflücken feucht halten, damit die fleischigen Blätter frisch bleiben. Brunnen-, auch Bach- oder Wasserkresse genannt, schmeckt scharf und senfähnlich. Sie sorgt im Salat, auf dem Brot oder im Quark für Pfiff. Die zarten, weißen Blüten sind eine hübsche Deko. Ihr Plus: Der hohe Vitamin-C-Gehalt und die günstige Wirkung auf die Atmungsorgane. Auf dem Markt oder im Gemüseladen gibt es ab und zu gezüchtete Sorten.

Bundmöhren

Das Lieblingsgemüse der Deutschen gehört zu den Freuden im Mai: Da zieht man die ersten jungen Bundmöhren mit Grün im Treibhaus frisch aus der Erde, ab Juni im Freiland. Sie schmecken süßer, ihr Fleisch ist zarter als das später geernteter Sorten. Deshalb braucht man sie nicht zu schälen. Das Wurzelgemüse besitzt reichlich Carotin: Die Vorstufe von Vitamin A stärkt das Immunsystem und die Sehkraft. Eine Spur Fett, Öl oder Butter im Möhrengericht unterstützt die Umwandlung im Körper.

Radieschen

Die Brotzeitkugeln Nr. 1 bringen Spaß beim Knabbern und Farbe in Salate. Jetzt stammen sie aus dem Freiland und schmecken feiner und milder als die scharfen Sommerradieschen. Senföle sorgen für ihr würziges Aroma. Vom Blattgrün befreit, bleiben Radieschen im Kühlschrank länger knackig. Die jungen Blätter nicht wegwerfen! Sie liefern fein gehackt eine würzige Beigabe für einen Salat – und eine gute Portion Vitamine!

Rhabarber

Stangenweise Hochgenuss! Von der Haut befreit, lässt sich mit dem sauer-fruchtigen Gemüse allerhand machen: Kompott, Marmelade oder Kuchen, Sorbet, Grütze oder Auflauf. Je jünger, desto zarter und feinwürziger sein Aroma. Ab Juni sammeln die Stangen viel Oxalsäure an. Dann sollten Sie lieber verzichten. Hellroter Himbeer-Rhabarber ist der beste. Er kann mit Schale verzehrt werden.

Spargel

Wenn die weißen Stangen Spitze zeigen, kommt kurz Bewegung in die Genießer-Welt: Bis zum 24. Juni, dem Johannistag, werden die begehrten Sprösslinge aus den sandigen Erdwällen gestochen. Je frischer, desto geschmackvoller. Umso mehr »klingen« die Stangen, wenn man sie aneinander schlägt. Und umso saftiger sind die Schnittenden. Grüner Spargel wächst über der Erde und erhält durch Sonneneinstrahlung seine Farbe; er hat eine zartere Schale. Schälen Sie ihn nur im unteren Drittel. Er ist vitaminreich und im Geschmack herzhafter als der weiße. Spargel punktet mit nur 14 kcal auf 100 g, Vitamin B_1, B_2 und C.

Weitere Produkthits

→ **Frühkartoffeln** Die jungen Knollen gelten als Delikatesse. Die hauchdünne Schale können Sie mitessen.

→ **Spinat** Jungen Blattspinat kann man gedünstet oder auch roh als Salat genießen. Robuster Wurzelspinat ist ideal als Beilage und für Füllungen.

→ **Rettich** Aufgrund seiner Schärfe ein beliebtes Gemüse zur Brotzeit. Rote und weiße Rettiche kommen jetzt mit Grün und bündelweise auf den Markt.

Jetzt außerdem gut und günstig

→ **Gemüse** Artischocken, Avocados, Bataviasalat, Blumenkohl, Brokkoli, Chinakohl, Eichblattsalat, Frühlingszwiebeln, Gurken, junger Knoblauch, Kohlrabi, Kopfsalat, Löwenzahn, Lollo rosso, Lauch, Mairübchen, Mangold, Romanesco, Sauerampfer, Spitzkohl, Staudensellerie, junger Weißkohl, Wirsing, Zuckerschoten

→ **Obst** Ananas, Äpfel, Birnen, Clementinen, Erdbeeren, Grapefruits, Kiwis, Mangos, Melonen, Orangen, Papayas

PRODUKTHITS IM FRÜHJAHR 23

Blutorangen-Papaya-Drink

Mango-Mandarinen-Lassi

Vitamine zum Trinken
10 Min.
pro Portion ca. 100 kcal
2 g Eiweiß · 1 g Fett · 21 g Kohlenhydrate

ZUTATEN FÜR
2 GROSSE
PORTIONEN

3 Moro-Blutorangen
oder Saftorangen
1/2 kleine Papaya
(ungeputzt ca. 400 g)
1 TL flüssiger Honig
2–3 Eiswürfel

ZUBEREITUNG

1. Die Blutorangen halbieren und auspressen. Mit einem Löffel die Kerne und Fasern aus der Papayahälfte entfernen. Das Fruchtfleisch schälen und grob zerkleinern.

2. Die Fruchtstückchen mit dem Honig, den Eiswürfeln und dem Orangensaft in einem hohen Becher mit dem Pürierstab oder im Mixer fein pürieren. Den Drink sofort servieren.

Speed-Tipp 250 ml Blutorangensaft aus dem Supermarkt-Kühlregal verwenden.

Austausch-Tipp Überreifes Obst im Obstkorb? In frisch gepresstem Orangensaft lassen sich auch prima weiche Bananen, Birnen, Kiwis oder Äpfel pürieren.

Klassiker für Genießer
5 Min.
pro Portion ca. 235 kcal
3 g Eiweiß · 9 g Fett · 36 g Kohlenhydrate

ZUTATEN FÜR
2 GROSSE
PORTIONEN

1 kleine, sehr
reife Mango
2–3 Mandarinen
200 g Sahnejoghurt
1 EL Rohrohrzucker
2–3 Eiswürfel
Zimtpulver

ZUBEREITUNG

1. Die Mango schälen und in Stückchen vom Stein schneiden. Die Mandarinen halbieren und auspressen

2. Die Mangostückchen mit dem Mandarinensaft, dem Joghurt, dem Zucker und den Eiswürfeln in einem hohen Becher mit dem Pürierstab oder im Mixer leicht schaumig pürieren.

3. Das Lassi in Gläser füllen, mit 1 Prise Zimt bestreuen und sofort servieren.

Info Echte Mandarinen duften und schmecken aromatischer als die säureärmeren Clementinen oder Satsumas. Sie enthalten jedoch bis zu 25 Kerne pro Frucht und lassen sich deshalb nur mühsam »einfach so essen«. Zum Auspressen sind sie super.

AUFGEWECKTE POWERDRINKS 25

Pink Power

Kinderliebling
5 Min.
pro Portion ca. 240 kcal
5 g Eiweiß · 12 g Fett · 23 g Kohlenhydrate

ZUTATEN FÜR
2 GROSSE
PORTIONEN

150 g Erdbeeren
1 Banane
1 TL Zitronensaft
1 EL Himbeersirup
200 ml Milch
50 g Sahne

ZUBEREITUNG

1. Die Erdbeeren gründlich waschen und entkelchen. Die Banane schälen und zerkleinern.

2. Die Erdbeeren und Bananenstückchen mit dem Zitronensaft und dem Sirup in einem hohen Becher mit dem Pürierstab oder im Mixer fein pürieren. Milch und Sahne dazugießen und alles leicht schaumig pürieren. Den Drink sofort servieren.

Austausch-Tipps Kalorienbewusste verzichten auf die Sahne. Wer keine Milchprodukte verträgt, kann stattdessen auch Sojadrink (mit Vanillegeschmack) untermixen. Im Sommer Himbeeren oder Heidelbeeren verwenden.

Speed-Tipp Nehmen Sie tiefgekühlte Beeren statt frischer Früchte. So ist der Drink ruckzuck fertig – auch außerhalb der Erdbeersaison.

Kiwi-Melonen-Smoothie

gegen Frühjahrsmüdigkeit
10 Min.
pro Portion ca. 155 kcal
2 g Eiweiß · 1 g Fett · 35 g Kohlenhydrate

ZUTATEN FÜR
2 GROSSE
PORTIONEN

8 Blättchen Zitronenmelisse
1/2 Honigmelone
2 Kiwis
1 Limette
1–2 EL Rohrohrzucker

ZUBEREITUNG

1. Die Kräuterblättchen waschen, trocken tupfen und nebeneinander im Tiefkühlfach gefrieren lassen.

2. Inzwischen die Honigmelone entkernen. Das Fruchtfleisch aus der Schale schneiden und in grobe Würfel schneiden. Die Kiwis schälen und grob zerkleinern.

3. Die Limette auspressen. Die Kiwi- und Melonenstückchen mit dem Limettensaft, 200 ml Wasser, 4 Melisseblättchen und dem Zucker in einem hohen Becher mit dem Pürierstab oder im Mixer fein pürieren. Den Smoothie mit den restlichen Melisseblättchen garniert servieren.

Deko-Tipp Die Limettenschale hauchdünn in einem Stück abschneiden. Den Smoothie damit garnieren oder mit dünnen Zitronenschnitzen.

Bärlauch-Obatzter

schön knoblauchwürzig
20 Min. + 1 Std. Kühlen
pro Portion ca. 205 kcal
11 g Eiweiß · 17 g Fett · 1 g Kohlenhydrate

ZUTATEN FÜR 4 PORTIONEN

60 g Bärlauch
2 EL weiche Butter
4 EL Speisequark
200 g reifer Camembert
1/4 TL Kümmelsamen
Salz · Pfeffer

ZUBEREITUNG

1. Den Bärlauch waschen, trocken tupfen, die Stiele entfernen, die Blätter grob zerschneiden und mit der weichen Butter und dem Quark pürieren.

2. Den Camembert entrinden, grob in Würfel schneiden, dann mit einer Gabel fein zerdrücken. Die Bärlauch-Mischung und den Kümmel unterrühren. Den Obatzten mit Salz und Pfeffer würzen und zugedeckt 1 Std. kalt stellen.

Das schmeckt dazu Den Obatzten auf dünne, geröstete Landbrotscheiben streichen und mit Paprikapulver bestäuben. Oder als Dip zu Crackern oder Brot-Chips und Rettich reichen.

Austausch-Tipp Außerhalb der Bärlauch-Saison können Sie auch 3–4 TL Bärlauch-Pesto (Glas) unter die Butter rühren.

Meerrettich-Frischkäse mit Dill

macht fit und munter
10 Min.
pro Portion ca. 245 kcal
4 g Eiweiß · 22 g Fett · 8 g Kohlenhydrate

ZUTATEN FÜR 4 PORTIONEN

300 g Frischkäse
4 EL Milch
1 EL Zitronensaft
2 TL Meerrettich (Glas)
2 TL flüssiger Honig
Salz · Pfeffer
1 Bund Dill

ZUBEREITUNG

1. Den Frischkäse mit Milch und Zitronensaft verrühren. Den Meerrettich untermischen und die Mischung mit Honig, Salz und Pfeffer würzen.

2. Den Dill waschen, trocken schütteln, Blättchen abzupfen und hacken. Unter den Aufstrich mischen.

Das schmeckt dazu 4 große Scheiben Bauernbrot mit Frischkäse bestreichen. Nach Wahl 1 Salatgurke in feine Scheiben hobeln oder 2 rote Spitzpaprika in sehr kleine Würfel schneiden und auf die Brote verteilen. Mit Dill garnieren.

Austausch-Tipp Für einen Snack die Blätter von 2 Stauden Chicorée ablösen, blütenförmig auf Tellern anordnen und den Frischkäse in der Mitte anrichten. Mit Paprika- oder Gurkenwürfeln bestreuen.

ABWECHSLUNG AUFS BROT

Erdnuss-Aufstrich

Idee aus Indonesien
10 Min.
pro Portion ca. 245 kcal
11 g Eiweiß · 19 g Fett · 7 g Kohlenhydrate

ZUTATEN FÜR 4 PORTIONEN

150 g stückige Erdnusscreme (Glas)
5 EL ungesüßte Kokosmilch (Dose)
1–2 TL Sojasauce
1 kleine Knoblauchzehe
2 TL Limettensaft
etwas abgeriebene Bio-Limettenschale
Salz · Cayennepfeffer
4–5 Stängel Petersilie

ZUBEREITUNG

1. Die Erdnusscreme mit Kokosmilch und Sojasauce zu einer geschmeidigen Paste verrühren. Die Knoblauchzehe schälen und dazupressen und die Creme mit Limettensaft und -schale sowie Salz und Cayennepfeffer pikant abschmecken.

2. Die Petersilie waschen und trocken schütteln, die Blätter abzupfen und den Brotaufstrich damit garnieren.

Das schmeckt dazu Landbrot, Fladenbrot oder Baguette. Die bestrichenen Brotscheiben nach Belieben noch mit Scheiben von Kirschtomaten oder mit geraspelten Möhren garnieren.

Austausch-Tipp Die Erdnusscreme passt auch prima zu rohem Gemüse: Rettich und Gurke in Scheiben schneiden und abwechselnd überlappend auf einem Teller anrichten.

Erdbeer-Orangen-Aufstrich

einfach gut | ganz ohne Kochen
20 Min.
pro Portion (75 g) ca. 140 kcal
0 g Eiweiß · 1 g Fett · 33 g Kohlenhydrate

ZUTATEN FÜR 2 GLÄSER (à 300 g)

1 Bio-Orange
250 g Erdbeeren
1 Päckchen Zitronensäure
2 Päckchen Gelierzucker für Fruchtaufstrich ohne Kochen (à 125 g)

ZUBEREITUNG

1. Die Orange heiß waschen, abtrocknen und die Schale fein abreiben. Die Orange samt der weißen Haut schälen und grob würfeln. Die Erdbeeren waschen, trocken tupfen, entkelchen und grob zerteilen.

2. Die Orange und die Erdbeeren pürieren. Das Püree mit Zitronensäure, Orangenschale und Gelierzucker mit den Quirlen des Handrührgeräts 45 Sekunden verrühren. Den Aufstrich sofort randvoll in Gläser mit Twist-off-Deckel füllen und diese verschließen. Den Fruchtaufstrich im Kühlschrank aufbewahren. Er hält sich gekühlt ca. 14 Tage.

Austausch-Tipps Auch Heidelbeeren mit Nektarinen oder Himbeeren mit Mango sind als Aufstrich-Kombis unschlagbar. Oder wie wäre es mit einem Süßkirsch-Grapefruit-Mix? Köstlich!

Schinken-Spinat-Pfannkuchen

nach italienischer Art gefüllt
1 Std.
pro Portion ca. 690 kcal
25 g Eiweiß · 45 g Fett · 39 g Kohlenhydrate

ZUTATEN FÜR 4 PORTIONEN (8 STÜCK)

Für den Teig:
200 g Mehl
300 ml Milch
1 Prise Salz
4 Eier
8 TL Öl

Für den Belag:
2 EL Pinienkerne
100 g junger Blattspinat
50 g getrocknete Tomaten (in Öl)
200 g Frischkäse
4 TL Basilikum-Pesto (Glas)
Salz · Pfeffer
8 Scheiben gekochter Schinken (ca. 200 g)

ZUBEREITUNG

1. Mehl und Milch in einer Schüssel mit dem Salz glatt rühren. Die Eier unterrühren. Den Teig 15 Min. quellen lassen.

2. Inzwischen für den Belag die Pinienkerne in einer Pfanne ohne Fett rösten, dann vom Herd nehmen. Den Blattspinat verlesen, gründlich waschen und trocken schleudern. Die Tomaten abtropfen lassen und in kleine Würfel schneiden.

3. Den Frischkäse mit dem Pesto verrühren, die Tomaten und Pinienkerne unterheben, mit Salz und Pfeffer würzen.

4. Den Teig gut durchrühren. Je 1 TL Öl in einer beschichteten Pfanne (Ø 20 cm) erhitzen und darin nacheinander bei mittlerer Hitze in je 5 Min. acht Pfannkuchen backen. Die fertigen Pfannkuchen im Backofen bei 80° (Umluft 60°) warm halten, bis alle gebacken sind.

5. Die Pfannkuchen mit je 1 1/2 EL von der Frischkäsecreme bestreichen und mit Spinatblättern belegen. Jeweils 1 Scheibe Schinken darauflegen und die Pfannkuchen zur Mitte umklappen. Sofort servieren.

Vorrats-Tipp Die Pfannkuchen aufrollen, in Klarsichtfolie wickeln und mit ins Büro oder zum Picknick nehmen.

Austausch-Tipp Ein bisschen Luxus gefällig? Dann ersetzen Sie den gekochten Schinken zur Abwechslung durch geräucherten Lachs in dünnen Scheiben.

Ei, Ei, Ei … Ideen rund ums Ei
Wenn es werktags schnell gehen muss, sind Sie mit Eiergerichten gut beraten. Doch statt immer nur Spiegelei mit Spinat zu servieren, finden Sie auf Seite 29 Rezepte, die ebenso einfach sind, aber durch kleine raffinierte Varianten im Alltag beglücken. Oder probieren Sie doch mal wachsweiche Eier mit Kartoffelpüree. Oder wie wäre es mit einem Käse-Omelett? Eiermasse in die Pfanne, stocken lassen, geriebenen Gouda aufstreuen, aufrollen, fertig!

Hart gekochte Eier übrig?
Einfach hacken und in einer klaren Gemüsesuppe servieren. Oder unter eine Vinaigrette rühren und über Gemüse geben. Oder die Eier wie ein Schnitzel panieren und 2 Min. frittieren. Super lecker mit scharfer Tomatensauce!

ALLERLEI MIT EIERN 29

Frischer Eiersalat

schnell für zwischendurch
25 Min.
pro Portion ca. 355 kcal
21 g Eiweiß · 25 g Fett · 10 g Kohlenhydrate

ZUTATEN FÜR
4 PORTIONEN
8 Eier
200 g TK-Erbsen
100 g kleine Champignons
150 g Kirschtomaten
2 Frühlingszwiebeln
200 g Naturjoghurt
4 EL Salatmayonnaise
1–2 EL körniger Senf
Salz · Pfeffer
1 Bund Schnittlauch

ZUBEREITUNG

1. Die Eier anstechen und in kochendem Wasser 10 Min. garen. Abschrecken und auskühlen lassen, dann pellen und der Länge nach sechsteln.

2. Inzwischen die Erbsen in kochendem Wasser 2 Min. blanchieren, abgießen, abschrecken und abtropfen lassen.

3. Die Champignons putzen, abreiben und in feine Scheiben schneiden. Die Tomaten waschen und vierteln. Die Frühlingszwiebeln waschen, putzen und fein schneiden.

4. Joghurt und Mayonnaise mit Senf, Salz und Pfeffer verrühren. Den Schnittlauch waschen, trocken schütteln und in kleine Röllchen schneiden. Diese bis auf 1 EL unter den Salat mischen. Alles Gemüse und die Eier unter die Mayonnaise heben. Mit den übrigen Schnittlauchröllchen bestreuen.

Eier auf Gurkensauce

feinwürzig mit Estragon
35 Min.
pro Portion ca. 395 kcal
17 g Eiweiß · 33 g Fett · 6 g Kohlenhydrate

ZUTATEN FÜR
4 PORTIONEN
2 Salatgurken (à ca. 400 g)
3 Schalotten
6 Stängel Estragon (ersatzweise Dill)
2 EL Butter
250 ml Gemüsebrühe
200 g Sahne
Salz · Pfeffer
2 TL mittelscharfer Senf · 8 Eier

ZUBEREITUNG

1. Die Gurken schälen, längs halbieren, entkernen und in dünne Scheiben schneiden. Die Schalotten schälen und fein hacken. Den Estragon waschen und trocken schütteln, die Blättchen abzupfen und fein schneiden.

2. Die Butter erhitzen, die Schalotten glasig dünsten. Brühe und Sahne dazugießen, bei mittlerer Hitze offen 5 Min. kochen lassen. Zwei Drittel der Gurkenscheiben dazugeben, kurz kochen, dann die Sauce fein pürieren. Übrige Gurkenscheiben zufügen, 3–4 Min. dünsten. Mit Salz, Pfeffer und Senf würzen. Estragon unterheben.

3. Inzwischen die Eier anstechen und in kochendem Wasser 8 Min. wachsweich kochen. Abschrecken, pellen und längs halbieren. Auf dem Gemüse anrichten.

Das schmeckt dazu Pellkartoffeln

Kerbelcremesuppe

echt klassisch
1 Std. 5 Min.
pro Portion ca. 360 kcal
4 g Eiweiß · 29 g Fett · 20 g Kohlenhydrate

ZUTATEN FÜR 4 PORTIONEN
150 g frischer Kerbel
300 g mehligkochende Kartoffeln
1 Schalotte
4 EL Butter
1 l Gemüsebrühe
200 g Crème fraîche
Salz · Pfeffer
frisch geriebene Muskatnuss
2 Scheiben Roggenmischbrot

ZUBEREITUNG

1. Den Kerbel waschen und trocken schleudern, die Blättchen abzupfen und verlesen, die Stiele grob hacken. Die Kartoffeln schälen und klein würfeln. Die Schalotte schälen und fein würfeln.

2. In einem Topf 2 EL Butter erhitzen und die Schalotten, Kerbelstiele und Kartoffeln darin 2–3 Min. andünsten. Mit der Brühe ablöschen, aufkochen und zugedeckt bei mittlerer Hitze 10 Min. kochen lassen.

3. Die Suppe vom Herd nehmen, 1 Schöpfkelle Brühe abnehmen und beiseitestellen. Die Suppe mit dem Pürierstab fein pürieren. 150 g Crème fraîche einrühren und zugedeckt alles noch 10 Min. bei schwacher Hitze garen. Mit Salz, Pfeffer und Muskat würzen.

4. Inzwischen das Brot entrinden, würfeln und in der restlichen Butter hellbraun braten. Auf Küchenpapier entfetten.

5. Den Kerbel (bis auf ein paar Blättchen für die Garnitur) mit der abgenommenen Brühe fein pürieren, in die Suppe rühren und einige Minuten ziehen lassen. Suppe anrichten, mit Croûtons, restlicher Crème fraiche und Kerbelblättchen garnieren.

Austausch-Tipp Auf die gleiche Art können Sie auch andere Cremesüppchen zubereiten – mit Brunnenkresse, Sauerampfer, Blattspinat. Oder mit gemischten Kräutern, z. B. Petersilie, Basilikum, Kerbel, Estragon und Kresse.

Info Kerbel hat eine entwässernde Wirkung und ist gerade im Frühjahr ideal, um den Körper zu entschlacken.

Tuning-Tipp Feinschmecker streuen noch 125 g Flusskrebsschwänze oder gegarte, geschälte Garnelen (beides aus dem Kühlregal) vor dem Servieren über die Suppe.

Kräuter: So bleibt alles im grünen Bereich

Viele Kräuter leben von der Frische. Also möglichst rasch nach Ernte oder Einkauf verwenden! Doch wohin mit den Grünen, wenn man sie nicht gleich verbrauchen kann? Einfach in ein Gefäß mit Wasser stellen – so bleiben sie etwa einen Tag frisch. Länger kann man Kräuter im Kühlschrank aufbewahren: waschen, gut trocken schütteln, dann locker in einen Frischhaltebeutel packen oder in ein feuchtes Tuch wickeln und ins Gemüsefach legen.

Kräuter bringen Leben in viele Gerichte: Die leicht flüchtigen ätherischen Öle wirken geradezu betörend, wenn sie frisch und erst unmittelbar vor dem Servieren an fertige Suppen, Saucen, Gemüse und Fisch kommen. Appetitlicher Nebeneffekt: Die Gerichte verfärben sich nicht, wenn man das zarte Kraut nicht mitkocht.

FEINE CREMESÜPPCHEN 31

Möhrencremesuppe mit Curry

fein als Vorspeise
1 Std.
pro Portion ca. 220 kcal
4 g Eiweiß · 12 g Fett · 23 g Kohlenhydrate

ZUTATEN FÜR 4 PORTIONEN

400 g Möhren
100 g Süßkartoffeln (ersatzweise Kartoffeln)
1 Zwiebel
1 Knoblauchzehe
2 EL Öl
2 TL scharfes Currypulver
800 ml Gemüsebrühe
300 g Sahnejoghurt
2 TL Mehl
Salz · Pfeffer
1/2 Bund Koriandergrün (ersatzweise Petersilie)

ZUBEREITUNG

1. Die Möhren und Süßkartoffeln schälen und grob würfeln. Die Zwiebel schälen und fein hacken. Knoblauch schälen.

2. Das Öl erhitzen, Zwiebel glasig dünsten. Knoblauch dazupressen. Die Möhren, die Süßkartoffeln und das Currypulver unterrühren. Die Brühe dazugießen, zugedeckt aufkochen und alles bei schwacher Hitze 25 Min. garen.

3. Die Suppe mit dem Pürierstab fein pürieren. Den Joghurt bis auf 4 TL mit dem Mehl vermischen, in die Suppe rühren und aufkochen. Bei schwacher Hitze 5 Min. kochen, salzen und pfeffern. Koriandergrün waschen, trocken schütteln, die Blätter abzupfen und hacken. Suppe mit restlichem Joghurt und Koriandergrün garnieren.

Austausch-Tipp Statt Süßkartoffeln gehen auch Kartoffeln!

Grüne Spargel-Limetten-Suppe

herrlich frisch
45 Min.
pro Portion ca. 195 kcal
3 g Eiweiß · 17 g Fett · 5 g Kohlenhydrate

ZUTATEN FÜR 4 PORTIONEN

500 g grüner Spargel
3 Frühlingszwiebeln
1 Bio-Limette
2 EL Butter
800 ml Gemüsebrühe
150 g Sahne
Salz · Pfeffer
Zucker
3–4 Stängel Basilikum

ZUBEREITUNG

1. Spargel waschen und putzen, die Spitzen abschneiden und längs halbieren, die Stangen in Stücke schneiden. Frühlingszwiebeln putzen und in feine Ringe schneiden. Limette heiß waschen, abtrocknen, die Schale in feinen Streifen abziehen. 1 EL Butter erhitzen, Zwiebeln und Spargelstangen 3 Min. andünsten. Brühe dazugießen, aufkochen. Zugedeckt bei mittlerer Hitze 10–15 Min. garen.

2. Die Suppe vom Herd nehmen und fein pürieren. Die Sahne einrühren, weitere 5 Min. kochen lassen. Mit Salz, Pfeffer, 1 Prise Zucker und 1–2 EL Limettensaft würzen. Das Basilikum waschen und trocken schütteln, Blätter abzupfen.

3. Die restliche Butter erhitzen, Spargelspitzen und Limettenschale 3–4 Min. unter Wenden anbraten, auf der Suppe anrichten. Mit Basilikumblättchen garnieren.

Minestrone mit jungem Gemüse

preiswert
30 Min.
pro Portion ca. 335 kcal
8 g Eiweiß · 22 g Fett · 24 g Kohlenhydrate

ZUTATEN FÜR 4 PORTIONEN

500 g frisches Frühlingsgemüse
(z. B. Möhren, Lauch, Zucchini, grüner Spargel)
1 EL Olivenöl
1 kleine Zwiebel
1 Knoblauchzehe
80 g Speckwürfel
1 l Gemüsebrühe
100 g kurze Makkaroni oder Pennine
2 Tomaten
Salz · Pfeffer
4 EL Bärlauch-Pesto (aus dem Glas oder selbst gemacht, s. links)

ZUBEREITUNG

1. Das Gemüse waschen und putzen, ggf. schälen und in kleine Würfel oder mundgerechte Stückchen schneiden.

2. Das Olivenöl in einem großen Topf erhitzen. Die Zwiebel und den Knoblauch schälen, fein würfeln und mit den Speckwürfeln im Olivenöl 3–4 Min. glasig andünsten. Die Brühe angießen und aufkochen.

3. Die Nudeln in die kochende Brühe geben und 2 Min. kochen. Das Gemüse dazugeben und alles zugedeckt in 10–12 Min. bissfest kochen, dabei ab und zu umrühren.

4. Inzwischen die Tomaten mit kochendem Wasser überbrühen und häuten. Tomaten halbieren, entkernen, ohne die Stielansätze würfeln und zur Suppe geben. Die Minestrone mit Salz und Pfeffer kräftig abschmecken, auf vier Teller verteilen und sofort mit je 1 Klecks Pesto garniert servieren.

Tuning-Tipp Bietet Ihr Gemüsehändler Dicke Bohnen in der Schote an? Dann greifen Sie zu! Bohnenkerne aus 1 Handvoll Schoten palen und mit dem übrigen Gemüse in der Suppe mitgaren. Lecker und sehr gesund!

Austausch-Tipp Beim Gemüse können Sie ganz nach Lust und Marktangebot variieren. Sehr gut schmecken in der Minestrone auch Spitzkohlstreifen, Zuckerschoten oder Frühlingszwiebeln. Auch Erbsen – frisch oder tiefgekühlt – können Sie gut mitgaren.

Grüner Aufsteiger Bärlauch

Wollen Sie Bärlauch im April und Mai selbst sammeln? In Laubwäldern werden Sie fündig. Aber Vorsicht! Die giftigen Blätter von Maiglöckchen und Herbstzeitlosen sehen Bärlauch zum Verwechseln ähnlich. Ihnen fehlt jedoch der knoblauchwürzige Duft. Deshalb vor dem Pflücken dran schnuppern!

Für Bärlauch-Pesto 1 dickes Bund Bärlauch waschen und ohne die groben Stiele kleiner schneiden. 2 EL Mandelstifte anrösten und mit dem Bärlauch, 1/2 TL Meersalz, 2 EL frisch geriebenem Parmesan, grob gemahlenem Pfeffer und 80–100 ml kalt gepresstem Raps- oder Sonnenblumenöl pürieren. Das Pesto hält sich gut verschlossen und mit Öl bedeckt 2 Wochen im Kühlschrank. Es passt auch gut zu Spaghetti.

FRÜHLING IN SUPPENTOPF UND WOK 33

Frühlings-Wok

leicht exotisch
30 Min.
pro Portion ca. 400 kcal
23 g Eiweiß · 8 g Fett · 57 g Kohlenhydrate

ZUTATEN FÜR 4 PORTIONEN

250 g Langkornreis (parboiled)
1 Stück Ingwer (ca. 4 cm)
1/2–1 frische rote Chilischote
1/2 kleiner Spitzkohl
1 kleines Bund Frühlingszwiebeln
100 g Zuckerschoten
1 kleine, reife Mango
4 Minutensteaks vom Schwein (à 70 g)
1 EL Öl
3–4 EL Sojasauce
Salz · Pfeffer

ZUBEREITUNG

1. Den Reis in 650 ml kochendes Wasser einrühren und 15–20 Min. bei schwacher Hitze zugedeckt garen. Den Ingwer schälen und hacken. Die Chilischote waschen, putzen, entkernen und hacken.

2. Spitzkohl, Frühlingszwiebeln und Zuckerschoten putzen, waschen und in mundgerechte Streifen bzw. Stücke schneiden. Die Mango schälen und in Würfeln vom Stein schneiden. Steaks schnetzeln.

3. Öl im Wok erhitzen. Ingwer und Chili darin unter Rühren anbraten. Fleisch 1–2 Min. mitbraten. Nach und nach Spitzkohl, Frühlingszwiebeln und Zuckerschoten in den Wok geben und jeweils 1 Min. unter Rühren mitbraten. Mangowürfel und gegarten Reis untermischen und mitbraten. Alles mit Sojasauce, Salz und Pfeffer abschmecken und sofort servieren.

Fisch-Gemüse-Topf

leicht gemacht
30 Min.
pro Portion ca. 220 kcal
22 g Eiweiß · 9 g Fett · 9 g Kohlenhydrate

ZUTATEN FÜR 4 PORTIONEN

1 kleine Zwiebel
200 g kleine festkochende Kartoffeln
1 kleiner Zucchino
100 g rosa Champignons oder Egerlinge
1 EL Öl
1–2 Msp. Cayennepfeffer
800 ml Fischfond (aus dem Glas; ersatzweise Gemüsebrühe)
400 g Fischfilet von Süßwasserfischen (z. B. Forelle, Zander oder Renke)
Salz · Pfeffer
4 TL Crème fraîche
2 EL frisch gezupfte Dillspitzen

ZUBEREITUNG

1. Die Zwiebel schälen und würfeln. Die Kartoffeln schälen, längs halbieren und in dünne Scheiben schneiden. Den Zucchino waschen, putzen, längs halbieren und in Scheiben schneiden. Die Pilze abreiben, putzen und feinblättrig schneiden.

2. Die Zwiebelwürfel im Öl bei schwacher Hitze 2–3 Min. andünsten. Cayennepfeffer darüberstreuen. Den Fond angießen und aufkochen. Die Kartoffeln zugedeckt in 8–10 Min. knapp bissfest kochen. Die Zucchini und Pilze dazugeben und alles zugedeckt weitere 3–4 Min. garen.

3. Inzwischen das Fischfilet in kleine Würfel schneiden, zum Gemüse geben und 4–5 Min. bei schwacher Hitze gar ziehen lassen. Mit Salz und Pfeffer kräftig abschmecken und mit je 1 Klecks Crème fraîche und etwas Dill bestreut servieren.

Bunter Mai-Salat

Kraftspender   pro Portion ca. 130 kcal
35 Min.   6 g Eiweiß · 7 g Fett · 12 g Kohlenhydrate

ZUTATEN FÜR 4 PORTIONEN

- 1/2 Eisbergsalat
- 100 g Sauerampfer oder Brunnenkresse
- 2–3 Eiszapfen (Minirettiche) oder 1 kleiner Rettich (ca. 150 g)
- 150 g zarte Bundmöhren
- 2 Bio-Minigurken
- 400 g Naturjoghurt
- 4 EL Zitronensaft
- 1 EL Rapsöl
- 2 TL scharfer Senf
- Salz · Pfeffer
- 1/2 TL Zucker

ZUBEREITUNG

1. Den Eisbergsalat waschen, putzen, in einzelne Blätter teilen, diese in Stücke zupfen. Sauerampfer oder Brunnenkresse waschen, trocken schleudern, die groben Stiele entfernen. Sauerampfer grob hacken. Eiszapfen putzen und waschen, Rettich schälen und längs halbieren. In dünne Scheiben schneiden. Möhren putzen, schälen und grob raspeln. Gurken gründlich waschen, putzen, längs halbieren und in dünne Scheiben schneiden.

2. Für das Dressing Joghurt mit Zitronensaft, Öl und Senf glatt rühren. Mit Salz, Pfeffer und Zucker würzen. Salate, Eiszapfen oder Rettich, Möhren und Gurken in die Schüssel geben und mit dem Joghurtdressing mischen.

Das schmeckt dazu Baguette oder Ciabatta

Tuning-Tipp Für einen Salat mit Knusper-Kick 2 EL Kürbis- oder Sonnenblumenkerne in einer Pfanne mit 1 TL Honig bei mittlerer Hitze hellbraun rösten. Abkühlen lassen und auf den Salat streuen.

Austausch-Tipp Anstelle von Joghurt können Sie ebenso gut Kefir oder Buttermilch für das Dressing verwenden. Auch saure Sahne oder Schmant bieten sich an. Sie sollten allerdings im Verhältnis 1 : 1 mit Joghurt gemischt werden.

Mehr draus machen Für ein Büfett die Salatzutaten vorbereiten, mischen und in eine große Schüssel geben. Das Dressing extra dazu reichen.

Löwenzahnsalat mit Speckpilzen

herzhaft und raffiniert
35 Min.
pro Portion ca. 360 kcal
15 g Eiweiß · 29 g Fett · 4 g Kohlenhydrate

**ZUTATEN FÜR
4 PORTIONEN**

200 g kleine Zucker-
schoten · Salz
1 Bund Löwenzahn
(ca. 600 g)
200 g kleine
Champignons
125 g Frühstücksspeck
1 EL Öl · Pfeffer
2 EL Rotweinessig
4 EL Olivenöl

ZUBEREITUNG

1. Die Zuckerschoten putzen und in
kochendem Salzwasser 2 Min. garen,
abschrecken und abtropfen lassen.

2. Inzwischen den Löwenzahn zerpflücken,
von den großen Blättern nur die dunkel-
grünen Spitzen verwenden, die hellgelben
Innenblätter ganz lassen. Löwenzahn
waschen, trocken schleudern und grob
zerteilen. Die Champignons putzen, abreiben und in dünne Scheiben schneiden.

3. Den Speck klein würfeln und in einer
Pfanne im heißen Öl kross ausbraten,
dann herausnehmen. Die Pilze im Speck-
fett 2–3 Min. braten, salzen und pfeffern.

4. Essig, Salz, Pfeffer und Olivenöl verrühren. Den Löwenzahn in der Vinaigrette
wenden, mit den Zuckerschoten und Pilzen anrichten und mit den Speckwürfeln
bestreut servieren.

Wildkräuter: Frühlings-Kick vom Wegesrand

Frühlingsvergnügen pur: an einem schönen Tag auf Ent-
deckungstour gehen, Wiesen, Wald und Felder auf der
Suche nach Wildkräutern durchstreifen. Nicht vergessen:
eine kleine Schere, Gartenhandschuhe und einen Korb
mitnehmen. Ganz junge Triebe schmecken am besten,
da sie noch wenig Bitterstoffe enthalten. Pflücken Sie
Wildkräuter abseits viel befahrener Straßen, Bahngleise
oder Industrieanlagen. Und sammeln Sie nur Pflanzen,
die Sie kennen oder anhand von Fachbüchern bestimmen können. Wer keine Zeit hat, selbst zu sammeln,
kann die zarten Blätter auch auf dem Markt und in guten
Gemüsegeschäften kaufen.

Gänseblümchen (Blüten und Rosetten) geben Suppen,
Salaten und Quark würzigen Pfiff. Löwenzahn schmeckt
köstlich im Salat (Rezept links), zu Käse und Eiern. Oder
man kocht die Blätter wie Spinat. Giersch mundet über-
all, wo auch Petersilie passt. Brennnessel serviert man
wie Spinat, als Suppe oder Salat. Bärlauch, knoblauch-
duftend und intensiv, wird ähnlich wie Knoblauch
verwendet: in Saucen, Salaten (s. Seite 37), zu Gemüse,
Kartoffeln, Fleisch (s. Seite 45) und Fisch. Brunnenkresse
glänzt im Salat oder als Vorspeise mit dezentem Rettich-
aroma. Sauerampfer verleiht vielen Salaten, Suppen und
Saucen seine feine Säure.

Römersalat mit Radieschencreme

leicht und frisch
20 Min.
pro Portion ca. 170 kcal
4 g Eiweiß · 14 g Fett · 7 g Kohlenhydrate

**ZUTATEN FÜR
4 PORTIONEN**

4 Mini-Römer-
salatherzen
3 EL Zitronensaft
1 Bund Radieschen
200 g saure Sahne
5 EL Sahne
1 EL Weißweinessig
2 EL Olivenöl
Salz · Pfeffer
Zucker
60 g Radieschen-
sprossen (ersatzweise
andere Sprossen)

ZUBEREITUNG

1. Den Salat waschen, putzen, der Länge
nach in Spalten schneiden und auf vier
Teller verteilen. Mit 2 EL Zitronensaft
beträufeln.

2. Die Radieschen waschen und putzen.
6 Radieschen zuerst in dünne Scheiben,
dann in feine Stifte schneiden. Die restlichen vierteln, mit der sauren Sahne,
Sahne, Essig, restlichem Zitronensaft und
Öl mischen und mit dem Pürierstab fein
pürieren. Mit Salz, Pfeffer und 1 Prise
Zucker abschmecken.

3. Die Radieschencreme über den Salat
träufeln. Mit den Radieschenstiften und
Sprossen bestreut servieren.

Tuning-Tipp Einige Radieschenblätter
grob hacken, mit den Radieschen pürieren.

Mango-Spargel-Salat

mit exotischem Touch
30 Min.
pro Portion ca. 345 kcal
7 g Eiweiß · 23 g Fett · 26 g Kohlenhydrate

**ZUTATEN FÜR
4 PORTIONEN**

500 g weißer Spargel
3 Frühlingszwiebeln
1 Bio-Orange
4 EL milder
Weißweinessig
1 TL flüssiger Honig
Salz · Pfeffer
6 EL Öl
2 nicht zu reife
Mangos (à ca. 400 g)
1 Kästchen Kresse
60 g gesalzene
Erdnüsse

ZUBEREITUNG

1. Den Spargel schälen, die Enden abschneiden und die Stangen bis 4 cm vor
den Köpfen schräg in 1/2 cm dünne Scheiben schneiden, die Köpfe längs halbieren.
Die Frühlingszwiebeln waschen, putzen
und in feine Ringe schneiden.

2. Für die Sauce die Orange heiß waschen,
abtrocknen, 1 TL Schale fein abreiben und
8 EL Saft auspressen. Beides mit Essig,
6 EL Wasser, Honig, Salz und Pfeffer verrühren. Das Öl darunterschlagen. Spargel
und Zwiebeln untermischen.

3. Die Mangos schälen, das Fruchtfleisch
vom Stein schneiden und in dünne Scheiben schneiden. Auf vier Tellern ausbreiten.
Den Spargel samt Sauce darauf anrichten.
Die Kresse vom Beet schneiden, die Nüsse
hacken und beides auf den Salat streuen.

Hähnchen-Avocado-Salat

supergesunder Mix
20 Min.
pro Portion ca. 490 kcal
40 g Eiweiß · 30 g Fett · 11 g Kohlenhydrate

ZUTATEN FÜR 4 PORTIONEN

4 Hähnchenbrustfilets (à 150 g)
Salz · Pfeffer
2 TL edelsüßes Paprikapulver
3 EL Öl
300 g Naturjoghurt
Saft und abgeriebene Schale von 1 Bio-Zitrone
1/2 TL Zucker
4 Stauden Chicorée
2 reife Avocados (à ca. 200 g)
4 Clementinen

ZUBEREITUNG

1. Die Hähnchenbrustfilets waschen, mit Küchenpapier trocken tupfen und mit Salz, Pfeffer und Paprikapulver einreiben. In einer Pfanne das Öl erhitzen und die Filets darin bei mittlerer Hitze auf beiden Seiten je 6–7 Min. anbraten. Aus der Pfanne nehmen und in dünne Scheiben schneiden.

2. Inzwischen den Joghurt mit 2 EL Zitronensaft und Zitronenschale glatt rühren. Mit Salz, Pfeffer und Zucker würzen. Den Chicorée waschen, 12 Außenblätter abtrennen, den Rest vom Strunk befreien und quer in Streifen schneiden.

3. Die Avocados schälen, halbieren, entsteinen und in Scheiben schneiden, diese sofort mit dem restlichen Zitronensaft beträufeln. Die Clementinen schälen und in Spalten teilen. Alle Zutaten auf den ganzen Chicoréeblättern anrichten und mit dem Zitronenjoghurt beträufeln.

Frühlingsfrischer Wurstsalat

gut vorzubereiten
30 Min. + 30 Min. Marinieren
pro Portion ca. 405 kcal
19 g Eiweiß · 35 g Fett · 3 g Kohlenhydrate

ZUTATEN FÜR 4 PORTIONEN

300 g Lyoner (Fleischwurst)
120 g Emmentaler
1 Bund Radieschen
1 Bund Frühlingszwiebeln
120 g kleine Gewürzgurken und 6 EL Gurkensud (Glas)
4 EL Weißweinessig
2 TL scharfer Senf
Salz · Pfeffer
2 EL Öl
1 Bund Schnittlauch

ZUBEREITUNG

1. Die Wurst pellen, längs halbieren und die Hälften in dünne Scheiben schneiden. Den Käse in feine Würfel schneiden. Die Radieschen waschen, putzen und in dünne Scheiben schneiden.

2. Die Frühlingszwiebeln putzen und waschen, das Hellgrüne in breite, das Weiße in schmale Schrägstreifen schneiden. Die Gewürzgurken abtropfen lassen und in Scheiben schneiden.

3. Für das Dressing Gurkensud, Essig, Senf, Salz, Pfeffer und Öl verrühren. Die vorbereiteten Zutaten in dem Dressing wenden und 30 Min. durchziehen lassen. Den Schnittlauch waschen, trocken schütteln, in Röllchen schneiden und über den Salat streuen.

Das schmeckt dazu Roggenbrot, Laugenbrezeln oder Knäckebrot

BUNTE SALATE ZUM SATTESSEN 37

Bärlauchsalat mit Rotbarsch

raffiniert | auch für Gäste
40 Min.
pro Portion ca. 480 kcal
34 g Eiweiß · 29 g Fett · 7 g Kohlenhydrate

ZUTATEN FÜR 4 PORTIONEN

2 kleine Kohlrabi
300 g Bundmöhren
4 EL Öl
Salz · Pfeffer
400 ml Fischfond (Glas)
600 g Rotbarschfilet
200 g Bärlauch
3 EL Weißweinessig
3 Eigelb
2 TL süßer Senf
125 g Sahne

ZUBEREITUNG

1. Den Kohlrabi putzen, schälen und vierteln. Die Möhren putzen, waschen und eventuell schälen. Beides in dünne Scheiben schneiden. In 2 EL Öl 5 Min. dünsten, salzen und pfeffern.

2. Den Fischfond mit 600 ml Wasser aufkochen. Den Fisch in den Sud legen und zugedeckt bei schwacher Hitze 7 Min. ziehen lassen, dann herausnehmen, abkühlen lassen und in Scheiben schneiden.

3. Den Bärlauch waschen und trocken schütteln, die groben Stiele entfernen und die Blätter grob zerteilen. Mit Gemüse und Fisch anrichten. Essig, Salz, Pfeffer und 2 EL Öl verrühren und darüberträufeln.

4. Die Eigelbe mit Senf, 5 EL Fischsud und der Sahne in einem Topf unter ständigem Rühren erhitzen (nicht kochen lassen!), bis die Sauce bindet. Die Sauce über den Salat verteilen.

Bulgursalat mit Spinat

knackig und frisch
25 Min.
pro Portion ca. 425 kcal
14 g Eiweiß · 22 g Fett · 42 g Kohlenhydrate

ZUTATEN FÜR 4 PORTIONEN

400 ml Gemüsebrühe
200 g Bulgur
3 rote Spitzpaprika
1 Bio-Salatgurke (ca. 400 g)
160 g junger Blattspinat
200 g Feta (Schafkäse)
1 Limette
Salz · Pfeffer
4 EL Olivenöl
1/2 TL Chiliflocken

ZUBEREITUNG

1. Die Brühe aufkochen, den Bulgur dazugeben und bei schwacher Hitze zugedeckt in 15 Min. ausquellen lassen.

2. Inzwischen die Spitzpaprika waschen, putzen, halbieren und entkernen. Die Salatgurke gut waschen und abtrocknen. Beides in kleine Würfel schneiden.

3. Den Spinat verlesen, gründlich waschen und abtropfen lassen, große Blätter klein zupfen. Den Feta zerbröckeln.

4. Für das Dressing die Limette auspressen, den Saft mit Salz, Pfeffer und Öl in einer großen Schüssel verrühren.

5. Den Bulgur mit einer Gabel auflockern und mit Paprika, Gurke und Spinat im Dressing wenden. Den Salat abschmecken und mit Feta und Chiliflocken bestreuen.

Austausch-Tipp Tauschen Sie den Spinat gegen Rucola aus. Eine scharfe Alternative!

Spargel mit Brunnen-kresse-Hollandaise

kulinarisches Highlight
45 Min.
pro Portion ca. 385 kcal
10 g Eiweiß · 35 g Fett · 8 g Kohlenhydrate

ZUTATEN FÜR 4 PORTIONEN

1,5 kg weißer Spargel
50 g Brunnenkresse
2 EL Naturjoghurt
130 g Butter
1 EL Zitronensaft
Salz · Zucker
4 Eigelb
60 ml Gemüsefond (Glas)
2 TL Senf
Pfeffer

ZUBEREITUNG

1. Den Spargel schälen, die Enden abschneiden. Die Spargelstangen in vier gleiche Portionen teilen und diese mit Küchengarn zusammenbinden.

2. Die Brunnenkresse waschen und trocken schütteln, das grobe untere Drittel abschneiden. Die übrige Kresse hacken, mit dem Joghurt mischen und mit dem Pürierstab fein pürieren.

3. Inzwischen in einem großen Topf 2 l Wasser mit 2 TL Butter, dem Zitronensaft, 2 TL Salz und 1 Prise Zucker aufkochen. Den Spargel hineingeben und zugedeckt bei mittlerer Hitze 15 Min. garen.

4. Inzwischen für die Hollandaise in einem kleinen Topf die restliche Butter schmelzen, dann vom Herd nehmen. Die Eigelbe mit Fond, Senf, 1 TL Zucker und Pfeffer in einer hitzefesten Schüssel verrühren und über einem heißen Wasserbad schaumig schlagen. Nach und nach die flüssige Butter unter ständigem Rühren zugeben und so lange weiterschlagen, bis eine cremig-dickliche Hollandaise entstanden ist. Im Wasserbad warm halten.

5. Den Kressejoghurt unter die Hollandaise rühren und zusammen mit dem abgetropften Spargel servieren.

Das schmeckt dazu Salzkartoffeln und – wenn es nicht vegetarisch sein soll – Schinken oder gebratenes Fischfilet.

Austausch-Tipp Statt Brunnenkresse machen sich auch Sauerampfer, Bärlauch oder Basilikum gut in der Hollandaise.

Spargel ganzjährig genießen
Die Spargelsaison ist oft kürzer als der Appetit darauf. Wer auf den Genuss der schmackhaften Stangen nach Johanni, also nach dem 24. Juni, nicht verzichten möchte, kann Spargel problemlos einfrieren. Aber bitte vorher nicht blanchieren oder kochen – er verliert dabei viel Aroma und Biss. So wird's gemacht: Spargel waschen, schälen und portionsweise in Gefrierbeuteln oder -boxen einfrieren. Er hält sich 6–8 Monate.

Heißes Tauchbad nach dem Kälteschlaf
Eingefrorenen Spargel nicht auftauen lassen, sondern nach der Entnahme aus dem Tiefkühlgerät zum Kochen direkt ins sprudelnd heiße Wasser geben. So bleibt der Spargel vitaminreich, bissfest und aromatisch.

MAI-GEMÜSE: KOMMT NEU, LEICHT UND FRISCH 39

Grünes Risotto

knackig und raffiniert zugleich
50 Min.
pro Portion ca. 500 kcal
18 g Eiweiß · 11 g Fett · 75 g Kohlenhydrate

ZUTATEN FÜR 4 PORTIONEN

500 g grüner Spargel
200 g Zuckerschoten
1 l Gemüsebrühe
150 g TK-Erbsen
1 Zwiebel
2 EL Olivenöl
350 g Risottoreis (z. B. Arborio)
Salz · Pfeffer
abgeriebene Schale von 1 Bio-Limette
80 g frisch gehobelter Parmesan
1 EL frisch gehackte Zitronenmelisse

ZUBEREITUNG

1. Den Spargel waschen, putzen und in 4 cm große Stücke schneiden. Die Zuckerschoten putzen, größere schräg halbieren. Die Brühe aufkochen, Spargel hineingeben und in 4 Min. bissfest garen. Nach 2 Min. Zuckerschoten und Erbsen dazugeben, alles noch 2 Min. kochen. Abgießen, Brühe auffangen, Gemüse abschrecken und abtropfen lassen.

2. Die Zwiebel schälen, fein hacken und im Öl in einem Topf glasig dünsten. Den Reis unter Rühren kurz anbraten. So viel heiße Brühe angießen, dass der Reis bedeckt ist. Offen bei schwacher Hitze kochen lassen, bis der Reis die Brühe aufgenommen hat. Nach und nach die restliche Brühe dazugießen, Risotto 25–30 Min. garen.

3. Gemüse zum Reis geben, kurz erwärmen. Mit Salz, Pfeffer und Limettenschale würzen. Parmesan und Melisse aufstreuen.

Frühkartoffeln mit Radieschenquark

erfrischend einfach
35 Min.
pro Portion ca. 285 kcal
21 g Eiweiß · 5 g Fett · 40 g Kohlenhydrate

ZUTATEN FÜR 4 PORTIONEN

1 kg Frühkartoffeln
Salz
400 g Magerquark
300 g Naturjoghurt
1 TL Kürbiskernöl
Pfeffer · Zucker
4 TL Zitronensaft
1 Bund Radieschen
100 g Rucola

ZUBEREITUNG

1. Die Kartoffeln gründlich waschen und abbürsten. In einem Topf mit Salzwasser bedecken. Deckel auflegen und Kartoffeln bei schwacher Hitze 20 Min. kochen.

2. Inzwischen Quark, Joghurt und Kürbiskernöl verrühren. Mit Salz, Pfeffer, 1 Prise Zucker und Zitronensaft abschmecken. Die Radieschen waschen, putzen und in dünne Stifte schneiden. Rucola waschen und trocken schleudern, grobe Stiele entfernen, die Blätter hacken. Je ein Drittel von Radieschen und Rucola unter den Quark heben.

3. Die Kartoffeln abgießen und offen ausdampfen lassen, dabei gelegentlich durchrütteln. Mit dem Quark anrichten. Restliche Radieschen und übrigen Rucola daraufstreuen und servieren.

Gedünstetes Frühlingsgemüse

fein kombiniert
25 Min.
pro Portion ca. 130 kcal
3 g Eiweiß · 8 g Fett · 11 g Kohlenhydrate

ZUTATEN FÜR 4 PORTIONEN
1 Bund Möhren (ca. 650 g)
2 Bund Frühlingszwiebeln
2 EL Butter
2 TL Zucker
200 ml Gemüsefond (Glas) oder -brühe
2 EL Pinienkerne
1/2 Bund Petersilie
Salz · Pfeffer
etwas abgeriebene Schale von
1 Bio-Zitrone

ZUBEREITUNG

1. Die Möhren putzen, schälen und in ca. 10 cm lange Stücke schneiden, dicke Möhren vorher längs halbieren. Die Frühlingszwiebeln waschen, putzen und in ca. 10 cm lange Stücke schneiden.

2. In einer Pfanne die Butter erhitzen und den Zucker darin schmelzen. Die Möhren 2 Min. darin andünsten, dann Fond oder Brühe angießen. Zugedeckt bei schwacher Hitze 7 Min. weiterdünsten. Die Frühlingszwiebeln zufügen und 2 Min. mitgaren.

3. Inzwischen die Pinienkerne in einer Pfanne ohne Fett anrösten. Die Petersilie waschen, trocken schütteln und hacken. Das Gemüse mit Salz, Pfeffer und Zitronenschale würzen. Die Petersilie und die Pinienkerne aufstreuen.

Dazu passt's Kalbsmedaillons, Rinderfilet oder Hähnchenbrustfilet

Kräuterblumenkohl

grün aufgepeppt
30 Min.
pro Portion ca. 350 kcal
11 g Eiweiß · 28 g Fett · 12 g Kohlenhydrate

ZUTATEN FÜR 4 PORTIONEN
1 großer Blumenkohl (ca. 1,6 kg)
Salz
2 TL Zitronensaft
50 g Butter
2 EL Mehl
200 g Frischkäse
1 Bund frische Kräuter (z. B. Petersilie, Schnittlauch, Basilikum)
125 ml Milch
1 Eigelb
Pfeffer
frisch geriebene Muskatnuss

ZUBEREITUNG

1. Den Blumenkohl waschen, putzen und in Röschen teilen. Diese in kochendem Salzwasser mit Zitronensaft zugedeckt bei mittlerer Hitze in 5–6 Min. bissfest garen. Abgießen und dabei das Kochwasser auffangen. Den Kohl abtropfen lassen und warm halten.

2. Für die Sauce inzwischen die Butter schmelzen, mit dem Mehl bestäuben und kurz anschwitzen. 250 ml Blumenkohlwasser und den Frischkäse unter Rühren dazugeben. Die Mischung 10 Min. bei schwacher Hitze kochen lassen.

3. Die Kräuter waschen und trocken schütteln, die Blätter abzupfen und hacken. Die Sauce vom Herd nehmen, Milch und Eigelb verquirlen und darunterrühren. Die Sauce mit Salz, Pfeffer und Muskat würzen. Die Kräuter unterheben. Den Blumenkohl mit der Sauce übergießen und servieren.

GEMÜSE, DAS GLÜCKLICH MACHT 41

Sprossen-Mangold

thailändisch scharf
30 Min.
pro Portion ca. 205 kcal
8 g Eiweiß · 17 g Fett · 5 g Kohlenhydrate

ZUTATEN FÜR 4 PORTIONEN

2 EL Sesamsamen
1 Mangold (ca. 700 g)
250 g frische Mungobohnensprossen
1 Zwiebel
2 Knoblauchzehen
4 EL Öl
1 EL Sesamöl
1–2 EL Sojasauce
2 TL rote Currypaste (Asienladen)
250 g ungesüßte Kokosmilch (Dose)
Salz · Pfeffer
evtl. 1 Spritzer Limetten- oder Zitronensaft

ZUBEREITUNG

1. Sesamsamen in einer Pfanne ohne Fett goldbraun rösten, dann die Pfanne vom Herd nehmen.

2. Den Mangold putzen und waschen, die Stiele in sehr dünne, die Blätter in ca. 2 cm breite Streifen schneiden. Die Sprossen waschen und verlesen. Die Zwiebel schälen und fein hacken. Die Knoblauchzehen schälen und zerdrücken.

3. Das Öl in einem Wok erhitzen. Zwiebel, zerdrückten Knoblauch und Mangoldstiele darin 3 Min. unter Rühren bei mittlerer Hitze andünsten. Sesamöl, Sojasauce und Currypaste dazugeben und 1–2 Min. untermischen. Kokosmilch dazugießen, Sprossen und Mangoldblätter hinzufügen und alles 1–2 Min. garen. Mit Salz und Pfeffer würzen. Sesam aufstreuen.

Dazu passt's Gebratener Fisch

Kohlrabi-Kartoffel-Gratin

Dream-Team
25 Min. + 40 Min. Backen
pro Portion ca. 385 kcal
6 g Eiweiß · 32 g Fett · 107 g Kohlenhydrate

ZUTATEN FÜR 4 PORTIONEN

3 kleine Kohlrabi mit Blättern (à ca. 250 g)
300 g festkochende Kartoffeln
350 g Sahne
2 TL Mehl
Salz · Pfeffer
frisch geriebene Muskatnuss
1 EL Butter

Und:
Fett für die Form

ZUBEREITUNG

1. Die Kohlrabi putzen und schälen, eine Handvoll zarte grüne Blätter waschen und beiseitelegen. Die Knollen längs halbieren und in feine Scheiben hobeln.

2. Die Kartoffeln schälen, waschen und ebenfalls in dünne Scheiben schneiden. Das Kohlrabigrün bis auf 1 EL fein streifig schneiden.

3. Den Backofen auf 180° (Umluft 160°) vorheizen. Eine Gratinform mit Butter einfetten. Kohlrabi und Kartoffeln fächerartig einschichten und mit dem streifig geschnittenen Kohlrabigrün bestreuen. Sahne, Mehl, Salz, Pfeffer und Muskat verquirlen und darübergießen. Mit Butterflöckchen belegen und im Backofen (Mitte) 40 Min. backen.

4. Vor dem Servieren mit dem restlichen Kohlrabigrün bestreuen.

Dazu passt's Schnitzel oder Frikadellen

Nudeln mit Frühlingsgemüse

macht gut gelaunt und munter
45 Min.
pro Portion ca. 530 kcal
17 g Eiweiß · 14 g Fett · 78 g Kohlenhydrate

ZUTATEN FÜR 4 PORTIONEN

4 EL Kürbiskerne
200 g Brokkoli
200 g Zuckerschoten
200 g junge grüne Bohnen
250 g Kirschtomaten
1 Dose Artischockenherzen
(240 g Abtropfgewicht)
1 Zwiebel · 350 g Spirelli-Nudeln
Salz · Pfeffer
3 EL Olivenöl
400 ml Gemüsefond (Glas) oder -brühe

ZUBEREITUNG

1. Die Kürbiskerne in einer Pfanne ohne Fett rösten. Vom Herd nehmen und abkühlen lassen. Den Brokkoli putzen und in kleine Röschen teilen. Die Brokkolistiele schälen und klein schneiden.

2. Die Zuckerschoten und Bohnen waschen, putzen und schräg halbieren. Die Tomaten waschen und halbieren. Die Artischockenherzen abgießen, abtropfen lassen und sechsteln. Die Zwiebel schälen und in Würfel schneiden.

3. Die Nudeln in reichlich Salzwasser nach Packungsangabe bissfest kochen. Brokkoli, Zuckerschoten und Bohnen zum Schluss dazugeben und 2 Min. mitkochen. Nudeln und Gemüse abgießen und abtropfen lassen.

4. Das Öl in einer Pfanne erhitzen, Zwiebel dazugeben und glasig dünsten. Mit Fond oder Brühe ablöschen und bei starker Hitze 5 Min. einkochen lassen. Tomaten und Artischocken dazugeben und die Flüssigkeit wieder aufkochen lassen. Nudeln und Gemüse unterheben, salzen und pfeffern. Mit den Kürbiskernen bestreuen.

Tuning-Tipp Die Nudeln mit 50 g geriebenem Parmesan und 8–10 grob zerzupften Basilikumblättern toppen.

Austausch-Tipp Auch andere Gemüsesorten wie Möhren, grüner Spargel oder Kohlrabi passen gut in der Gemüse-Pasta-Mischung.

Reste-Tipp Die übrige Mischung lauwarm abkühlen lassen, mit etwas Balsamico bianco oder mildem Weißweinessig und Olivenöl anmachen und als Salat servieren.

Junger Knoblauch für Genießer

Mit kleinen Zehen zwischen noch weichen Häutchen kommen die frischen Knollen ab Mai bei uns auf den Markt. Da heißt es zugreifen und köstliche, knoblauchduftende Gerichte zaubern! Junger Knoblauch ist besonders saftig und mild im Geschmack, beim Kochen dürfen es auch mal ein paar Zehen oder eine Knolle mehr sein. Und selbst der grüne Stiel lässt sich, in Ringe geschnitten, mitverwenden.

Ab ins Gemüsefach

Im Kühlschrank hält sich der junge Knoblauch wochenlang frisch. Gegen den intensiven Knoblauchduft ist allerdings kein Kraut gewachsen – am besten die frischen Knollen in Frischhaltebeutel oder -folie einpacken.

SCHNELL, FRISCH UND LEICHT – NUDELN IM FRÜHJAHR

Chinakohlnudeln mit Lachssahne

feinwürzig mit Kresse
30 Min.
pro Portion ca. 780 kcal
30 g Eiweiß · 37 g Fett · 80 g Kohlenhydrate

ZUTATEN FÜR
4 PORTIONEN

400 g Tagliatelle · Salz
400 g Chinakohl
3 Schalotten
1 Knoblauchzehe
1 EL Butter
300 g Sahne
125 ml Gemüsebrühe
200 g Räucherlachs
Pfeffer
1–2 TL Zitronensaft
1 Kästchen Kresse

ZUBEREITUNG

1. Die Nudeln in reichlich Salzwasser nach Packungsangabe bissfest kochen. Den Chinakohl waschen, putzen und in 2 x 2 cm große Stücke schneiden. 1–2 Min. vor Ende der Garzeit zu den Nudeln geben und bis zum Schluss mitgaren.

2. Inzwischen Schalotten und Knoblauch schälen, in kleine Würfel schneiden und in der Butter andünsten. Sahne und Brühe dazugießen und bei starker Hitze offen 5 Min. einkochen lassen.

3. Den Lachs in Streifen schneiden und in die Sauce geben. Mit Salz, Pfeffer und Zitronensaft würzen. Die Chinakohlnudeln abgießen, kurz abtropfen lassen, untermischen und alles 2–3 Min. erhitzen.

4. Die Kresse abschneiden und bis auf ein paar Blättchen unter die Nudeln mischen. Restliche Kresse als Garnitur aufstreuen.

Spaghettini mit jungem Knoblauch

Aromaknüller
30 Min.
pro Portion ca. 670 kcal
14 g Eiweiß · 32 g Fett · 82 g Kohlenhydrate

ZUTATEN FÜR
4 PORTIONEN

400 g Spaghettini
(ersatzweise
Spaghetti)
Salz · 2 rote Peperoni
2 junge Knoblauchknollen
1 Bund Petersilie
125 ml Olivenöl

ZUBEREITUNG

1. Die Nudeln nach Packungsangabe in reichlich kochendem Salzwasser garen. Inzwischen die Peperoni waschen, putzen, entkernen und in dünne Streifen schneiden. Den Knoblauch waschen, grüne Stiele in Ringe schneiden, die Zehen aus den Häuten lösen. Falls sich noch keine Zehen gebildet haben, die Knollen klein würfeln. Die Petersilie waschen, trocken schütteln, die Blätter abzupfen und grob hacken.

2. Das Öl in einer großen Pfanne erhitzen. Knoblauchstiele 3–4 Min. anbraten, die Knoblauchzehen und Peperoni dazugeben und bei schwacher Hitze kurz mitdünsten. Die Petersilie untermischen, salzen. Die Nudeln abgießen, tropfnass in die Pfanne geben, durchmischen. Sofort servieren.

Tuning-Tipp 1 Dose Thunfisch naturell zerpflücken und unter die Pasta heben.

Lammkoteletts mit Rhabarbersauce

herzhaft-fruchtig
50 Min.
pro Portion ca. 730 kcal
25 g Eiweiß · 62 g Fett · 17 g Kohlenhydrate

ZUTATEN FÜR 4 PORTIONEN

4 große, doppelte Lammkoteletts (à 200 g) oder 8 Lammkoteletts (à 100 g)
2 EL gehackte Thymianblättchen (oder 2 TL getrockneter Thymian)
1 TL rosenscharfes Paprikapulver
3 EL Olivenöl
Salz · Pfeffer
500 g Rhabarber
250 g Schalotten
2 EL Butter
50 g Zucker
100 ml trockener Rotwein (ersatzweise roter Fruchtsaft)

ZUBEREITUNG

1. Die Lammkoteletts abwaschen und trocken tupfen. Thymian, Paprikapulver, Öl, Salz und Pfeffer verrühren. Das Fleisch darin wenden und zugedeckt 20 Min. marinieren.

2. Inzwischen den Rhabarber waschen, die dünne Haut abziehen, die Stangen quer in 1 cm breite Stücke schneiden. Die Schalotten schälen und vierteln.

3. Die Butter in einer Kasserolle erhitzen. Den Zucker in die Mitte häufen und bei schwacher Hitze hellgelb karamellisieren lassen. Die Schalotten dazugeben und glasig dünsten.

4. Den Rhabarber hinzufügen und 2–3 Min. mitdünsten. Den Wein angießen und bei mittlerer Hitze unter gelegentlichem Rühren 5 Min. offen kochen lassen, bis er fast verdampft und der Rhabarber zerfallen ist. Die Sauce mit Salz und Pfeffer würzen, warm halten.

5. Inzwischen eine Pfanne ohne Fett erhitzen, das Fleisch darin auf jeder Seite 3–4 Min. braten, herausnehmen und mit der Rhabarbersauce anrichten.

Das schmeckt dazu Bratkartoffeln

Austausch-Tipp Tauschen Sie die Lammkoteletts gegen 4 Rinderfiletsteaks (à ca. 180 g) aus.

Mehr draus machen Praktisch und zeitsparend: Für mehr als 4 Personen die marinierten Lammkoteletts in einer Pfanne portionsweise 1 Min. pro Seite anbraten, herausnehmen und auf ein Blech legen. Im Backofen (2. Schiene von unten) bei 180° in 5–6 Min. fertig garen.

Rhabarber schmeckt auch herzhaft wunderbar!

Kuchen, Kompott oder Konfitüre – so genießen wir Rhabarber schon lange. Dass er sich aber auch als herzhaftes Gemüse zubereiten lässt, ist noch wenig bekannt. Dabei schmecken die Stangen fruchtig-säuerlich und etwas nach Gurke – und machen sich gut zu Geflügel, Lamm (Rezept rechts), Wild oder gebratenem Fisch. Er passt mit etwas Zucker zu Fenchel und Spargel und kurz gedünstet in einen Blattsalat.

Roter Stiel mit grünem Fruchtfleisch

Diese Rhabarbersorte ist leicht herb im Geschmack und dezent sauer. Sie ist besser für Chutneys oder in Kombination mit herzhaften Gerichten geeignet als der rote und besonders milde Himbeer-Rhabarber.

DAS BESTE AUS PFANNE UND WOK 45

Bärlauch-Frikadellen

Grüner Spargel-Hähnchen-Wok

richtig herzhaft
45 Min.
pro Portion ca. 605 kcal
30 g Eiweiß · 50 g Fett · 9 g Kohlenhydrate

ZUTATEN FÜR
4 PORTIONEN

2 Scheiben Toastbrot
1 Zwiebel
80 g Bärlauch
500 g gemischtes
Hackfleisch
2 EL Magerquark
1 Ei · Salz
Pfeffer · 2 EL Öl
250 g passierte
Tomaten
150 g Crème fraîche
2 EL Ajvar
(Paprikapaste)
Und:
Öl zum Formen

ZUBEREITUNG

1. Das Toastbrot in kaltem Wasser einweichen. Die Zwiebel schälen und fein würfeln. Den Bärlauch waschen, trocken schleudern und ohne harte Stiele hacken. Das Brot ausdrücken und zerpflücken, mit der Zwiebel und dem Bärlauch zum Hackfleisch geben. Quark und Ei hinzufügen, alles gut mischen und mit Salz und Pfeffer kräftig würzen.

2. Mit eingeölten Händen aus der Masse acht Frikadellen formen. Öl erhitzen, die Frikadellen darin bei nicht zu starker Hitze auf jeder Seite 7–8 Min. braten. Herausnehmen und warm stellen.

3. Für die Sauce die Tomaten und die Crème fraîche in die Pfanne geben und aufkochen. Ajvar einrühren und die Sauce salzen und pfeffern. Die Frikadellen mit der Sauce anrichten.

Frühlingsgruß aus China
40 Min.
pro Portion ca. 270 kcal
25 g Eiweiß · 13 g Fett · 10 g Kohlenhydrate

ZUTATEN FÜR
4 PORTIONEN

350 g Hähnchenbrustfilet
7 EL helle Sojasauce
700 g grüner Spargel
200 g Möhren
200 g Zuckerschoten
3 Frühlingszwiebeln
1 walnussgroßes
Stück Ingwer
4 EL Öl
200 ml Gemüsebrühe
2 TL Speisestärke

ZUBEREITUNG

1. Hähnchenbrust waschen, trocken tupfen und in dünne Streifen schneiden. Mit 3 EL Sojasauce mischen, beiseitestellen.

2. Den Spargel waschen, putzen und schräg in dünne Scheiben schneiden, die Köpfe längs halbieren. Die Möhren schälen und schräg in dünne Scheiben schneiden. Die Zuckerschoten waschen, putzen und halbieren. Die Frühlingszwiebeln waschen, putzen und in Ringe schneiden. Den Ingwer schälen und fein hacken.

3. Im Wok 2 EL Öl erhitzen, das Hähnchenfleisch darin in 2–3 Min. unter Rühren hellbraun braten, herausnehmen und warm stellen. Gemüse und Ingwer in 2 Portionen mit je 1 EL Öl unter Rühren 4 Min. braten. Das Gemüse wieder in den Wok geben. Brühe, restliche Sojasauce und Stärke verrühren, dazugießen und aufkochen lassen. Das Fleisch unterheben.

Kaninchen mit Frühlingsgemüse

lässt sich gut vorbereiten
50 Min.
pro Portion ca. 510 kcal
52 g Eiweiß · 26 g Fett · 14 g Kohlenhydrate

ZUTATEN FÜR 4 PORTIONEN

2 Bund Frühlingszwiebeln
4–5 Mairübchen mit Grün (ersatzweise zarte Bundmöhren)
1 Knoblauchzehe
1 Zwiebel
2 EL Butterschmalz
1–2 EL flüssiger Honig
Salz · Pfeffer
1 Kaninchen (ca. 1,2 kg; vom Händler in 6–8 Stücke teilen lassen)
ca. 600 ml Hühnerbrühe
3–5 EL Balsamico bianco oder milder Weißweinessig
2 EL Pinienkerne

ZUBEREITUNG

1. Die Frühlingszwiebeln putzen und waschen. Zartes Grün in Röllchen schneiden (1–2 EL) und beiseitelegen. Die Zwiebeln in 4–5 cm lange Stücke schneiden.

2. Die Rübchen waschen oder hauchdünn schälen und vierteln. Zartes Grün und feine Stiele hacken. Knoblauch und Zwiebel schälen und fein hacken.

3. 1 EL Butterschmalz und 1 TL Honig in einem großen Schmortopf bei schwacher bis mittlerer Hitze schmelzen. Die Rübchen und Frühlingszwiebeln 2–3 Min. unter Rühren anbraten. Herausnehmen, salzen, pfeffern und beiseitestellen.

4. Erneut 1 EL Butterschmalz im Schmortopf erhitzen. Die Kaninchenteile darin bei schwacher Hitze rundherum in ca. 5 Min. goldbraun anbraten, dann salzen und pfeffern. Knoblauch und Zwiebel dazugeben und 2–3 Min. mitbraten.

5. 200 ml Brühe und 2 EL Essig zum Kaninchen gießen. Alles aufkochen und zugedeckt bei schwacher bis mittlerer Hitze 25 Min. schmoren lassen, dabei nach und nach die restliche Brühe angießen. Dann je 1 EL Essig und Honig einrühren. Die Rübchen und Frühlingszwiebeln dazugeben und alles weitere 5 Min. schmoren lassen.

6. Den Kaninchensud mit Honig, Essig, Salz und Pfeffer abschmecken. Die Pinienkerne in einer Pfanne ohne Fett goldbraun rösten und mit Zwiebel- und Rübchengrün mischen. Das Kaninchen und das Gemüse damit bestreuen und im Schmortopf servieren.

Das schmeckt dazu Reis oder breite Bandnudeln und Baguette

Tuning-Tipps Mit Knoblauch und Zwiebeln auch 1 gehäuften TL frisch geriebenen Ingwer und 1 Prise Chilischrot zum Kaninchen geben. Das gibt dem Sud eine raffinierte Schärfe.
Wer mag, bindet den Sud zum Schluss noch mit 1 TL angerührter Speisestärke.

Lammkeule mit Kräuter-Salsa

feinwürzig
30 Min. + 2 Std. Garen
pro Portion ca. 650 kcal
40 g Eiweiß · 51 g Fett · 8 g Kohlenhydrate

ZUTATEN FÜR 4 PORTIONEN

Für Fleisch und Sud:
800 g Lammkeule ohne Knochen
2 EL Zitronensaft
Salz · Cayennepfeffer
1 1/2 l Fleischbrühe
1 Lorbeerblatt

Für die Kräuter-Salsa:
1 Bund Schnittlauch
je 1 dickes Bund Basilikum und Petersilie
2 frische Knoblauchzehen · 1/2 Bio-Zitrone
4 Sardellenfilets (in Öl)
1 EL Kapern
2–3 EL Semmelbrösel
1–2 EL Fleischbrühe oder Lammsud
50–60 ml Olivenöl
Salz · Cayennepfeffer

ZUBEREITUNG

1. Das Lammfleisch mit dem Zitronensaft, Salz und Cayennepfeffer einreiben. Die Brühe aufkochen. Lorbeerblatt dazugeben. Die Lammkeule in den kochenden Sud geben. Die Hitze reduzieren und das Fleisch zugedeckt bei schwacher Hitze in 2 Std. gar ziehen lassen.

2. Für die Salsa die Kräuter waschen und trocken schütteln. Den Schnittlauch in feine Röllchen schneiden. Basilikum- und Petersilienblättchen abzupfen. Knoblauch schälen. Die Bio-Zitrone waschen, die Schale abreiben und den Saft auspressen. Die Sardellenfilets abtropfen lassen.

3. Basilikum, Petersilie, Knoblauch und Sardellen mit den Kapern, 2 EL Semmelbröseln, 1 EL Zitronensaft, 1 EL Brühe und 50 ml Olivenöl pürieren. Falls nötig, etwas mehr Brühe, Öl oder Semmelbrösel untermixen, bis die Sauce cremig ist. Die Sauce mit Schnittlauch, 1 TL Zitronenschale, Salz und Cayennepfeffer mischen, abschmecken und kühl stellen.

4. Das Fleisch aus dem Sud heben, in sehr dünne Scheiben schneiden und mit etwas Sud und Salsa servieren.

Das schmeckt dazu Pellkartoffeln und Frühlingsgemüse. Für das Gemüse 3 Möhren putzen, schälen und in Scheiben schneiden. 1 kleinen Romanesco waschen, putzen und in Röschen teilen. 1 Handvoll Zuckerschoten putzen und waschen. 500 ml Lammsud durch ein Sieb gießen und in einem Topf aufkochen. Gemüse darin in ca. 10 Min. bissfest garen, salzen, pfeffern und servieren.

Austausch-Tipp Sie mögen lieber Rahmsaucen? Für sahnigen Kerbelschaum 100 ml Fleischsud mit 200 g Sahne und nach Belieben 1 Schuss Noilly Prat (Wermut) cremig einkochen lassen. 50 g Sahne schlagen. Sahnesud mit dem Pürierstab oder Milchaufschäumer aufschlagen. Kerbel waschen, trocken schütteln, fein schneiden und unterrühren. Sauce mit Salz, Pfeffer und Muskat abschmecken. Schlagsahne unterrühren und Kerbelschaum sofort mit dem Fleisch servieren.

Knusper-Garnelen mit Aïoli-Creme

Fingerfood
30 Min.
pro Portion ca. 320 kcal
14 g Eiweiß · 25 g Fett · 11 g Kohlenhydrate

ZUTATEN FÜR 4 PORTIONEN
1 Bio-Limette
2 EL Fischsauce (ersatzweise Sojasauce)
250 g aufgetaute TK-Bio-Garnelen
1 sehr frisches zimmerwarmes Ei (Größe M)
6–7 EL Olivenöl + Öl zum Frittieren
2 frische Knoblauchzehen
2 EL Crème fraîche · Salz
Cayennepfeffer
3–4 EL Speisestärke

ZUBEREITUNG

1. Die Limette heiß waschen und abtrocknen, 1 TL Schale abreiben, den Saft auspressen. 1 EL Saft mit der Fischsauce verrühren. Die Garnelen in einem Sieb heiß abwaschen, mit Küchenpapier trocken tupfen und mit der Mischung beträufeln.

2. Für die Aïoli das Ei trennen. Das Eigelb verrühren und das Eiweiß beiseitestellen. 6–7 EL Öl nach und nach unterrühren, d. h. 1 EL Öl nach dem anderen unterschlagen, bis eine Mayonnaise entsteht.

3. Frischen Knoblauch schälen, ganz fein hacken und unter die Mayonnaise rühren. 1 EL Limettensaft unterrühren. Die Mayo mit Crème fraîche, Limettenschale, Salz und Cayennepfeffer verrühren.

4. Zum Panieren der Garnelen das Eiweiß mit 1 Prise Salz schaumig, aber nicht steif schlagen und in einen tiefen Teller geben. Die Speisestärke ebenfalls auf einen Teller geben.

5. Das Öl zum Frittieren in einem Topf oder Wok erhitzen, bis an einem hineingehaltenen Holzstäbchen Bläschen hochsteigen. Garnelen erst im Eiweiß, dann in der Speisestärke wenden und im heißen Öl in 3–5 Min. goldbraun ausbacken. Auf Küchenpapier entfetten und sofort mit der Aïoli-Creme servieren.

Austausch-Tipp Für eine Kräuter-Remoulade die Mayo-Creme aus dem Rezept oben mit 1 TL scharfem Senf verrühren. Je 2–3 Stängel Dill und Petersilie sowie 1 Stängel Estragon waschen und trocken schütteln. Blättchen abzupfen und mit 1 Gewürzgurke, 2 Sardellenfilets und 1 TL Kapern sehr fein hacken. Alles mit der Creme vermischen und mit Salz, Pfeffer und Zitronensaft abschmecken.

Ein guter Fang
Klimawandel und Überfischung bedrohen Meeresfrüchte- und Fischbestände in unseren Meeren.
→ **Hering und Makrele** können Sie mit gutem Gewissen genießen. Auch Meeresfrüchte und Fische aus Bio-Zucht oder Süßwasserfische wie Zander und Forelle sind eine gute Wahl.
→ **Fischstäbchen** dürfen weiterhin in Ihrem Einkaufsnetz landen. Denn sie werden meist aus Alaska-Seelachs aus dem Nordpazifik gemacht, der noch nicht so stark überfischt ist.

Empfehlenswert
Der MSC (Marine Stewardship Council) zeichnet nachhaltig gefangenen Fisch mit einem blauen Siegel aus. In Supermärkten gibt es mittlerweile über 40 Fischerzeugnisse mit dem Siegel.

Matjestopf mit Zuckerschoten

Klassiker auf neue Art
20 Min. + 2 Std. Marinieren
bei 6 Portionen pro Portion ca. 230 kcal
10 g Eiweiß · 19 g Fett · 4 g Kohlenhydrate

ZUTATEN FÜR 4–6 PORTIONEN
100 g saure Sahne
100 g Sahne
1 EL milder Weißweinessig
1/2 TL Senfkörner
Salz · Zucker · Pfeffer
2 Stängel Dill
1 kleine Handvoll Zuckerschoten
1 kleines Bund Frühlingszwiebeln
1/2 fester Apfel
4 Matjesfilets

ZUBEREITUNG

1. Saure und süße Sahne mit Essig, Senfkörnern und je 1 kräftigen Prise Salz, Zucker und Pfeffer in einer Schüssel glatt rühren. Den Dill waschen und trocken schütteln. Spitzen abzupfen. Die Hälfte fein hacken und unter die Sauce rühren.

2. Salzwasser aufkochen. Die Zuckerschoten waschen, putzen und 2 Min. blanchieren, eiskalt abschrecken und in kleine Rauten schneiden. Frühlingszwiebeln waschen, putzen und in dünne Ringe hobeln. Apfelhälfte gründlich waschen, dritteln, entkernen und in Scheiben hobeln. Matjes in Stücke schneiden. Alles mit der Sauce mischen.

3. Den Heringstopf mindestens 2 Std. ziehen lassen, nochmals abschmecken und mit restlichem Dill bestreut servieren.

Das schmeckt dazu Pellkartoffeln oder Bauernbrot

Fischfilet mit Tomaten-Kräuter-Kruste

schnell & leicht
20 Min. + 20 Min. Garen
pro Portion ca. 220 kcal
17 g Eiweiß · 15 g Fett · 4 g Kohlenhydrate

ZUTATEN FÜR 4 PORTIONEN
50 g weiche Butter
4 Pangasiusfilets (à ca. 120 g)
je 1 kleines Bund Petersilie und Zitronenmelisse
1 kleine Handvoll Kerbel
2 getrocknete Tomaten (in Öl)
Salz · Pfeffer
1 Eiweiß
1/2 TL abgeriebene Schale von 1 Bio-Zitrone
2 EL Semmelbrösel
2 EL frisch geriebener Parmesan

ZUBEREITUNG

1. Den Backofen auf 200° (Umluft 180°) vorheizen. Eine ofenfeste Form mit 1 TL Butter ausstreichen. Fischfilets waschen, trocken tupfen und in die Form legen.

2. Die Kräuter waschen und trocken schütteln. Die Blättchen abzupfen und fein hacken. Die getrockneten Tomaten abtropfen lassen und fein würfeln.

3. Restliche Butter mit Salz und Pfeffer schaumig rühren. Das Eiweiß unterrühren. Kräuter, Zitronenschale und Tomatenwürfel dazugeben. Die Semmelbrösel und den Parmesan untermischen. Die Filets mit der Mischung bestreichen und im heißen Ofen (Mitte) 15–20 Min. garen.

Das schmeckt dazu Kartoffelpüree oder Risotto

Lachs mit Kräuterschaum

butterzart durch Niedrigtemperatur
50 Min.
pro Portion ca. 525 kcal
32 g Eiweiß · 24 g Fett · 25 g Kohlenhydrate

ZUTATEN FÜR 4 PORTIONEN

1 frisches Lachsfilet (ca. 600 g, Schwanzstück, mit Haut)
Salz · Pfeffer
2–3 Zweige Thymian
1 Bund Kräuter (z. B. Basilikum, Kerbel, Petersilie, Dill, Sauerampfer, ca. 100 g)
1 kleine Zwiebel
1 Kartoffel (ca. 100 g)
2 EL Butter
250 ml Gemüsebrühe
200 g Sahne
etwas abgeriebene Schale von 1 Bio-Zitrone
1 TL Chiliflocken

Und:
Butter für die Form

ZUBEREITUNG

1. Den Backofen auf 90° (Gas niedrigste Stufe) vorheizen. Eine ofenfeste Form mit Butter einfetten. Das Lachsfilet waschen, abtrocknen, leicht salzen und pfeffern, dann mit der Hautseite nach oben in die Form legen. Thymianzweige dazwischen legen und alles mit Frischhaltefolie abdecken. Keine Sorge, die Folie hält bis 90° problemlos aus! Den Fisch im Backofen (Mitte, Umluft 70°) 30 Min. ziehen lassen.

2. Inzwischen die Kräuter waschen und trocken schütteln, die Blätter abzupfen und klein schneiden. Die Zwiebel schälen und fein hacken. Die Kartoffel schälen und in kleine Würfel schneiden. In einem kleinen Topf 1 EL Butter erhitzen, Zwiebel und Kartoffel darin bei schwacher Hitze 2–3 Min. andünsten. Mit der Gemüsebrühe auffüllen und 20 Min. bei schwacher Hitze kochen.

3. Die Sahne zugeben und alles mit dem Pürierstab oder im Mixer fein pürieren. Die Kräuterblättchen mit der restlichen Butter unter die Sauce mixen. Mit Salz, Pfeffer und Zitronenschale abschmecken. Die Chiliflocken und 1 TL Salz mischen und über den Lachs streuen. Mit dem Kräuterschaum anrichten.

Das schmeckt dazu Für Kartoffelchips 4 Kartoffeln schälen, waschen und in sehr dünne Scheiben hobeln. In heißem Öl bei 170° goldbraun frittieren.

Garen mit sanfter Hitze – ideal für Familienfeiern

Auch ohne Stress, mit ein wenig Zeit und einfachen Rezepten können Sie Fischfilet, aber auch Geflügel und Fleisch, zart und saftig aus dem Ofen zaubern. Die Methode heißt »Niedrigtemperaturgaren«: Fisch- oder Fleischstücke garen im Ofen bei kuscheligen Saunatemperaturen zwischen 80 und 90 Grad – bis zu 5 Stunden! Da bleibt genügend Zeit für die Zubereitung von Beilagen und einen Plausch mit den Gästen. Wunderbar entspannt.

Es kommt nicht auf die Minute an

Wenn das Fisch- oder Fleischstück mal etwas länger im Backofen liegt – macht nichts! Anders als beim Braten bei großer Hitze kann nichts anbrennen oder austrocknen. Alles gelingt perfekt und bleibt wunderbar saftig und aromatisch.

FISCH – GANZ FEIN GEMACHT 51

Asiatische Forellen

saftig und intensiv
30 Min. + 30 Min. Marinieren
pro Portion ca. 310 kcal
42 g Eiweiß · 12 g Fett · 9 g Kohlenhydrate

ZUTATEN FÜR 4 PORTIONEN

4 Forellen (à ca. 400 g, küchenfertig)
Salz · Pfeffer
1 Bund Koriandergrün (ersatzweise Petersilie)
40 g Ingwer
3 Knoblauchzehen
3 Frühlingszwiebeln
6 EL Sojasauce
2 EL Öl
250 g Möhren
350 g Spitzkohl

ZUBEREITUNG

1. Die Forellen waschen, trocken tupfen und beidseitig je 3-mal schräg einschneiden. Salzen, pfeffern und je 3 Stängel Koriander in die Bauchhöhle stecken. Vom restlichen Koriander die Blättchen abzupfen. Ingwer und Knoblauch schälen, die Zwiebeln putzen und waschen, alles drei in kleine Würfel schneiden. Mit Sojasauce und Öl verrühren, über die Fische träufeln und im Kühlschrank 30 Min. marinieren.

2. Den Backofen auf 200° (Umluft 180°) vorheizen. Die Möhren schälen und schräg in Scheiben schneiden. Den Kohl waschen und putzen, die Blätter in Rauten schneiden. Das Gemüse auf einem Backblech verteilen und die Fische darauflegen. Marinade mit 250 ml Wasser verrühren, darüberträufeln. Im Ofen (Mitte) 25–30 Min. backen. Mit restlichem Koriander bestreuen.

Das schmeckt dazu Basmatireis

Mandelscholle mit Romanesco

mit Knusperkruste
40 Min.
pro Portion ca. 440 kcal
39 g Eiweiß · 24 g Fett · 17 g Kohlenhydrate

ZUTATEN FÜR 4 PORTIONEN

600 g Schollenfilet (ersatzweise Pangasiusfilet)
Salz · Pfeffer
1 Ei · 4 EL Mehl
100 g gehobelte Mandeln
1 kg Romanesco (ersatzweise Blumenkohl)
1 Zwiebel
2 EL Butterschmalz
1 EL Currypulver
250 ml Gemüsebrühe
1 Dose stückige Tomaten (400 g)

ZUBEREITUNG

1. Das Fischfilet waschen, trocken tupfen und mit Salz und Pfeffer würzen. Das Ei verquirlen. Den Fisch erst in Mehl wenden, dann durch das Ei ziehen und zuletzt in den Mandeln wenden, diese gut andrücken.

2. Den Romanesco putzen und in kleine Röschen teilen. Die Zwiebel schälen, fein würfeln und in dem heißen Butterschmalz in einem breiten Topf glasig dünsten. Mit Curry bestäuben und kurz anschwitzen. Die Gemüsebrühe und die Tomaten dazugeben und das Ganze zugedeckt bei mittlerer Hitze 5 Min. kochen lassen. Romanesco dazugeben und zugedeckt weitere 5–7 Min. garen, dabei mehrmals umrühren.

3. Inzwischen das restliche Schmalz in einer beschichteten Pfanne erhitzen. Den Fisch auf jeder Seite in 2–3 Min. goldbraun braten. Mit dem Gemüseragout servieren.

Gebackene Holunderblüten

besonders fein
30 Min.
pro Stück ca. 100 kcal
2 g Eiweiß · 5 g Fett · 12 g Kohlenhydrate

ZUTATEN FÜR 16 STÜCK
50 g Butter
200 g Mehl · Salz
250 ml Mineralwasser
2 Eier
1 Päckchen Vanillezucker
1 EL Zucker
16 frisch gepflückte Holunderblüten mit Stiel

Und:
Öl oder Butterschmalz zum Ausbacken
Puderzucker zum Bestäuben

ZUBEREITUNG

1. Die Butter schmelzen. Das Mehl mit 1 Prise Salz und dem Mineralwasser glatt rühren. Die Eier trennen. Die Eigelbe und die Butter unter den Teig rühren. Die Eiweiße mit dem Vanillezucker und Zucker steif schlagen und unterheben. Die Holunderblüten verlesen.

2. Öl oder Butterschmalz in einem flachen Topf erhitzen. Es ist heiß genug, wenn an einem ins Fett getauchten Holzlöffel Bläschen aufsteigen.

3. Die Holunderblüten am Stiel anfassen, in den Teig tauchen und mit dem Stiel nach oben in das heiße Fett tauchen und goldbraun ausbacken. Gebackene Holunderblüten auf Küchenpapier abtropfen lassen.

Austausch-Tipp Sehr gut schmecken die Holunderblüten auch, wenn Sie den Teig mit Bier oder Wein zubereiten. Ersetzen Sie das Mineralwasser einfach durch Bier oder Wein.

Reste-Tipp Aus übrigem Teig kleine Pfannkuchen backen.

Das schmeckt dazu Joghurtcreme: 150 g Naturjoghurt mit 150 g saurer Sahne und 1 EL Honig glatt rühren. 1 EL Zucker mit 2 Prisen Zimt mischen und über die Honigcreme streuen.

Tuning-Tipp Die Blättchen von 3 Stängeln Basilikum und 1 Stängel Zitronenmelisse waschen, trocken schütteln, grob zerkleinern und mit 2 EL Crème fraîche und 1 TL Zitronensaft mit dem Pürierstab oder im Mixer fein pürieren. Die Mischung unter die Joghurtcreme ziehen.

Ein kurzer Genuss
Die Holunderblütenzeit ist nur kurz. Von Mitte Mai bis Anfang Juni steht der Holunder in voller Blüte. Die Blüten für die gebackenen Holunderblüten sollten frisch aufgeblüht sein und dürfen beim Pflücken nicht abfallen.

Schnelles Rhabarberkompott
Zu den gebackenen Holunderblüten passt auch sehr gut ein Rhabarberkompott: 500 g Rhabarber putzen, entfädeln, waschen und in dünne Scheiben schneiden. 150 ml Wasser mit 100 g Zucker in einem Topf unter Rühren aufkochen. Rhabarber dazugeben und bei schwacher Hitze 5 Min. ziehen lassen. Noch warm zu den gebackenen Holunderblüten servieren.

SÜSSE FRÜHLINGSFREUDEN 53

Zitronen-Quark-Soufflé

ganz einfach
25 Min. + 20 Min. Backen
pro Portion ca. 235 kcal
13 g Eiweiß · 7 g Fett · 31 g Kohlenhydrate

ZUTATEN FÜR 4 PORTIONEN
1 Bio-Zitrone
3 Eier
200 g Magerquark (gut ausgedrückt)
75 g Zucker
1 EL Mehl
1 EL Speisestärke
Salz
Und:
4 Förmchen (à 150 ml)
Fett und Zucker für die Förmchen
Puderzucker zum Bestreuen

ZUBEREITUNG

1. Die Förmchen einfetten und mit etwas Zucker ausstreuen. Den Backofen auf 180° vorheizen.

2. Die Bio-Zitrone heiß waschen und abtrocknen. 1 TL Schale abreiben. 2 EL Saft auspressen. Die Eier trennen. Die Eigelbe mit Quark, 50 g Zucker, Mehl und Speisestärke glatt rühren. Die Eiweiße mit 1 Prise Salz und restlichem Zucker steif schlagen und unterheben.

3. Die Masse in die Förmchen füllen und diese in eine ofenfeste Form stellen. Etwas heißes Wasser in die ofenfeste Form gießen. Die Soufflés im Backofen (Mitte, Umluft 160°) in ca. 20 Min. goldbraun backen. Mit Puderzucker bestreuen.

Das schmeckt dazu 250 g frische Himbeeren mit 1 EL Puderzucker püriert

Rhabarber-Tarte mit Baiser

einfach gut
25 Min. + 35 Min. Backen
bei 10 Stücken pro Stück ca. 190 kcal
3 g Eiweiß · 8 g Fett · 26 g Kohlenhydrate

ZUTATEN FÜR 1 TARTEFORM (30 cm Ø)
500 g Rhabarber
2 EL Puderzucker
1 fertiger, rund ausgerollter Mürbeteig (270 g, Kühltheke)
1 EL Himbeergelee
2 Eiweiß · Salz
75 g Zucker
1 TL Zitronensaft
Und:
Fett für die Form

ZUBEREITUNG

1. Ofen auf 180° vorheizen. Die Form fetten. Rhabarber putzen, entfädeln, waschen, klein würfeln, mit Puderzucker vermischen und zugedeckt 20 Min. Saft ziehen lassen.

2. Mürbeteig in die Form legen. Rhabarber auf einem Sieb abtropfen lassen, Saft auffangen und mit Himbeergelee verrühren. Die Mischung mit dem Rhabarber vermischen und auf dem Teigboden verteilen. Im Ofen (unten, Umluft 160°) 15 Min. backen.

3. Die Eiweiße mit 1 Prise Salz und dem Zucker über einem heißen Wasserbad steif schlagen, den Zitronensaft unterrühren. Tarte aus dem Ofen nehmen. Baisermasse in Tupfen auf der Tarte verteilen. Backofen auf 160° (Umluft 140°) zurückschalten und die Tarte in 20 Min. fertig backen.

Deko-Tipp Eiweißmasse in einen Spritzbeutel füllen und ein Gitter aufspritzen.

Erdbeercreme mit weißer Schokolade

für Gäste
30 Min.
pro Portion ca. 685 kcal
19 g Eiweiß · 50 g Fett · 39 g Kohlenhydrate

ZUTATEN FÜR 4 PORTIONEN
500 g Erdbeeren
50 g Puderzucker
100 g weiße Kuvertüre
300 g Sahne
1 Limette
500 g Ricotta
etwas Zitronenmelisse zum Garnieren

ZUBEREITUNG

1. Die Erdbeeren verlesen, entkelchen und waschen. Einige schöne Früchte für die Deko beiseitelegen. Restliche Erdbeeren und Puderzucker mit dem Pürierstab pürieren.

2. Die Kuvertüre zerkleinern. 100 g Sahne in einem Topf erwärmen und die Kuvertüre darin auflösen. Die restliche Sahne steif schlagen.

3. Die Limette auspressen und mit dem Ricotta glatt rühren. Erdbeerpüree und Schokosahne unterrühren. Geschlagene Sahne unter die Erdbeermasse ziehen.

4. Die Erdbeercreme in vier Gläser füllen und bis zum Essen kühl stellen. Vor dem Servieren mit den restlichen Erdbeeren und Zitronenmelisse garnieren.

Austausch-Tipp Den Ricotta können Sie durch Mascarpone, Frischkäse oder Quark ersetzen.

Das schmeckt dazu Für eine pfiffige Waldmeistersauce ½ Päckchen Vanillesaucenpulver mit 50 ml Apfelsaft verrühren. 150 ml Apfelsaft mit 1 EL Zucker aufkochen, angerührtes Saucenpulver einrühren, 1–2 EL Waldmeistersirup unterrühren. Die Sauce abkühlen lassen und zur Erdbeercreme servieren.

Variante Erdbeer-Mousse 400 g Erdbeeren putzen, waschen und in Stücke schneiden. Mit 2 EL Puderzucker und 1 EL Erdbeersirup fein pürieren. 2 frische Eier mit 60 g Puderzucker über dem heißen Wasserbad weißcremig aufschlagen. 1 Packung Gelatine-fix (Backregal) unter das Fruchtpüree rühren. Die Eiercreme unterheben. 200 g Sahne steif schlagen und unterziehen. Die Mousse in eine Schale füllen und bis zum Essen kühl stellen.

Für ein **Erdbeer-Parfait** bereiten Sie die Mousse ohne Gelatine-fix zu. Die Mousse in kalt ausgespülte Förmchen oder eine Kastenform füllen und über Nacht im Gefrierfach gefrieren lassen.

Grießflammeri mit Erdbeer-Rhabarber-Kompott

immer beliebt
30 Min. + 4 Std. Kühlen
pro Portion ca. 415 kcal
12 g Eiweiß · 12 g Fett · 57 g Kohlenhydrate

ZUTATEN FÜR 4 PORTIONEN

Für das Flammeri:
500 ml Milch
Salz · 50 g Zucker
1 Päckchen Vanillezucker
1/2 Zimtstange
100 g Weizengrieß
2 Eier · 50 g Sahne
4 Förmchen (à 150 ml)

Für das Kompott:
300 g Rhabarber
300 g Erdbeeren
1 Zitrone
150 ml Fruchtsaft (Cranberry- oder Kirschsaft)
50 g Puderzucker

ZUBEREITUNG

1. Die Milch mit 1 Prise Salz, Zucker, Vanillezucker und der halben Zimtstange aufkochen. Zimtstange entfernen. Den Grieß dazugeben und unter ständigem Rühren dicklich einkochen lassen. Topf vom Herd ziehen.

2. Die Eier trennen, Eiweiße steif schlagen. Eigelbe mit Sahne verrühren und unter die Grießmasse rühren. Eischnee locker unterziehen. Die Förmchen kalt ausspülen. Pudding einfüllen und 3–4 Std. kalt stellen.

3. Den Rhabarber putzen, Fäden abziehen, Rhabarber waschen. Rhabarber schräg in 2 cm lange Stücke schneiden. Die Erdbeeren entkelchen, waschen und halbieren. Die Zitrone auspressen. Den Fruchtsaft mit Puderzucker und Zitronensaft in einem Topf aufkochen. Den Rhabarber dazugeben und 4 Min. köcheln lassen. Die Erdbeeren dazugeben und gut vermischen.

4. Grießflammeri aus den Förmchen stürzen und mit dem Kompott servieren.

Variante Grießflammeri mit Beerensauce Grießflammeri wie links beschrieben zubereiten und in kalt ausgespülte Tassen oder Gläser füllen.
Für die Beerensauce 300 g gemischte frische Beeren mit 3 EL Puderzucker und 2 EL Johannisbeergelee aufkochen, 2 Min. köcheln lassen und durch ein Sieb streichen. Nach Belieben 1 EL Himbeergeist unterrühren.

Variante Grießflammeri mit Sirupfrüchten Das Grießflammeri wie links beschrieben zubereiten und in kalt ausgespülte Tassen oder Gläser füllen. 2 reife Mangos halbieren und den Kern entfernen. Das Fruchtfleisch mit einem Löffel aus der Schale lösen. In Spalten schneiden. 1 Papaya halbieren und schälen, die Kerne mit einem Löffel herausschaben. Papayahälften in schmale Spalten schneiden. 3 EL Ahornsirup in einem Topf erwärmen, Früchte hineingeben und kurz ziehen lassen. Das fertige Flammeri stürzen und mit warmen Sirupfrüchten servieren.

Frohe Ostern

Ostern – das heißt, mit der Familie und Freunden gemütlich feiern. Schon die Vorbereitungen machen Spaß: **Eier färben,** Osternester gestalten, Hasen backen. Mit unseren Rezepten und **Deko-Ideen** ist der Weg frei für eine fröhliche Osterwoche.

Erdbeer-Tiramisu

gut vorzubereiten
30 Min.
bei 6 Portionen pro Portion ca. 540 kcal
11 g Eiweiß · 39 g Fett · 36 g Kohlenhydrate

ZUTATEN FÜR 4–6 PORTIONEN

500 g Erdbeeren
1 EL Himbeergelee
100 g Cantuccini (ital. Mandelkekse)
2 EL Orangensaft
250 g Mascarpone
250 g Magerquark
75 g Puderzucker
300 g Sahne
1 Päckchen Sahnesteif
evtl. einige Minzeblättchen für die Deko

ZUBEREITUNG

1. Die Erdbeeren entkelchen, waschen, einige schöne Früchte für die Deko beiseitelegen. Restliche Erdbeeren in Scheiben schneiden. Himbeergelee erwärmen, mit den Erdbeerscheiben vermischen.

2. Die Cantuccini grob zerbrechen, in einen Gefrierbeutel geben und mit dem Nudelholz zerbröseln. Die Brösel mit Orangensaft vermischen. Nach Belieben einige Brösel für die Deko beiseitelegen.

3. Den Mascarpone mit Quark und Puderzucker glatt rühren. Die Sahne mit Sahnesteif steif schlagen. Die Quarkcreme löffelweise unter die Sahne rühren.

4. Vier bis sechs Gläser oder eine große Glasschüssel bereitstellen. Creme, Cantuccini und Erdbeeren schichtweise in die Gläser füllen. Mit Creme abschließen.

5. Vor dem Servieren die restlichen Erdbeeren fächerartig einschneiden und mit Puderzucker bestäuben. Das Tiramisu mit den Erdbeeren oder den Cantuccini-Bröseln und nach Belieben den Minzeblättchen dekorieren.

Variante Erdbeer-Avocado-Tiramisu
Für das Tiramisu die Erdbeeren, Cantuccini und die Mascarponecreme wie im Rezept oben beschrieben vorbereiten. 1 reife Avocado halbieren und den Stein entfernen. Das Fruchtfleisch mit einem Löffel herausnehmen und mit 2 EL Limettensaft pürieren. Avocadocreme unter eine Hälfte der Mascarponecreme rühren. Erdbeeren, Cantuccini und die Cremes abwechselnd in eine Form oder Gläser schichten. Kühl stellen. Vor dem Servieren mit Erdbeeren dekorieren.

FEINES ZU OSTERN 57

Möhren-Muffins

gelingt leicht
30 Min. + 25 Min. Backen
pro Stück ca. 305 kcal
4 g Eiweiß · 13 g Fett · 42 g Kohlenhydrate

ZUTATEN FÜR 12 STÜCK
250 g Möhren
2 EL Saft und 1 TL Schale von 1 Bio-Orange
50 g gemahlene Haselnüsse · 200 g Mehl
2 TL Backpulver · 1 Ei
150 g brauner Zucker
100 ml neutrales Öl
200 g Naturjoghurt
175 g Puderzucker
3 EL lauwarme Milch
evtl. 1 EL Waldmeistersirup zum Färben der Glasur

Und:
1 Muffinform mit 12 Vertiefungen
Öl oder Papierförmchen für das Blech
12 Marzipanmöhrchen

ZUBEREITUNG

1. Den Backofen auf 180° (Mitte, Umluft 160°) vorheizen. Die Mulden der Form fetten oder Papierförmchen hineinsetzen.

2. Die Möhren waschen, schälen und fein reiben. Mit Orangensaft und -schale mischen. Haselnüsse kurz anrösten. Mehl mit Backpulver und Haselnüssen mischen.

3. Ei mit Zucker, Öl und Joghurt mischen. Möhrenraspel und Mehlmischung zügig unterrühren. Den Teig in die Mulden füllen. Im vorgeheizten Backofen (Mitte) 20–25 Min. backen. Die Muffinform herausnehmen und etwas abkühlen lassen. Dann aus den Formen lösen.

4. Für die Glasur den Puderzucker mit Milch und nach Belieben Waldmeistersirup zu einem dickflüssigen Guss verrühren. Die Muffins damit glasieren und zuletzt die Marzipanmöhrchen daraufsetzen.

Osterbrot

klassisch gut
25 Min. + 45 Min. Gehen + 25 Min. Backen
bei 10 Scheiben pro Scheibe ca. 290 kcal
7 g Eiweiß · 14 g Fett · 34 g Kohlenhydrate

ZUTATEN FÜR 1 BROT
350 g Mehl · Salz
1 Päckchen Trockenhefe
1/4 TL Anispulver
75 ml lauwarme Milch
1 Ei + 2 Eigelb
50 g Zucker
100 g flüssige Butter
30 g Orangeat
50 g gehackte Mandeln
2 EL Aprikosenkonfitüre

Und:
Mehl für die Arbeitsfläche
Backpapier

ZUBEREITUNG

1. Das Mehl mit 1 Prise Salz, der Trockenhefe und dem Anis in einer Schüssel mischen, die Milch unterrühren. Ei, Eigelbe, Zucker und 75 g Butter unterrühren und das Ganze mit den Händen zu einem glatten Teig verkneten. Zugedeckt 30 Min. gehen lassen. Ein Backblech mit Backpapier belegen.

2. Das Orangeat sehr fein hacken. Den Hefeteig auf etwas Mehl durchkneten. Orangeat und Mandeln unterkneten, einen Laib formen, auf das Blech legen und mit der restlichen Butter bestreichen. Die Oberfläche rautenförmig einschneiden. Zugedeckt 15 Min. ruhen lassen.

3. Den Backofen auf 180° vorheizen. Osterbrot im Ofen (Mitte, Umluft 160°) in ca. 35 Min. goldbraun backen. Konfitüre mit 3 EL Wasser aufkochen, durch ein Sieb streichen. Osterbrot damit glasieren.

Ostern bunte Eier natürlich schön

Frohe Ostern Eier hart kochen, auf jedes Ei einen Klebebuchstaben oder ein ganzes Wort aufkleben, sodass die Eier zusammen den Schriftzug »Frohe Ostern« bilden. Eierfarbe mit Essig und Wasser anrühren. Die Eier in die Farbe tauchen, herausnehmen und auf Küchenpapier trocknen lassen. Klebebuchstaben vorsichtig abziehen. Mit Gras und Blüten in einen Korb setzen.

Eier im Ringel-Look 2 Gummiringe mit etwas Abstand um die Eier spannen. Holundersaft und Rote-Bete-Saft getrennt erhitzen. Die Eier vorsichtig in die Säfte legen und in 10 Min. hart kochen. Herausnehmen, auf Küchenpapier trocknen lassen. Gummiringe entfernen. Für schönen Glanz etwas Öl auf Küchenpapier träufeln und die Eier damit abreiben.

Bunte Osterwiese 2 Wochen vor Ostern flache Tonschalen oder Blumenuntersetzer mit Erde füllen. Sprießweizenkörner oder Grassamen aussäen und feucht halten. In die grüne Wiese kleine Häschen aus Schokolade oder aus Filz oder Holz, Zuckereier und Schokoeier setzen. Essbare Blüten wie Veilchen oder Gänseblümchen auf die Wiese streuen.

Ostereier natürlich färben

→ **Für grüne Eier** 2–3 Bund gehackte Petersilie in 1 l Wasser 30 Min. köcheln. Abkühlen lassen, durch ein Sieb schütten. Die grüne Flüssigkeit wieder zurück in den Topf geben. Die Eier in der Flüssigkeit in 10–12 Min. hart kochen.

→ **Für braune Eier** Für einen Zwiebelsud die Schalen von etwa 10 Zwiebeln mit 2 l Wasser etwa 30 Min. köcheln lassen. Abkühlen lassen. Die Eier im Zwiebelsud in 10–12 Min. hart kochen. Für einen Teesud 3 EL Teeblätter mit 1 l Wasser aufkochen und 30 Min. leicht köcheln lassen. Die Eier in den Teesud legen und in 10–12 Min. hart kochen.

→ **Ostereier mit Kräuterdekor** Verschiedene Kräuterzweige (Kerbel, Dill, Petersilie) in Wasser tauchen und auf die Eier legen. Mit einem Stück Seidenstrumpf fest umwickeln und den Strumpf mit Garn festbinden. Die Eier so verpackt im Rote-Bete-Saft (s. oben) oder Zwiebelsud in 10–12 Min. hart kochen (Foto rechts).

OSTERDEKO 59

Häschen und Nester aus Hefeteig

Aus dem ganz einfachen und elastischen Quark-Hefeteig lassen sich Hasen und Nester ganz problemlos formen.

→ **Für den Quark-Hefeteig** 400 g Mehl mit 1 Päckchen Trockenhefe, 250 g Magerquark, 50 g weicher Butter, 50 g Zucker, 1 Ei und 1 Eiweiß in eine Schüssel geben und mit den Knethaken des Handrührgerätes verrühren. Eventuell 2–3 EL Milch dazugeben. Alles mit den Händen zu einem glatten Teig verarbeiten. Teig zugedeckt 20 Min. gehen lassen. Den Teig nochmals durchkneten.

Süße Häschen

Aus dem Teig eine Rolle formen und in zehn gleich große Stücke schneiden. Von jedem etwas Teig für den Schwanz abnehmen, den restlichen Teig jeweils halbieren. Für den Körper eine Hälfte zu 20 cm langen Rollen formen und zu Schnecken einrollen. Aus der anderen Hälfte den Kopf formen, mit der Schere Ohren einschneiden. Die Hasen zusammensetzen und einen Schwanz andrücken. Mit Eigelb einpinseln und mit Rosinenaugen verzieren.

Die Hasen auf ein mit Backpapier belegtes Blech legen. Im vorgeheizten Backofen bei 180° (Mitte, Umluft 160°) ca. 20 Min. backen.

Sie können den Teig auch 1 cm dick ausrollen und mit Ausstechformen Häschen ausstechen, mit Eigelb bestreichen und backen.

Eierkerzen Teelichter in halbierte Eierschalen stellen. Gelbes Wachs (Bastelbedarf) in einem Topf flüssig werden lassen, vorsichtig in die vorbereiteten Eierschalen gießen.

Einfache Tischdeko Miniblumentöpfe mit Frühjahrsblühern mit Moos einschlagen und mit einem dünnen Silberdraht umwickeln. Ein bis zwei gekochte Wachteleier oder Deko-Eier passend bemalen oder bekleben und mit einem Schokoladenhäschen oder anderen Süßigkeiten in die Blumen stecken.

Osternester-Tischkarten

Aus Gänseblümchen und Veilchen ein kleines Kränzchen flechten. In die Mitte etwas Moos legen. Auf bunte, gekochte Eier mit Filzstift die Gästenamen schreiben und in die Nester setzen.

Osterkranz

Den Quark-Hefeteig wie oben beschrieben zubereiten und 20 Min. gehen lassen. Nochmals durchkneten und zu drei gleich großen Rollen formen. Aus den Rollen einen Zopf flechten und diesen zu einem Kranz zusammenlegen. Den Kranz mit Eigelb bestreichen und mit Hagelzucker bestreuen. Im Ofen bei 180° (Mitte, Umluft 160°) ca. 30 Min. backen. Für den Ostertisch bunt gefärbte Eier oder Schokoladeneier in die Mitte setzen (Foto rechts).

Sommer

Ein Fest für unsere **Sinne!** Paprika in fröhlichen Farben, tiefrote Tomaten, taufrische Salate und lackschwarze Auberginen: Im Gemüsegarten ist Hochsaison. Auch auf Balkon und Fensterbrett **wächst und gedeiht es munter:** Liebstöckel und Minze duften um die Wette. Rosmarin und Thymian verbreiten **Urlaubsstimmung.** Und endlich farbenfrohe Beeren, Kirschen und aromatische Aprikosen. **Ach, der Sommer sollte nie zu Ende gehen!**

DIE HIGHLIGHTS IM SOMMER

Aprikosen

Rote Bäckchen, zarte Samthaut, frischer Duft – wer kann da widerstehen? Die prallen Früchtchen, die in Österreich Marillen heißen, sollen reif und fest sein. Dann sind sie besonders süß und aromatisch. Und weil sie nur wenig Fruchtsäure enthalten, dürfen auch Magenempfindliche davon probieren.

Beeren

Jetzt sind die Beeren los! Zum Sommeranfang gibt's noch Erdbeeren satt aus heimischem Anbau: Aroma pur! Dann geht's gleich mit frischen Himbeeren weiter. Herb-aromatische Johannisbeeren wachsen jetzt in Weiß, Rot und Schwarz in unseren Gärten. Die Ribiseln, wie sie in Österreich genannt werden, mit einer Gabel von der Rispe streifen. Bei Brombeeren lohnt es sich zu warten. Je mehr Sonne sie am Strauch tanken konnten, desto süßer schmecken sie. Neben Zuchtheidelbeeren haben im Spätsommer auch die würzig-fruchtigen Wald- oder Wildheidelbeeren Hochsaison: Kleine Delikatessen! Alle Beeren sind empfindlich. Sie bleiben nicht lange frisch. Deshalb die vitaminreichen Winzlinge nur kurz im Kühlschrank aufbewahren.

Grüne Bohnen

Saftig grün und knackfrisch – jetzt reifen die Bohnen in unseren Gemüsegärten. Mit ausgeprägtem Geschmack, viel pflanzlichem Eiweiß und reichlich Ballaststoffen machen uns die ranken, schlanken Hülsenfrüchte auf gesunde Art satt. Grüne Bohnen nie roh genießen. Sie enthalten einen Stoff, der Probleme verursacht. Kochen macht ihn unschädlich.

Gurken

Welch ein Unterschied! Jetzt stammen sie vom Freiland, sind nicht wässrig, sondern erfrischend aromatisch. Am besten Bio-Gurken kaufen und nicht schälen! Denn unter der Schale sitzen die meisten Vitamine.

Kirschen

Zum Gleich-aus-der-Tüte-Essen laden süße Knorpelkirschen mit festem Fruchtfleisch ein. Die weicheren Herzkirschen schmecken ebenfalls süß. Zu den Sauerkirschen zählen hellrote Amarellen und die tiefdunklen Morellen und Weichselkirschen. Sie haben im Juli Hochsaison – die beste Zeit, um daraus Konfitüre oder würziges Kompott zu kochen. Reife Kirschen erkennen Sie an der glatten Haut und dem angenehmen Duft. Sauerkirschen lassen sich gut einfrieren.

Kopfsalat

Ran ans Salatbuffet! Jetzt schmeckt der grüne Klassiker am besten. Die knackigen Köpfe liefern im Sommer kräftigen Geschmack, mehr Vitamine und viel weniger Nitrate als die Winterkollegen aus dem Treibhaus.

Paprikaschoten

Ob sanft geschmort oder klein geschnippelt im Salat: Paprikaschoten bringen Farbe und fruchtig-frisches Aroma ins Sommermenü. Jetzt stammen sie vom Freiland und nicht aus dem Folientunnel. Erfreulich: Die frischen Schoten enthalten rund dreimal soviel Vitamin C wie Zitronen.

Pfirsiche

Unter samtiger Haut verbergen sie weißes oder gelbes Fruchtfleisch. Die weißen verwöhnen mit mehr Aroma, enthalten aber weniger Vitamin A. Lassen Sie steinharte Früchte beim Gemüsehändler. Sie schmecken meistens sauer. Der ideale Pfirsich ist weich, aber nicht matschig und möchte am liebsten gleich verspeist werden. Pfirsiche können Sie auch gut einkochen.

Tomaten

Unser Lieblings-Nachtschattengewächs hat jetzt reichlich Sonne gesehen. Deshalb schmecken einheimische Strauchtomaten vom Freiland so aromatisch. Und bieten ein Powerpaket an gesunden Inhaltsstoffen, vor allem die Vitamine A und C, Kalium sowie das wertvolle Lycopin.

Weitere Produkthits

→ **Kräuter** Die Mediterranen kommen! Lavendel, Rosmarin, Thymian, Oregano und Bergbohnenkraut passen wunderbar zu Sommertomaten.

Jetzt außerdem gut und günstig

→ **Gemüse** Artischocke, Avocado, Blattspinat, Blumenkohl, Bohnen, Brokkoli, Eissalat, Erbsen, Fenchel, Lauch, Gurken, Radieschen, Zuckerschoten

→ **Obst** Feigen, Melonen, Mirabellen, Pflaumen

PRODUKTHITS IM SOMMER   **63**

Orangen-Melonen-Eistee

gut gekühlt servieren
20 Min. + 12 Std. Einfrieren
pro Portion ca. 105 kcal
1 g Eiweiß · <1 g Fett · 23 g Kohlenhydrate

ZUTATEN FÜR 4 PORTIONEN

500 ml kalter Orangensaft
2 Beutel Rotbusch-Vanilletee
2 EL brauner Zucker
1/4 Cantaloup- oder Honigmelone (ca. 300 g)
1 EL Zitronensaft
evtl. Minze zum Garnieren

ZUBEREITUNG

1. 125 ml Orangensaft in einen Eiswürfelbehälter füllen und am besten über Nacht einfrieren.

2. Die Teebeutel mit 375 ml kochend heißem Wasser überbrühen und 10 Min. ziehen lassen. Mit dem Zucker süßen und kalt stellen.

3. Inzwischen die Melone entkernen und das Fruchtfleisch mit einem Kugelausstecher aus der Schale schneiden. Die Melonenkugeln mit dem Zitronensaft beträufeln.

4. Den Tee mit dem restlichen Orangensaft mischen, die Melonenkugeln und Orangen-Eiswürfel hineingeben. Nach Belieben mit Minze garnieren.

Mehr draus machen Für Sommerfest oder Kinderparty gleich die doppelte Menge in einem Bowlengefäß ansetzen.

Limetten-Hollerbrause

mit Frische- und Vitaminkick
15 Min.
pro Portion ca. 90 kcal
0 g Eiweiß · 1 g Fett · 20 g Kohlenhydrate

ZUTATEN FÜR 4 PORTIONEN

4–5 Limetten (davon 1 Bio-Limette)
125 ml Holunderblütensirup
Crushed ice oder 12 Eiswürfel
600 ml kohlensäurehaltiges Mineralwasser
4 Stängel Zitronenmelisse

ZUBEREITUNG

1. Die Bio-Limette heiß waschen, abtrocknen und in Spalten schneiden. Die restlichen Limetten auspressen und 100 ml Saft abmessen. Den Limettensaft mit dem Holunderblütensirup verrühren.

2. Vier Gläser zur Hälfte mit Crushed ice oder Eiswürfeln füllen und die Limettenspalten darauf verteilen. Den Limetten-Sirup darübergießen und mit dem Mineralwasser auffüllen. Jedes Glas mit einem Stängel Zitronenmelisse garnieren.

Tuning-Tipp Mit einer Kugel Zitroneneis obendrauf wird daraus ein sommerlicher Traum!

Mehr draus machen Bei einer Gartenparty können Sie den Drink auch als Aperitif reichen: Kinder bekommen den Cocktail mit Mineralwasser, Erwachsene mit Prosecco oder trockenem Sekt aufgegossen.

COOLE SOMMERDRINKS 65

Aprikosen-Smoothie

schön cremig
20 Min.
pro Portion ca. 295 kcal
6 g Eiweiß · 4 g Fett · 56 g Kohlenhydrate

ZUTATEN FÜR 4 PORTIONEN

500 g Aprikosen
3–4 Bananen (ca. 400 g)
2 EL Zitronensaft
400 g Dickmilch
200 ml Orangensaft
4 EL flüssiger Honig
kleine Holzspieße

ZUBEREITUNG

1. Die Aprikosen waschen, halbieren, entsteinen und in Spalten schneiden. Die Bananen schälen und in Scheiben schneiden, in den Mixer geben und sofort mit dem Zitronensaft beträufeln. 8 Aprikosenspalten beiseitelegen, die übrigen zu den Bananen geben.

2. Dickmilch, Orangensaft und Honig dazugeben und alles fein pürieren. Den Smoothie auf vier große Gläser verteilen.

3. Je 2 Aprikosenspalten auf einen Holzspieß stecken und den Drink damit garnieren. Mit einem dicken Trinkhalm oder Löffel servieren.

Tuning-Tipp Für eine gehaltvollere Variante mixen Sie den Smoothie noch mit 4 EL zarten Haferflocken auf – so kann er ein Frühstück ersetzen.

Himbeer-Colada

überraschend fruchtig
15 Min.
pro Portion ca. 150 kcal
4 g Eiweiß · 4 g Fett · 24 g Kohlenhydrate

ZUTATEN FÜR 4 PORTIONEN

2 Bio-Limetten
250 g Himbeeren (frische oder aufgetaute TK-Beeren)
125 ml Ananassaft
300 g Naturjoghurt
400 g ungesüßte Kokosmilch (Dose)
6 TL flüssiger Honig
8 Eiswürfel
evtl. etwas Minze zum Garnieren

ZUBEREITUNG

1. Die Limetten heiß waschen, abtrocknen und die Schale fein abreiben. Die Limetten halbieren, eine Hälfte längs in Spalten schneiden und beiseitelegen, die übrigen Hälften auspressen.

2. Die Himbeeren verlesen, mit dem Limetten- und Ananassaft in den Mixer geben und fein pürieren.

3. Joghurt, Kokosmilch, Honig und Limettenschale hinzufügen. Alles noch einmal kurz und kräftig aufmixen.

4. Die Eiswürfel auf vier Gläser verteilen und den Drink darauf verteilen. Die Limettenspalten einschneiden und als Deko an den Glasrand stecken. Nach Belieben mit Minze dekorieren.

Tuning-Tipp Für Erwachsene dürfen Sie den Cocktail noch mit 8 cl braunem Rum aromatisieren.

Bruschetta mit Tomaten

Röstbrote all'italiana
25 Min.

pro Portion ca. 225 kcal
5 g Eiweiß · 11 g Fett · 27 g Kohlenhydrate

ZUTATEN FÜR 4 PORTIONEN

300 g reife Tomaten
2 Frühlingszwiebeln
1/2 Bund Basilikum
4 EL kalt gepresstes Olivenöl
Salz · Pfeffer
4 große oder 8 kleine Scheiben italienisches Weißbrot oder helles Bauernbrot (ca. 200 g)
1 Knoblauchzehe

ZUBEREITUNG

1. Den Backofen auf 250° (Umluft nicht empfehlenswert!) vorheizen oder den Backofengrill später vorheizen. Die Tomaten waschen, vom Stielansatz befreien und klein würfeln. Die Frühlingszwiebeln waschen und putzen, die weißen und hellgrünen Teile in feine Ringe schneiden. Das Basilikum waschen und trocken schütteln, die Blätter abzupfen und in feine Streifen schneiden.

2. Die Tomatenwürfel mit Frühlingszwiebeln, Basilikum und Olivenöl verrühren und mit Salz und Pfeffer abschmecken.

3. Die Brotscheiben halbieren und auf den Rost in den heißen Ofen (Mitte) legen. In 4–5 Min. knusprig rösten.

4. Knoblauch schälen und halbieren, die Brotscheiben damit kräftig einreiben. Die Tomatenmischung auf die Brote verteilen. Sofort servieren.

Austausch-Tipp Für ein Röstbrot mit Tomaten und Mozzarella die Frühlingszwiebeln durch 125 g klein gewürfelten Mozzarella ersetzen. Würziger wird's mit Manouri (frischem Schafkäse) oder Feta.

BROTZEIT: HANDLICHES ZUM REINBEISSEN 67

Thunfisch-Crostini

gegen den kleinen Hunger
25 Min.

pro Portion ca. 395 kcal
24 g Eiweiß · 14 g Fett · 44 g Kohlenhydrate

**ZUTATEN FÜR
4 PORTIONEN**

1 Dose Thunfisch
im eigenen Saft
(240 g Abtropf-
gewicht)
100 g Ricotta
1–2 EL Sahne
2 TL Zitronensaft
Salz · Pfeffer
1 EL Kapern
3 Stängel Petersilie
1 TL abgeriebene
Schale von
1 Bio-Zitrone
3 EL Olivenöl
1/2 TL rosenscharfes
Paprikapulver
12 Scheiben Baguette

ZUBEREITUNG

1. Den Backofen auf 250° (Umluft nicht geeignet) vorheizen. Den Thunfisch abtropfen lassen und grob hacken. Mit Ricotta und Sahne in eine Schüssel geben und pürieren. Mit Zitronensaft, Salz und Pfeffer würzen. Kapern fein hacken und unterheben.

2. Die Petersilie waschen und trocken schütteln, die Blätter abzupfen und sehr fein hacken. Mit der Zitronenschale mischen.

3. Olivenöl mit Paprikapulver verrühren und die Baguettescheiben damit bepinseln. Die Brotscheiben auf dem Rost im Backofen (Mitte) in 2–3 Min. goldbraun rösten.

4. Die Baguettescheiben herausnehmen, mit der Thunfischcreme bestreichen und mit der Petersilienmischung bestreuen.

Bruschetta & Crostini: schön knusprig

Abwechslungsreich belegt oder bestrichen schmecken die kleinen gerösteten Brotscheiben als Einstieg ins Menü, gegen den ersten Hunger, zum Aperitif, aber auch als Snack zu einem Glas Wein. Genau das Richtige für eine Einladung zu einer Brot-Party nach italienischer Art: Freunde auf ein Glas Prosecco oder Wein einladen und mit knusprigen Broten bewirten. Die Beläge und alles was sonst noch draufkommt, stehen fertig vorbereitet in kleinen Schüsseln auf dem Tisch. Wenn die Brotscheiben heiß aus dem Ofen kommen, bedient sich jeder nach Lust und Laune.

Würzige Pasten, edle Cremes und aromatische Beläge verwandeln schlichtes Land- oder Weißbrot in feine Delikatessen. Das können einfach Tomaten (s. Seite 66) oder gebratene Pilze sein, eine Thunfischcreme (Rezept links) oder eine Paste aus Räucherlachs mit Basilikum und Zitrone. Auch in Brühe gegartes Hähnchenfilet, das mit Olivenöl fein püriert und mit gehacktem Rucola vermischt wird, schmeckt auf Röstbroten. Ebenso eine Kräuter-Salsa (s. Seite 47), Nuss-Pesto (s. Seite 118) und selbst gemachtes Ajvar (s. Seite 69).

Hähnchen-Ciabatta

superlecker, superschnell
20 Min.

pro Portion ca. 470 kcal
34 g Eiweiß · 23 g Fett · 32 g Kohlenhydrate

**ZUTATEN FÜR
4 PORTIONEN**

2 Hähnchenbrustfilets
(à ca. 200 g)
2 EL Olivenöl
Salz · Pfeffer
1 große reife
Nektarine
40 g Rucola
125 g Mozzarella
3 EL Mayonnaise
1 EL Balsamico bianco
oder milder
Weißweinessig
1 TL flüssiger Honig
4 Ciabatta-Brötchen

ZUBEREITUNG

1. Die Hähnchenfilets trocken tupfen und der Länge nach in je zwei Schnitzel schneiden. Das Olivenöl in einer Pfanne erhitzen und die Hähnchenschnitzel bei mittlerer Hitze auf beiden Seiten 6–8 Min. braten, dann herausnehmen, salzen und pfeffern.

2. Inzwischen die Nektarine waschen, entsteinen und in dünne Spalten schneiden. Den Rucola waschen, trocken schleudern und verlesen. Den Mozzarella abtropfen lassen und in dünne Scheiben schneiden.

3. Die Mayonnaise mit dem Essig, Salz, Pfeffer und Honig verrühren. Die Ciabatta-Brötchen aufschneiden und die unteren Hälften mit Mayonnaise bestreichen. Mit Rucola, Hähnchen, Mozzarella und Nektarinenspalten belegen. Mit den oberen Brötchenhälften abdecken.

Laugenstangen mit Leberkäse

Brotzeit auf bayerisch
25 Min.

pro Portion ca. 415 kcal
13 g Eiweiß · 29 g Fett · 26 g Kohlenhydrate

**ZUTATEN FÜR
4 PORTIONEN**

100 g Rettich
200 g Frischkäse
4 TL scharfer Senf
Salz · Pfeffer
4 Laugenstangen
1 Bund Schnittlauch
200 g Leberkäse-
Aufschnitt

ZUBEREITUNG

1. Den Rettich putzen, schälen und in dünne Scheiben hobeln. Den Frischkäse mit Senf, Salz und Pfeffer vermischen.

2. Die Laugenstangen längs halbieren und beide Hälften mit der Käsecreme bestreichen. Den Schnittlauch waschen, trocken schütteln und fein schneiden. Die Röllchen auf einen Teller geben und alle Laugenstangen-Hälften in die Schnittlauchröllchen drücken.

3. Die unteren Stangenhälften mit dem Leberkäse-Aufschnitt belegen und die Rettichscheiben darauf verteilen, leicht salzen und mit der zweiten Laugenstangen-Hälfte abdecken.

Vorrats-Tipp Zum Mitnehmen die Laugenstangen fest in Frischhaltefolie verpacken, damit nichts verrutscht.

Rosmarin-Orangen-Butter

schmilzt gern auf Steak
10 Min. + 1 Std. Kühlen
pro Portion ca. 195 kcal
0 g Eiweiß · 21 g Fett · 2 g Kohlenhydrate

ZUTATEN FÜR 4 PORTIONEN

1/2 Bio-Orange
1 Zweig Rosmarin
1/4–1/2 frische rote Chilischote
100 g weiche Butter
Salz · Pfeffer

Und:
Backpapier zum Formen

ZUBEREITUNG

1. Die Orangenhälfte heiß waschen, abtrocknen und gut 1 TL Schale abreiben. Den Saft auspressen.

2. Den Rosmarinzweig waschen. Die Nadeln abstreifen und fein hacken. Das Chilistück putzen, waschen und winzig klein würfeln.

3. Die Butter glatt rühren, mit 1 TL Salz, Rosmarin, Chili, Orangenschale und 1 EL Orangensaft würzen und alles gut verrühren.

4. Die Butter mit Salz und Pfeffer abschmecken und nach Belieben mithilfe von Backpapier zu einer Rolle formen. Im Kühlschrank fest werden lassen.

Austausch-Tipp Nehmen Sie statt Rosmarin 2–3 EL Kresseblättchen, statt Chili 1 TL scharfen Senf. Die Kressebutter mit Saft und Schale von 1/2 Bio-Zitrone aromatisieren.

Ziegenkäsecreme mit Rucola

frisch-würzig
10 Min.
pro Portion ca. 175 kcal
13 g Eiweiß · 12 g Fett · 4 g Kohlenhydrate

ZUTATEN FÜR 4 PORTIONEN

200 g Ziegenfrischkäse
100 g Naturjoghurt
1 Spritzer Zitronensaft
Salz · Pfeffer
1–2 Knoblauchzehen
1 kleines Bund Rucola
1 kleine Gärtnergurke

ZUBEREITUNG

1. Den Ziegenfrischkäse mit Joghurt und Zitronensaft glatt rühren und mit Salz und Pfeffer kräftig würzen. Knoblauch schälen und dazupressen.

2. Rucola waschen und trocken schütteln. Grobe Stiele entfernen, die Blätter quer in feine Streifen schneiden. Die Gurke schälen, putzen und halbieren. Die Kerne mit einem Teelöffel herausschaben. Das Fruchtfleisch in winzige Würfel schneiden.

3. Rucola und Gurkenwürfel unter die Ziegenkäsecreme rühren. Dip mit Salz und Pfeffer nochmals kräftig abschmecken.

Austausch-Tipp Die Creme schmeckt auch mit Petersilie sehr gut. Wer milderen Geschmack bevorzugt, tauscht den kräftigen Ziegenkäse gegen Crème fraîche aus.

Tuning-Tipp 1 EL getrocknete rosa Pfefferkörner im Mörser zerstoßen und über die Ziegenkäsecreme streuen.

DIP, RELISH & KRÄUTERBUTTER 69

Fruchtiges Ajvar

mmhh, selbstgemacht!
55 Min. + 2 Std. Kühlen
bei 6 Portionen pro Portion ca. 110 kcal
2 g Eiweiß · 9 g Fett · 5 g Kohlenhydrate

ZUTATEN FÜR 4–6 PORTIONEN

3 rote Paprikaschoten
1 Aubergine
1 Fleischtomate
1 Zwiebel
2 Knoblauchzehen
5 EL Olivenöl
1 EL Zitronensaft
ca. 1 TL rosenscharfes Paprikapulver
Salz · Pfeffer

ZUBEREITUNG

1. Den Backofen auf 220° (Umluft 200°) vorheizen. Die Paprikaschoten waschen, halbieren und putzen. Die Aubergine mit einer Gabel einstechen. Beides im heißen Ofen (Mitte) ca. 25 Min. backen, herausnehmen und abkühlen lassen.

2. Inzwischen die Tomate überbrühen, häuten, entkernen und würfeln. Zwiebel und Knoblauchzehen schälen, würfeln und in 1 EL Öl andünsten. Mit den Tomatenwürfeln bei schwacher Hitze in 15 Min. weich dünsten.

3. Die Paprikaschoten häuten und würfeln. Die Aubergine halbieren, das Fruchtfleisch aus den Schalen löffeln und zusammen mit den Paprikawürfeln pürieren. Dabei nach und nach das restliche Olivenöl untermixen. Tomatenmischung unterrühren.

4. Das Ajvar mit Zitronensaft, Paprikapulver, Salz und Pfeffer abschmecken und 2 Std. kühl stellen.

Melonen-Relish

mit Chili-Kick!
20 Min. + 1 Std. Marinieren
pro Portion ca. 650 kcal
6 g Eiweiß · 52 g Fett · 40 g Kohlenhydrate

ZUTATEN FÜR 4 PORTIONEN

2 1/2 EL Limettensaft
Salz
1–2 Msp. Chilipulver
5 EL Olivenöl
1 dickes Bund Petersilie
1 Bund Frühlingszwiebel
1/2 Honigmelone
1 rote Spitzpaprika
1 frische milde rote Chilischote

ZUBEREITUNG

1. Den Limettensaft in einer großen Schüssel mit Salz und Chilipulver verquirlen. Das Olivenöl darunterschlagen, bis eine cremige Sauce entsteht.

2. Die Petersilie waschen und trocken schütteln. Die Blätter abzupfen und fein hacken. Die Frühlingszwiebeln putzen, waschen und in feine Ringe schneiden. Die Melone entkernen. Das Fruchtfleisch aus der Schale schneiden und ganz fein würfeln. Spitzpaprika und Chili waschen, putzen, entkernen und fein hacken.

3. Kräuter, Frühlingszwiebeln, Melonen-, Paprika- und Chiliwürfelchen mit der Sauce vermischen. Das Relish 1 Std. kühl stellen, dann durchrühren und nochmals abschmecken.

Austausch-Tipp Ihre Familie mag keine scharfen Sachen? Dann schnippeln Sie statt der Chilischote noch 1 weitere Spitzpaprika ins Relish.

Kräuter-Joghurt-Nocken mit Tomaten

gut vorzubereiten | feine Vorspeise
1 Std. + 3–4 Std. Kühlen
pro Portion ca. 185 kcal
6 g Eiweiß · 15 g Fett · 5 g Kohlenhydrate

ZUTATEN FÜR 6 PORTIONEN

2 Blätter weiße Gelatine
80 g Ziegenfrischkäse (z. B. Picandou)
150 g Naturjoghurt
100 ml Milch
Salz · Pfeffer
1 Bund Kräuter (z. B. Schnittlauch, Petersilie, Dill, Basilikum, ca. 100 g)
100 g Sahne
1 große Salatgurke (ca. 500 g)
500 g Strauchtomaten
3–4 EL Weißweinessig
3 EL Olivenöl

ZUBEREITUNG

1. Die Gelatine in kaltem Wasser einweichen. Den Ziegenkäse mit Joghurt und 50 ml Milch pürieren, salzen und pfeffern.

2. Die restliche Milch erhitzen, die Gelatine ausdrücken, in der Milch auflösen und die Milch unter die Creme rühren.

3. Die Kräuter waschen und sehr gut trocken tupfen, die Blätter abzupfen. Zwei Drittel der Kräuter fein hacken und ebenfalls unter die Creme rühren, diese 10–15 Min. kalt stellen.

4. Inzwischen die Sahne steif schlagen, dann unter die Joghurtcreme heben. In eine Schüssel füllen und 3–4 Std. kalt stellen.

5. Vor dem Servieren die Salatgurke schälen und in 1/2 cm dünne Scheiben schneiden. Die Tomaten waschen, vom Stielansatz befreien und ebenfalls in Scheiben schneiden. Das Gemüse abwechselnd überlappend auf sechs Tellern oder einer Platte anrichten.

6. Essig, Salz, Pfeffer und Olivenöl verrühren und über den Salat träufeln. Einen Esslöffel in heißes Wasser tauchen, damit Nocken von der Joghurtcreme abstechen und auf dem Salat anrichten. Restliche Kräuter grob hacken und darüberstreuen.

Tuning-Tipp Vor dem Gelieren Joghurt mit 1 TL abgeriebener Schale von 1 Bio-Zitrone und 1 durchgepressten Knoblauchzehe würzen.

Austausch-Tipp Mögen Sie keinen Ziegenkäse? Dann nehmen Sie stattdessen Feta oder Manouri (frischen Schafkäse) für die Nocken.

Wie isst man eigentlich Artischocken?
Die dicken, bis zu 500 g schweren Artischocken (botanisch Distelknospen!) in viel Salzwasser weich kochen (je nach Größe bis zu 1 Std.), abtropfen lassen und die Blätter nach und nach abzupfen. Dabei den unteren Rand der Blätter in eine Vinaigrette oder eine andere leicht säuerliche Sauce (beide Rezepte s. Seite 71) stippen und das Fleisch mit den Zähnen vom Blattrand abziehen. Den Boden isst man vom »Heu« befreit mit Messer und Gabel.

Längliche Mini-Artischocken aus dem Süden kann man, wenn sie jung und klein sind (pro Stück etwa 50 g), komplett essen, da in ihnen wenig oder kaum Heu steckt. Sie werden gebraten, geschmort, frittiert und sogar roh genossen, am besten fein gehobelt mit Olivenöl.

FEINE LEICHTE SOMMERKÜCHE 71

Gegrillte Antipasti

schmeckt nach Süden und Sonne
40 Min.
pro Portion ca. 185 kcal
4 g Eiweiß · 16 g Fett · 7 g Kohlenhydrate

ZUTATEN FÜR 4 PORTIONEN

1 Aubergine (ca. 300 g)
1 Zucchino (ca. 250 g)
je 1 rote und gelbe Paprikaschote
200 g kleine Champignons
1 Knoblauchzehe
6 EL Olivenöl
2 EL Zitronensaft
3 EL Aceto balsamico
1 TL gehackte Rosmarinnadeln
Salz · Pfeffer

ZUBEREITUNG

1. Aubergine und Zucchino waschen, putzen, abtrocknen und in ca. 1 cm dicke Scheiben schneiden. Die Paprikaschoten waschen, putzen, längs achteln und entkernen. Die Pilze putzen und abreiben. Die Knoblauchzehe schälen, durchpressen und mit 4 EL Olivenöl vermischen.

2. Den Backofengrill vorheizen. Das Gemüse auf einem Backblech verteilen, Paprika mit der Hautseite nach oben. Alles mit dem Knoblauchöl beträufeln. Unter dem Grill (2. Schiene von oben) 8–10 Min. grillen, bis die Paprikahaut dunkle Blasen wirft.

3. Das Gemüse kurz abkühlen lassen und die Paprika häuten. Zitronensaft, Essig, Rosmarin und restliches Öl verquirlen. Auf das heiße Gemüse gießen, salzen und pfeffern und 20 Min. marinieren.

Artischocken mit zwei Saucen

stippen und genießen
45 Min.
pro Portion ca. 260 kcal
4 g Eiweiß · 23 g Fett · 7 g Kohlenhydrate

ZUTATEN FÜR 4 PORTIONEN

4 große Artischocken
5 EL Zitronensaft · Salz
1 TL abgeriebene Schale von
1 Bio-Orange
1–2 TL frisch geriebener Meerrettich
3 TL Mayonnaise
5 EL Weißweinessig
Pfeffer · 8 EL Öl
75 ml Gemüsebrühe
1 Schalotte
1/2 Bund Petersilie

ZUBEREITUNG

1. Die Stiele und Blattspitzen der Artischocken abschneiden und die Schnittflächen mit 2 EL Zitronensaft beträufeln. Salzwasser mit dem restlichen Zitronensaft aufkochen und die Artischocken darin je nach Größe 30–40 Min. zugedeckt garen.

2. Inzwischen für den Dip Orangenschale mit Meerrettich, Mayonnaise, 2 EL Essig, Salz, Pfeffer und 4 EL Öl verrühren.

3. Für die Vinaigrette den restlichen Essig mit Brühe, Salz, Pfeffer und restlichem Öl verrühren. Die Schalotte schälen und fein würfeln. Die Petersilie waschen und trocken schütteln, die Blätter abzupfen und fein hacken. Beides untermischen.

4. Die Artischocken aus dem Wasser heben, abtropfen lassen und mit Dip und Vinaigrette servieren.

Bunter Sommersalat

kräuterwürziges Vergnügen
30 Min.
pro Portion ca. 205 kcal
3 g Eiweiß · 16 g Fett · 9 g Kohlenhydrate

ZUTATEN FÜR 4 PORTIONEN

250 g gemischte Blattsalate (z. B. Romana, Rucola, Eichblattsalat)
200 g Kirschtomaten
1 Mini-Salatgurke (ca. 200 g)
je 1 rote und gelbgrüne Spitzpaprikaschote
1 Bund Frühlingszwiebeln
4 EL Weißweinessig
Salz · Pfeffer
2 TL scharfer Senf
1–2 TL flüssiger Honig
6 EL Öl, z. B. Rapsöl
1 Bund Kräuter (z. B. Petersilie, Estragon, Schnittlauch, Basilikum)

ZUBEREITUNG

1. Die Blattsalate putzen, waschen, trocken schleudern und zerpflücken. Die Tomaten waschen und vierteln. Die Gurke schälen, längs halbieren und in Scheibchen schneiden. Die Paprikaschoten waschen, putzen und in sehr kleine Würfel schneiden. Die Frühlingszwiebeln waschen, putzen und in feine Ringe schneiden.

2. Für das Dressing Essig, 4 EL Wasser, Salz, Pfeffer, Senf und Honig in einer großen Schüssel verrühren. Das Öl darunterschlagen. Die Kräuter waschen und trocken schütteln, die Blätter abzupfen, fein hacken und unterheben.

3. Alle Salatzutaten in die Schüssel zum Dressing geben und behutsam darin wenden. Sofort servieren.

Tuning-Tipp Reichern Sie die Mischung mit 2 EL gerösteten Kernen wie Sonnenblumen-, Kürbis- oder Pinienkernen an.

Kopfsalat mit Erdbeeren

prima für heiße Tage
30 Min.
pro Portion ca. 390 kcal
15 g Eiweiß · 28 g Fett · 17 g Kohlenhydrate

ZUTATEN FÜR 4 PORTIONEN

1 Kopfsalat
250 g kleine Erdbeeren
50 g Rote Johannisbeeren
200 g mittelalter Gouda (in Scheiben)
1 Bio-Orange
200 g Naturjoghurt
4 TL flüssiger Honig
4 EL Weißweinessig
Salz · Pfeffer · 6 EL Öl
3–4 Stängel Basilikum

ZUBEREITUNG

1. Den Kopfsalat putzen, waschen, trocken schleudern und in Stücke zupfen, auf vier Teller verteilen. Die Erdbeeren waschen, entkelchen und halbieren.

2. Die Johannisbeeren waschen und von den Rispen streifen. Den Käse in feine Stifte schneiden. Beeren und Käse über den Salat streuen.

3. Für das Dressing die Orange heiß waschen, abtrocknen, 1 TL Schale fein abreiben, den Saft auspressen. Orangenschale und -saft mit Joghurt, Honig, Essig, Salz, Pfeffer und Öl verrühren und über den Salat träufeln.

4. Das Basilikum waschen und trocken schütteln, die Blätter abzupfen und über den Salat streuen.

Austausch-Tipp Auch andere »Köpfe« harmonieren gut mit den Früchten: Romana, Novita und Lollo bianco.

SALATE FÜR DIE HEISSE JAHRESZEIT 73

Tomaten-Bohnen-Salat

herzhaft und knofelig
50 Min.
pro Portion ca. 250 kcal
2 g Eiweiß · 21 g Fett · 11 g Kohlenhydrate

ZUTATEN FÜR
4 PORTIONEN

900 g Dicke Bohnen
(in der Schote)
500 g Tomaten
200 g Staudensellerie
1 weiße Zwiebel
1/2 Bund Petersilie
4 EL Weißweinessig
Salz · Pfeffer
8 EL Olivenöl
1 Knoblauchzehe

ZUBEREITUNG

1. Die Bohnen auspalen, Bohnenkerne (ca. 300 g) in kochendem Wasser 1 Min. garen, dann abschrecken und häuten.

2. Die Tomaten waschen, vom Stielansatz befreien und achteln. Sellerie waschen, putzen und in feine Scheiben schneiden. Die Zwiebel schälen und fein würfeln. Die Petersilie waschen und trocken schütteln, die Blätter abzupfen und grob hacken.

3. Für das Dressing Essig, Salz und Pfeffer verrühren. Das Olivenöl darunterschlagen, den Knoblauch schälen und dazupressen.

4. Bohnen, Tomaten, Sellerie, Zwiebel und Petersilie in der Vinaigrette wenden. Mit Salz und Pfeffer abschmecken.

Speed-Tipp Statt der frischen Bohnen 400 g TK-Bohnenkerne verwenden, wie beschrieben kochen und häuten.

Fenchelrohkost mit Melone

fein mit Schinken
20 Min.
pro Portion ca. 255 kcal
11 g Eiweiß · 12 g Fett · 23 g Kohlenhydrate

ZUTATEN FÜR
4 PORTIONEN

2 Fenchelknollen
(à ca. 250 g)
4 EL Zitronensaft
Salz · Pfeffer
2 TL flüssiger Honig
3–4 EL Olivenöl
1 Honig- oder
Cantaloup-Melone
(ca. 600 g)
150 g Parma- oder
Serranoschinken (in
dünnen Scheiben)

ZUBEREITUNG

1. Den Fenchel putzen, das zarte Grün beiseitelegen, die Knollen vierteln, vom Strunk befreien und fein hobeln.

2. Für das Dressing den Zitronensaft mit 3 EL Wasser, Salz, Pfeffer, Honig und Öl verrühren. Den Fenchel mit dem Dressing beträufeln, durchmischen und 10 Min. ziehen lassen.

3. Inzwischen die Melone schälen, entkernen und in dünne Spalten schneiden. Diese mit dem Schinken auf vier Tellern dekorativ anrichten.

4. Das Fenchelgrün hacken und unter die Fenchelrohkost mengen, diese in die Mitte der Teller häufen.

Das schmeckt dazu Dünne geröstete Weißbrotscheiben

Austausch-Tipp Die Melone zur Abwechslung durch 2 filetierte Orangen ersetzen.

Kartoffelsalat mit Kresse und Kefir

grün & frisch
20 Min. + 1 Std. Marinieren
pro Portion ca. 220 kcal
6 g Eiweiß · 9 g Fett · 28 g Kohlenhydrate

ZUTATEN FÜR 4 PORTIONEN

3 EL Mayonnaise
200 g Kefir
1 EL scharfer Senf
Salz · Pfeffer
evtl. 1 EL Kapern
1 dickes Bund Frühlingszwiebeln
800 g gekochte kleine Pellkartoffeln (s. Tipp)
1 Kästchen Kresse
evtl. 1 Handvoll Kapuzinerkresseblüten

ZUBEREITUNG

1. Für das Dressing in einer Schüssel die Mayonnaise mit Kefir, Senf, gut 1 TL Salz und Pfeffer sowie nach Belieben den Kapern glatt rühren. Die Frühlingszwiebeln waschen, putzen und in dünnen Scheiben dazuschneiden.

2. Die Kartoffeln pellen und in dünne Scheiben schneiden. Mit dem Frühlingszwiebel-Kefir-Dressing vermischen. Salat 1 Std. im Kühlschrank durchziehen lassen.

3. Die Gartenkresse mit der Schere vom Beet schneiden. Die Hälfte der Kresse unter den Salat mischen. Den Salat nochmals abschmecken und mit der restlichen Kresse bestreuen, nach Belieben mit den Kapuzinerkresseblüten garnieren.

Tipp Für den Salat festkochende Kartoffeln, z. B. Sieglinde oder Ditta, verwenden. Am besten schon am Vortag mit 1 TL Kümmel in Salzwasser garen.

Tuning-Tipp Haben Sie frische Brunnenkresse auf dem Markt entdeckt? Zugreifen! Denn damit schmeckt der Salat ebenfalls sehr gut. Sie können auch 4–5 Radieschen waschen, trocken tupfen, fein hobeln und untermischen.

Deko-Tipp Servieren Sie den Salat auf einem Bett aus in Streifen geschnittenem Römersalat (s. links).

Austausch-Tipp Kefir gibt dem Salat eine mild-säuerliche Note. Stattdessen können Sie auch Naturjoghurt nehmen.

Jetzt robuste Grüne anmachen!

Ob Gartenparty oder Sommerfest: Ein frischer Blattsalat gehört auf jedes »Open-Air-Büfett«.
Kräftigen Geschmack liefert **Römischer Salat,** der auch unter den Namen Romana oder Römersalat verkauft wird. Die stark gerippten, knackigen Blätter passen gut zu kräftigem Dressing und sind büfetttauglich. Denn sie können mit Sauce vermischt werden, ohne gleich zusammenzufallen. Diesen Vorteil hat auch **Eisbergsalat,** den Kinder gern mögen. Der knackige Grüne schmeckt nach fast nichts, wenn er aus dem Treibhaus stammt. Aus Freilandanbau überrascht er jetzt im Sommer mit angenehm frischem Aroma. Vom Feld nebenan gibt's nun auch **Lollo rosso** und **bianco:** Die schön gekrausten Blätter schmecken nussig aromatisch und machen auf dem Partybüfett ebenfalls nicht so schnell schlapp.

SATTMACHERSALATE 75

Zucchini-Paprika-Salat

Reisnudelsalat

orientalisch angehaucht
30 Min. + 1 Std. Marinieren
pro Portion ca. 285 kcal
4 g Eiweiß · 21 g Fett · 19 g Kohlenhydrate

ZUTATEN FÜR 4 PORTIONEN

2 Zucchini
2 gelbe Paprikaschoten
2 rote Zwiebeln
8 EL Olivenöl
1 EL Honig
3 EL Aceto balsamico
1/2 TL Chilipulver
1 Msp. gemahlener Kreuzkümmel
Salz · Pfeffer
4 Scheiben Toastbrot

ZUBEREITUNG

1. Die Zucchini und Paprikaschoten waschen, putzen und in größere Stücke schneiden. Die Zwiebeln schälen, längs halbieren und in Spalten schneiden.

2. 5 EL Öl in einer Pfanne erhitzen. Den Honig einrühren. Das vorbereitete Gemüse darin bei schwacher bis mittlerer Hitze in ca. 5 Min. unter Rühren bissfest garen, dabei nur leicht bräunen.

3. Das Gemüse mit Essig, je 1 Msp. Chilipulver und Kreuzkümmel sowie Salz und Pfeffer würzen, in eine Schüssel füllen und ca. 1 Std. durchziehen lassen.

4. Vor dem Servieren das Toastbrot in Würfel schneiden, diese im restlichen Olivenöl in der Pfanne knusprig braten, mit restlichem Chilipulver würzen und über den Salat streuen.

gut vorzubereiten
20 Min. + 1 Std. Marinieren
pro Portion ca. 325 kcal
12 g Eiweiß · 17 g Fett · 2 g Kohlenhydrate

ZUTATEN FÜR 4 PORTIONEN

150 g kleine Suppennudeln, z. B. griechische Kritharaki-Reisnudeln · Salz
2 EL Balsamico bianco oder milder Weißweinessig
1 TL scharfer Senf
Pfeffer · 4 EL Olivenöl
150 g kleine Datteltomaten
1/2 dünne Lauchstange · 1 kleine Bio-Gärtnergurke
1 kleines Bund Petersilie
2 EL grüne Oliven ohne Stein
1 Dose Thunfisch in Olivenöl (Abtropfgewicht 105 g)

ZUBEREITUNG

1. Die Nudeln in reichlich kochendem Salzwasser nach Packungsanweisung bissfest kochen.

2. Inzwischen Essig mit Senf, Salz, Pfeffer und Öl in einer großen Schüssel verrühren. Die Tomaten waschen, halbieren und leicht salzen. Den Lauch putzen, waschen und fein würfeln. Die Gurke waschen, putzen, halbieren, entkernen und würfeln.

3. Die Petersilie waschen und trocken schütteln. Die Blättchen zusammen mit den Oliven fein hacken. Alles in die Schüssel geben.

4. Die Nudeln abgießen, kalt abschrecken und in einem Sieb abtropfen lassen. Den Thunfisch abtropfen lassen, mit einer Gabel zerzupfen und mit den Nudeln und allen anderen Zutaten vermischen. Den Salat 1 Std. ziehen lassen und servieren.

Gemüsesuppe mit Klößchen

querbeet durch den Garten
45 Min.
pro Portion ca. 460 kcal
27 g Eiweiß · 26 g Fett · 25 g Kohlenhydrate

ZUTATEN FÜR 4 PORTIONEN

300 g Zucchini
300 g grüne Bohnen
350 g frische Erbsen (ersatzweise 100 g tiefgekühlte)
1 Zwiebel
400 g Tomaten
300 g Rinderhackfleisch · 1 Ei
3 EL Semmelbrösel
Salz · Pfeffer
5 EL Olivenöl
1 l Gemüsebrühe

ZUBEREITUNG

1. Die Zucchini waschen, putzen, längs halbieren und in Scheiben schneiden. Die Bohnen waschen, putzen, grob zerteilen. Die Erbsen aus der Schote palen.

2. Die Zwiebel schälen und fein würfeln. Die Tomaten überbrühen, abschrecken, häuten und achteln, Stielansatz entfernen.

3. Für die Klößchen das Hackfleisch mit Ei und Bröseln mischen, salzen und pfeffern. Walnussgroße Bällchen aus dem Teig formen und diese in 2 EL Öl in einer beschichteten Pfanne rundherum 5 Min. braten. Vom Herd nehmen.

4. Das restliche Öl in einem großen Topf erhitzen und die Zwiebelwürfel darin glasig dünsten. Das Gemüse zugeben und 2–3 Min. andünsten. Mit der Brühe ablöschen, aufkochen und zugedeckt bei mittlerer Hitze 8 Min. garen. Die Tomaten und die Klößchen hineingeben und in 5 Min. garziehen lassen.

Blumenkohlsuppe mit Salbei

italienisch inspiriert
30 Min.
pro Portion ca. 245 kcal
5 g Eiweiß · 21 g Fett · 6 g Kohlenhydrate

ZUTATEN FÜR 4 PORTIONEN

1 Blumenkohl (ca. 1 kg)
3 Schalotten
2 EL Butter
1 l Gemüsebrühe
12 große Salbeiblätter
1 EL Olivenöl
4 getrocknete Tomaten (in Öl)
1/2 Bund Petersilie
150 g Sahne
Salz · Pfeffer
1 EL Zitronensaft

ZUBEREITUNG

1. Den Blumenkohl putzen und in Röschen teilen. Die Schalotten schälen, in Würfel schneiden und in einem Topf in der Butter glasig dünsten. Den Blumenkohl dazugeben und mit der Brühe ablöschen. Zugedeckt 10–12 Min. garen.

2. Inzwischen die Salbeiblätter abzupfen und abreiben. In einer kleinen Pfanne in dem heißen Öl knusprig braun braten, dann herausnehmen. Die getrockneten Tomaten klein würfeln. Die Petersilie waschen und trocken schleudern, die Blätter abzupfen und hacken.

3. Die Hälfte des Kohls herausnehmen und die Suppe pürieren. Die restlichen Blumenkohlröschen und die Sahne hinzufügen und das Ganze 5 Min. kochen lassen.

4. Die Suppe mit Salz, Pfeffer und Zitronensaft abschmecken. Salbeiblätter, Petersilie und Tomatenwürfel daraufstreuen.

SOMMERSUPPEN: HEISS UND KALT 77

Gazpacho mit Croûtons

Gemüsesuppe auf Andalusisch
30 Min. + 1 Std. Kühlen
pro Portion ca. 280 kcal
6 g Eiweiß · 16 g Fett · 26 g Kohlenhydrate

ZUTATEN FÜR 4 PORTIONEN
1 Gärtner- oder Salatgurke (ca. 400 g)
je 1 kleine gelbe und grüne Paprikaschote
400 g Strauchtomaten
1 weiße Zwiebel
750 ml Tomatensaft
250 ml Gemüsefond (Glas) oder -brühe
6 EL Olivenöl
4 EL Essig
Salz · Pfeffer
100 g Weißbrot
2 Knoblauchzehen

ZUBEREITUNG

1. Die Gurke schälen, längs halbieren und entkernen. Die Paprikaschoten waschen und putzen. Die Tomaten waschen, vierteln, entkernen, das Fruchtfleisch beiseitelegen. Die Zwiebel schälen, Zwiebel und ein Drittel vom Gemüse klein würfeln und beiseitelegen.

2. Das restliche Gemüse grob zerteilen und mit Tomatensaft, Fond oder Brühe, 4 EL Öl und Essig im Mixer oder mit dem Pürierstab sehr fein pürieren. Mit Salz und Pfeffer kräftig würzen. Suppe und Gemüsewürfel getrennt 1 Std. kalt stellen.

3. Weißbrot in 1–2 cm große Würfel schneiden. Knoblauch schälen. Das restliche Olivenöl in einer Pfanne erhitzen und die Brotwürfel und den zerdrückten Knoblauch bei mittlerer Hitze 4–5 Min. braten.

4. Die Gazpacho auf vier tiefe Teller oder Gläser verteilen und mit den Gemüse-, Zwiebel- und Brotwürfeln bestreuen.

Heidelbeer-Vanille-Kaltschale

Kinderliebling
20 Min. + 1 Std. Kühlen
pro Portion ca. 345 kcal
12 g Eiweiß · 6 g Fett · 58 g Kohlenhydrate

ZUTATEN FÜR 4 PORTIONEN
500 g Heidelbeeren
1 Bio-Limette
125 ml schwarzer Johannisbeersaft
2 Päckchen Bourbon-Vanillezucker
80 g Zucker
1 l kalte Buttermilch
80 g Cantuccini (ital. Mandelkekse)

ZUBEREITUNG

1. Die Heidelbeeren verlesen, nur wenn nötig waschen, ein Drittel davon kalt stellen. Die Limette heiß waschen, abtrocknen, die Schale fein abreiben und den Saft auspressen.

2. Heidelbeeren, Limettenschale und -saft, Johannisbeersaft, Vanillezucker und Zucker im Mixer oder mit dem Pürierstab fein pürieren. Die Buttermilch gründlich unterrühren. Suppe 1 Std. kalt stellen.

3. Vor dem Servieren die Cantuccini grob hacken. Die Kaltschale auf Suppenteller verteilen und mit den übrigen Heidelbeeren und gehackten Keksen garnieren.

Austausch-Tipp Keine frischen Heidelbeeren im Angebot? Dann nehmen Sie stattdessen aufgetaute TK-Beeren oder – auch sehr fein – Himbeeren. Nach Belieben frische oder aufgetaute TK-Ware.

Provenzalische Nudelpfanne

schmeckt nach Urlaub
30 Min.
pro Portion ca. 510 kcal
14 g Eiweiß · 13 g Fett · 84 g Kohlenhydrate

ZUTATEN FÜR 4 PORTIONEN

Salz · 1 kleine Aubergine
1 gelbe Paprikaschote
4 vollreife Eiertomaten
2–3 frische Knoblauchzehen
1 Bund Kräuter der Provence
(ersatzweise je 2 Zweige Rosmarin,
Thymian, Petersilie und 1 Lorbeerblatt)
4 EL Olivenöl
Pfeffer · 1 TL Puderzucker
400 g Tagliatelle
50 g schwarze Oliven

ZUBEREITUNG

1. Reichlich Salzwasser für die Nudeln aufkochen. Inzwischen die Aubergine und die Paprikaschote waschen, putzen und in kleine Würfel schneiden.

2. Die Tomaten mit kochendem Wasser überbrühen, häuten und ohne den Stielansatz würfeln (s. links). Die Knoblauchzehen schälen und hacken.

3. Die Kräuter waschen und trocken schütteln. Knapp die Hälfte der Blättchen und Nadeln abzupfen und fein hacken. Die restlichen Kräuter zu einem Sträußchen zusammenbinden.

4. Das Olivenöl in einer großen Pfanne erhitzen. Die Auberginenwürfel im Öl unter Rühren 4–5 Min. anbraten. Die Paprikawürfel dazugeben und 1–2 Min. anbraten.

5. Die Auberginen- und Paprikawürfel mit Knoblauch und gehackten Kräutern bestreuen. Tomatenwürfel und Kräutersträußchen untermischen. Alles zugedeckt 15–20 Min. schmoren lassen. Dann die Sauce mit Salz, Pfeffer und Puderzucker abschmecken.

6. Inzwischen die Nudeln im kochenden Salzwasser nach Packungsanweisung bissfest kochen. Die Nudeln abgießen und mit den Oliven in der Pfanne mit der Auberginensauce vermischen und servieren. Das Kräutersträußchen entfernen.

Tuning-Tipp Die Nudeln mit frisch gehobelten Parmesanspänen servieren.

Tuning für tolle Tomaten

Sterneköche verwenden für Saucen nur das besonders aromatische äußere Tomaten-Fruchtfleisch, natürlich ohne Haut. Machen Sie es den Profis nach: Schneiden Sie zunächst den Stielansatz mit einem spitzen Messer heraus. Tomaten dann in eine Schüssel geben, mit kochend heißem Wasser bedecken und 3–4 Min. darin ziehen lassen. In ein Sieb geben und eiskalt abschrecken. Die Haut lässt sich jetzt einfach abziehen. Und nun vierteln Sie die Tomaten und streichen die Kerne und das innere Fruchtfleisch mit einem kleinen Messer komplett heraus. Was übrig bleibt, wird nun fein gewürfelt. Wer will, passiert das Innere der Tomaten durch ein Sieb und gibt es so zur Nudelsauce.

Vollreife Tomaten lassen sich am besten häuten. Im Winter sollten Sie für Saucen Dosentomaten verwenden.

SOMMER-PASTA 79

Pennette mit geschmolzenen Tomaten

ganz einfach gut
30 Min.
pro Portion ca. 500 kcal
18 g Eiweiß · 11 g Fett · 81 g Kohlenhydrate

ZUTATEN FÜR 4 PORTIONEN

2 frische Knoblauchzehen
3–4 Fleischtomaten (ca. 700 g)
2 EL Olivenöl
Salz · Pfeffer
1/2 TL Puderzucker
400 g Pennette (Mini-Penne) oder andere kurze Röhrchennudeln
1 kleines Bund frischer Oregano
100 g Feta (Schafkäse)

ZUBEREITUNG

1. Die Knoblauchzehen schälen und fein hacken. Die Tomaten überbrühen, häuten, entkernen (s. Kasten links) und würfeln. Die Tomatenwürfel mit Knoblauch und Olivenöl vermischen, mit 1 TL Salz, Pfeffer und dem Puderzucker würzen.

2. Inzwischen reichlich Salzwasser für die Nudeln aufkochen. Die Nudeln darin nach Packungsanweisung bissfest kochen.

3. Während die Nudeln kochen, Oregano waschen und trocken schütteln. Blättchen abzupfen. Den Feta fein würfeln.

4. Die gewürzten Tomatenwürfel in einer beschichteten Pfanne 3–4 Min. erhitzen. Die Nudeln abgießen und sofort mit den geschmolzenen Tomaten, Oreganoblättchen und dem Schafkäse vermischen, am besten in einer angewärmten Schüssel.

Nudel-Wok mit Rindfleisch

Scharf!
30 Min.
pro Portion ca. 405 kcal
27 g Eiweiß · 11 g Fett · 48 g Kohlenhydrate

ZUTATEN FÜR 4 PORTIONEN

300 g Rinderlende
1 Stück Ingwer (ca. 3 cm)
2 Stängel Zitronengras
1–2 grüne Chilischoten (je nach gewünschter Schärfe)
2–3 EL Sojasauce
1 rote Paprikaschote
2 dünne Zucchini
2 EL Öl
250 g Wok-Nudeln (Instant-Nudeln ohne Vorkochen)
Salz · Pfeffer

ZUBEREITUNG

1. Das Rindfleisch in Streifen schneiden. Den Ingwer schälen und hacken. Das Zitronengras putzen, unteres Ende fein hacken. Die Chilischoten putzen, waschen und hacken. Alles mit dem Fleisch und 1 EL Sojasauce mischen. Paprikaschote und Zucchini waschen, putzen und längs in feine Streifen schneiden.

2. 1 EL Öl in einem Wok erhitzen. Das gewürzte Fleisch darin 2–3 Min. unter Rühren scharf anbraten, dann herausnehmen. Die Paprika- und Zucchinistreifen im restlichen Öl unter Rühren anbraten. Die Nudeln und gut 300 ml warmes Wasser unterrühren, bis das Wasser von den Nudeln aufgenommen ist.

3. Das Fleisch wieder dazugeben und alles noch 3–4 Min. garen. Mit restlicher Sojasauce, Salz und Pfeffer abschmecken und servieren.

Ratatouille-Reis

typisch provenzalisch
1 Std.
pro Portion ca. 445 kcal
10 g Eiweiß · 16 g Fett · 64 g Kohlenhydrate

ZUTATEN FÜR 4 PORTIONEN

250 g Reis · Salz
1 Gemüsezwiebel
3 Knoblauchzehen
je 1 rote und gelbe Paprikaschote
400 g Zucchini
1 Aubergine (ca. 300 g)
4 Eiertomaten (ca. 300 g)
5 EL Olivenöl
1/2 Bund Thymian
3 Zweige Rosmarin
1 Dose stückige Tomaten mit Oregano (400 g)
Pfeffer

ZUBEREITUNG

1. Den Reis in kochendem Salzwasser 20 Min. garen, abgießen und ausdampfen lassen.

2. Inzwischen die Zwiebel schälen, vierteln und quer in 1 cm breite Streifen schneiden. Den Knoblauch schälen und in dünne Scheiben schneiden.

3. Die Paprikaschoten waschen, putzen und in ca. 2 cm große Stücke schneiden. Zucchini und Aubergine putzen, längs halbieren oder vierteln, beides quer in 1 cm dicke Scheiben schneiden. Die Tomaten waschen, vom Stielansatz befreien und vierteln.

4. In einem breiten Schmortopf 2 EL Öl erhitzen. Zwiebelstreifen und Knoblauch darin bei mittlerer Hitze unter Wenden glasig dünsten.

5. Wieder 2 EL Öl in den Topf geben, Aubergine und Paprika darin bei mittlerer Hitze unter Wenden 5 Min. braten. Nochmals 1 EL Öl dazugeben, die Zucchini ebenso braten.

6. Inzwischen Thymian und Rosmarin waschen, Blättchen bzw. Nadeln abzupfen und hacken. Mit den Tomaten und Dosentomaten unter das Gemüse mischen und 15 Min. schmoren. Das Ratatouille mit Salz und Pfeffer abschmecken. Den Reis unter das Gemüse mischen und kurz erhitzen.

Tuning-Tipp Ratatouille-Reis mit 4 TL Basilikum-Pesto (aus dem Glas) und 1/2 Bund gehackter Petersilie garnieren.

Austausch-Tipp Ersetzen Sie den Reis mal durch Zartweizen: 2 Kochbeutel (à 125 g) in kochendem Salzwasser 10 Min. garen. Herausnehmen, abtropfen, dann den Inhalt in einer Schüssel kurz ausdampfen lassen. Unterheben.

Ratatouille: Vielfalt aus dem Topf

Aromatisch, prall und saftig: Reife Auberginen, Paprika, Tomaten und Zucchini sind typische Sommergemüse. Von der Sonne verwöhnt schmecken sie im August so richtig gut. In einer Ratatouille vereint ist ihre geschmackliche Vielfalt nicht mehr zu übertreffen. Grund genug, gleich einen riesigen Topf voll von dem geschmortem Gemüse aus Südfrankreich zu kochen.

Pfiffige Ratatouille-Varianten

So können Sie die Ratatouille öfter genießen: als vegetarisches Ragout mit Reis (s. rechts) oder Baguette, als Eintopf mit Brühe und Hackklößchen, auf Pizza oder knusprigen Crostini, als Antipasti mit Essig und Öl verfeinert oder unter Nudeln gemischt. Auch als Ofengemüse mit Käse überbacken ist es einen Versuch wert.

Gemüseplatte mit Zitronensauce

leicht gemacht
30 Min.
pro Portion ca. 170 kcal
4 g Eiweiß · 10 g Fett · 10 g Kohlenhydrate

ZUTATEN FÜR 4 PORTIONEN
1 Bund Möhren
2 Kohlrabi
400 g Brokkoli
250 g Zuckerschoten
Salz · 1 Bio-Zitrone
250 ml Gemüsefond (Glas)
2 TL Zucker
1 gehäufter EL Speisestärke
100 g Crème fraîche
Pfeffer

ZUBEREITUNG

1. Die Möhren und die Kohlrabi schälen. Kohlrabi in Spalten schneiden. Den Brokkoli waschen, putzen, grob zerteilen. Die Zuckerschoten putzen. Möhren und Kohlrabispalten in kochendem Salzwasser 8–10 Min. garen. Brokkoli und Zuckerschoten die letzten 2 Min. mitkochen.

2. Die Zitrone heiß waschen und abtrocknen, in Stücken abschälen und die Schale in sehr feine Streifen schneiden (oder mit einem Zestenschneider abziehen).

3. Gemüsefond mit 2 EL Zitronensaft, Zucker und Stärke bei schwacher Hitze offen 5 Min. kochen lassen. Crème fraîche und Zitronenschale unterrühren, 2–3 Min. kochen. Mit Salz und Pfeffer würzen.

4. Das Gemüse abtropfen lassen und auf einer Platte mit der Sauce anrichten.

Das schmeckt dazu Gekochte Eier

Gefüllte Tomaten

kleiner Aufwand, großer Geschmack
40 Min.
pro Portion ca. 645 kcal
26 g Eiweiß · 31 g Fett · 63 g Kohlenhydrate

ZUTATEN FÜR 4 PORTIONEN
4 Fleischtomaten (à 350–400 g)
500 ml Gemüsebrühe
250 g Couscous
300 g TK-Erbsen · Salz
200 g Camembert
1/2 Bund Petersilie
100 g Crème fraîche
Pfeffer
2 EL Olivenöl
Und:
Öl für die Form

ZUBEREITUNG

1. Den Backofen auf 200° (Umluft 180°) vorheizen. Die Tomaten waschen und einen Deckel abschneiden, das Fruchtfleisch herauslösen und hacken. Die Tomaten mit der Öffnung nach unten auf Küchenpapier abtropfen lassen. Die Gemüsebrühe aufkochen.

2. Den Couscous mit der kochenden Brühe übergießen und in eine geölte Gratinform geben. Tomatenfleisch unterheben. Im Ofen (Mitte) 10 Min. vorgaren.

3. Die Erbsen in kochendem Salzwasser 3 Min. blanchieren, dann abschrecken. Camembert klein würfeln. Petersilie waschen, Blättchen abzupfen und hacken. Erbsen, Käsewürfel und gehackte Petersilie mit der Crème fraîche mischen, salzen und pfeffern. In die Tomaten füllen, mit Öl beträufeln. Tomaten mit Deckel auf den Couscous setzen, im Ofen 10 Min. backen.

Sahnige Zucchini-»Nudeln«

raffiniert
30 Min.
pro Portion ca. 260 kcal
3 g Eiweiß · 23 g Fett · 10 g Kohlenhydrate

ZUTATEN FÜR 4 PORTIONEN

6 kleine Zucchini (à ca. 120 g)
1 Zwiebel
3 EL Olivenöl
300 ml Gemüsebrühe
150 g Crème fraîche
2 gestrichene EL heller Saucenbinder
Salz · Pfeffer
3 Stängel Basilikum

ZUBEREITUNG

1. Die Zucchini waschen, putzen, längs halbieren und mit einem Sparschäler längs in dünne Streifen schneiden. Restliche Zucchini, die sich nicht hobeln lassen, mit einem Messer schneiden.

2. Die Zwiebel schälen, halbieren und in Streifen schneiden. 2 EL Öl in einer Pfanne erhitzen. Die Zwiebelstreifen glasig dünsten, die Zucchinistreifen dazugeben und kurz mitdünsten. Dann alles mit der Brühe ablöschen, aufkochen und 5 Min. offen garen.

3. Die Crème fraîche einrühren, Saucenbinder einstreuen und das Ganze leicht dicklich einkochen. Mit Salz und Pfeffer würzen und abschmecken.

4. Das Basilikum waschen und trocken schütteln, Blätter abzupfen und aufstreuen.

Das schmeckt dazu Tagliatelle oder Pappardelle

Spitzpaprika aus dem Ofen

würzig-pikant
25 Min. + 20 Min. Backen
pro Portion ca. 275 kcal
5 g Eiweiß · 24 g Fett · 10 g Kohlenhydrate

ZUTATEN FÜR 4 PORTIONEN

4 helle Spitzpaprika
4 rote Spitzpaprika
2 Knoblauchzehen
6–8 Zweige Thymian
Salz · 1 TL Chiliflocken
3 EL Pinienkerne
3 EL Mandelstifte
6 EL Olivenöl
1/2 Bund Petersilie
1 EL Balsamico bianco oder milder Weißweinessig

ZUBEREITUNG

1. Den Backofen auf 220° (Umluft 200°) vorheizen. Die Spitzpaprika waschen, längs halbieren und das Kerngehäuse entfernen. Mit den Schnittflächen nach oben auf ein Backblech setzen.

2. Die Knoblauchzehen schälen und fein hacken. Thymian waschen und trocken schütteln, die Blättchen abzupfen und hacken, mit Knoblauch, Salz, Chiliflocken, Pinienkernen und Mandeln mischen und auf die Paprikahälften streuen. Mit dem Olivenöl beträufeln. Im vorgeheizten Backofen (Mitte) 15–20 Min. backen.

3. Inzwischen Petersilie waschen, trocken schütteln, Blätter abzupfen und hacken. Fertig gebackene Paprika aus dem Ofen nehmen, mit etwas Essig beträufeln und mit Petersilie bestreuen.

Das schmeckt dazu Ein Minze-Joghurt-Dip (s. Seite 113) und Baguette oder Grillfleisch oder -fisch.

SOMMERGEMÜSE IN BESTFORM 83

Grüne Bohnen mit Knoblauch

mit einem Tick Schärfe
30 Min.
pro Portion ca. 160 kcal
0 g Eiweiß · 10 g Fett · 12 g Kohlenhydrate

ZUTATEN FÜR 4 PORTIONEN

800 g grüne Bohnen
Salz · 2 Stängel Bohnenkraut
6 Knoblauchzehen
2 rote Peperoni
Schale von 1 Bio-Zitrone
4 EL Olivenöl
Pfeffer
3 Stängel Basilikum

ZUBEREITUNG

1. Die Bohnen waschen, putzen und evtl. quer halbieren. Salzwasser aufkochen, Bohnen und Bohnenkraut 7 Min. kochen.

2. Inzwischen den Knoblauch schälen und in dünne Scheiben schneiden. Die Peperoni längs halbieren, entkernen und in feine Halbringe schneiden. Die Zitrone heiß waschen und abtrocknen, die Schale mit einem Zestenschneider abziehen.

3. Das Olivenöl in einer Pfanne erhitzen, Knoblauch, Peperoni und Zitronenschale darin bei schwacher Hitze andünsten.

4. Die Bohnen in ein Sieb abgießen, abtropfen lassen und mit in die Pfanne geben. Mit Salz und Pfeffer würzen.

5. Das Basilikum waschen und trocken schütteln. Die Blätter grob hacken und vor dem Servieren aufstreuen.

Chinakohl-Möhren-Gemüse

asiatisch
30 Min.
pro Portion ca. 125 kcal
3 g Eiweiß · 9 g Fett · 9 g Kohlenhydrate

ZUTATEN FÜR 4 PORTIONEN

1 Chinakohl (ca. 750 g)
300 g Möhren
1 Zwiebel
1 walnussgroßes Stück Ingwer
3 EL Öl
250 ml Gemüsebrühe
2 EL Sojasauce
Salz · Pfeffer
1 EL heller Saucenbinder
1 Bund Schnittlauch

ZUBEREITUNG

1. Den Chinakohl putzen und viertln, den Strunk entfernen. Die Blätter in grobe Streifen schneiden. Die Möhren putzen, schälen und schräg in dünne Scheiben schneiden. Zwiebel und Ingwer schälen und fein würfeln.

2. Das Öl in einer großen beschichteten Pfanne erhitzen. Die Zwiebelwürfel zufügen und glasig dünsten. Ingwer, Chinakohl und Möhren zugeben, untermischen und kurz andünsten. Die Brühe angießen und alles 5 Min. garen.

3. Das Gemüse mit Sojasauce, Salz und Pfeffer würzen. Saucenbinder einstreuen und kurz aufkochen lassen. Den Schnittlauch waschen, trocken schütteln, in Röllchen schneiden und darüberstreuen.

Tuning-Tipp Schweineschnitzel in Streifen schneiden, anbraten und unter das Gemüse heben.

Bunte Grillspieße mit Rindfleisch

gut vorzubereiten
35 Min. + 1 Std. Marinieren + 15 Min. Grillen
pro Portion (1 Spieß) ca. 215 kcal
13 g Eiweiß · 15 g Fett · 7 g Kohlenhydrate

ZUTATEN FÜR 4 SPIESSE

- 1 EL schwarze Pfefferkörner
- 2 Zweige Rosmarin
- 5 kleine Schalotten
- 8–10 frische kleine Knoblauchzehen
- 4 EL Olivenöl
- 1 TL Zucker · Salz
- 1 kleine rote Paprikaschote
- 1 dünner Zucchino
- 2 dicke Rumpsteaks (à ca. 200 g)

Und:
Schaschlikspieße
Öl für den Grillrost

ZUBEREITUNG

1. Die Pfefferkörner im Mörser grob zerstoßen. Die Rosmarinzweige waschen und trocken schütteln. Die Nadeln abzupfen. 1 Schalotte und 2 Knoblauchzehen schälen, sehr fein hacken und mit Rosmarin, Pfeffer und Öl verrühren.

2. Wasser in einem kleinen Topf mit dem Zucker und 1 Prise Salz aufkochen. Die restlichen Schalotten und Knoblauchzehen schälen und im kochenden Wasser 3 Min. blanchieren, abgießen und eiskalt abschrecken. Paprikaschote und Zucchino waschen, putzen und in Stücke schneiden.

3. Steaks in größere Würfel schneiden und abwechselnd mit Schalotten, Knoblauchzehen, Zucchini- und Paprikastücken auf die Spieße stecken. Die Spieße mit der Marinade einreiben und zugedeckt im Kühlschrank mindestens 1 Std. marinieren.

4. Den Holzkohlengrill anheizen. Die Spieße aus der Marinade nehmen und bei mittlerer Hitze auf dem eingeölten Grillrost insgesamt 12–15 Min. grillen, dabei mehrmals wenden und nach Wunsch mit restlicher Marinade bestreichen. Spieße salzen und servieren.

Speed-Tipp Anstelle der Schalotten dicke Frühlingszwiebeln aufspießen. Sie müssen vor dem Grillen nicht blanchiert werden. Auch sehr frische Knoblauchzehen müssen Sie lediglich schälen.

Austausch-Tipps Für Veggie-Spieße das Fleisch durch 10–12 bunte Mini-Paprika (s. Titelbild) oder kleine Bratpaprikaschoten ersetzen. Oder 200 g Halloumi-Käse in Würfel schneiden und statt Fleisch aufspießen.

Das schmeckt dazu Tomaten-Dip (s. Seite 96)

Tipp Verwenden Sie am besten Schaschlikspieße aus Metall. Falls Sie nur Holzspieße haben, müssen Sie diese vor dem Verwenden 30 Min. wässern, damit sie auf dem Grill nicht verbrennen.

SOMMER AUF DEM GRILL 85

Gegrillte Hähnchenbrust mit Zitronenaroma

mit Knusperhaut
10 Min. + 1 Std. Marinieren + 35 Min. Grillen
pro Portion ca. 205 kcal
34 g Eiweiß · 6 g Fett · 3 g Kohlenhydrate

ZUTATEN FÜR 4 PORTIONEN
1 kleines Bund Thymian
4 EL Zitronensaft
Je 1 Msp. Chilipulver und gemahlener Kreuzkümmel
1 EL Ahornsirup
1 EL Olivenöl (+ Öl für die Folie)
4 Hähnchenbrustfilets mit Haut (à ca. 150 g)
Salz · Pfeffer

ZUBEREITUNG

1. Den Thymian waschen und trocken schütteln. Die Blättchen abstreifen und mit Zitronensaft, Chilipulver und Kreuzkümmel verrühren.

2. Die Hähnchenbrustfilets waschen und trocken tupfen. Gut 1 EL Zitronensaft-Mischung mit Ahornsirup und Öl verrühren und beiseitestellen. Filets mit dem Rest einpinseln und 1 Std. im Kühlschrank marinieren.

3. Den Holzkohlengrill anheizen. Ein Stück Alufolie dünn mit Öl bepinseln und auf den heißen Grillrost legen. Die Hähnchenfilets darauflegen und bei schwacher bis mittlerer Hitze (am Rand des Grills) 25 Min. unter Wenden grillen. Dann die Hautseite mit der Sirup-Zitronensaft-Mischung bepinseln und die Filets weitere 10–15 Min. grillen, bis das Fleisch durchgegart und die Haut schön knusprig ist.

Das schmeckt dazu Fruchtiges Ajvar (s. Seite 69)

Info Nur Hähnchenbrustfilet mit Haut bleibt beim Grillen schön saftig. Sie finden es im Feinkostgeschäft, beim Geflügelhändler oder auf dem Bauernmarkt. Sie können Filets mit Haut auch bei vielen Metzgern vorbestellen.

Austausch-Tipps Kein Filet mit Haut bekommen? Dann grillen Sie stattdessen Hähnchenschenkel. Die Schenkel am Gelenk durchschneiden und zunächst je nach Dicke des Fleischs 30–35 Min. unter Wenden grillen. Dann mit der Ahornsirup-Mischung bepinseln und weitere 15 Min. grillen.
Sie können auch ein ganzes Hähnchen kaufen und selbst zerlegen. Legen Sie die Schenkel dann etwas früher auf den Grill als das Brustfilet.
Gut geeignet sind auch Hähnchenunterschenkel (»Drum Sticks«). Schneiden Sie dann das Fleisch vor dem Marinieren durch die Haut rundherum zweimal längs bis zum Knochen ein. So gart es auf dem Grill gleichmäßig und ist in etwas kürzerer Zeit fertig.

Schweinefilet im Kräutermantel

herrlich saftig und aromatisch
45 Min. + 25 Min. Garen
pro Portion ca. 350 kcal
36 g Eiweiß · 12 g Fett · 25 g Kohlenhydrate

ZUTATEN FÜR 4 PORTIONEN

600 g Schweinefilet
Salz · Pfeffer
8 Zweige Thymian
2 Zweige Rosmarin
600 g kleine, festkochende Kartoffeln
4 Zwiebeln
4 Knoblauchzehen
2 EL Olivenöl
250 ml Geflügelfond (Glas)
300 g Strauchtomaten
100 g schwarze Oliven

Und:
Küchengarn

ZUBEREITUNG

1. Das Schweinefilet waschen, trocken tupfen, salzen und pfeffern. Thymian und Rosmarin waschen, auf das Fleisch legen und das Ganze mit Küchengarn fest umwickeln.

2. Die Kartoffeln waschen, schälen und in Spalten schneiden. In kochendem Salzwasser 5 Min. vorkochen, abgießen und abtropfen lassen. Den Backofen auf 200° (Umluft 180°) vorheizen.

3. Die Zwiebeln schälen und vierteln. Die Knoblauchzehen schälen und halbieren. Das Öl in einem Bräter erhitzen und das Fleisch darin bei starker Hitze rundherum 5 Min. anbraten.

4. Die Hitze reduzieren, Zwiebeln und Knoblauch dazugeben und 2–3 Min. mitbraten. Dann mit dem Fond ablöschen. Die Kartoffeln hinzufügen, salzen und pfeffern. Im Backofen (2. Schiene von unten) 25 Min. offen braten.

5. Inzwischen die Tomaten waschen, vom Stielansatz befreien und achteln. Zusammen mit den Oliven 10 Min. vor Ende der Garzeit zum Fleisch geben. Alles fertig garen.

Tuning-Tipp Die Hälfte vom Geflügelfond durch Wermut oder Weißwein ersetzen und das Fleisch zum Schluss mit gehackten Petersilienblättern bestreuen.

Manche Kräuter mögen's heiß

Einige Arten brauchen langes Kochen, Fett und Flüssigkeit, um ihnen das volle Aroma zu entlocken. Salbei beispielsweise wird erst in heißer Butter oder Öl gewendet schmackhaft, würzt Pasta, Fleisch und Suppen (s. Seite 76). Thymian verträgt Hitze und kann in Suppen, Gemüse und Schmorgerichten langsam mitkochen. Rosmarin wird gerne um einen Braten gebunden und mitgebraten (s. rechts), gegrillt oder geschmort, vor dem Essen aber entfernt.

Kräuter an der Luft trocknen

Sorten wie Bohnenkraut, Majoran, Oregano, Rosmarin, Salbei und Thymian zu kleinen Bündeln binden und an einem trockenen, luftigen Ort ohne direkte Sonne mit den Stielen nach oben aufhängen. In Schraubgläsern halten sie getrocknet 2–3 Monate.

FLEISCH SAFTIG UND AROMATISCH   87

Lammpfanne mit Aprikosen

Orient meets Italy
35 Min.
pro Portion ca. 335 kcal
34 g Eiweiß · 16 g Fett · 13 g Kohlenhydrate

ZUTATEN FÜR 4 PORTIONEN
250 g TK-Blattspinat
1 Bund Frühlingszwiebeln
400 g Aprikosen
2 rote Peperoni
2 Knoblauchzehen
600 g Lammlachse (ausgelöster Rücken)
4 EL Olivenöl
Salz · Pfeffer
400 ml Gemüsebrühe
1 TL rosenscharfes Paprikapulver
1–2 TL heller Saucenbinder
2–3 EL Aceto balsamico

ZUBEREITUNG

1. Den Spinat nach Packungsangabe mit Wasser in 6–7 Min. bei mittlerer Hitze auftauen, abgießen und abtropfen lassen.

2. Die Frühlingszwiebeln putzen und in feine Ringe schneiden. Die Aprikosen waschen, halbieren, entsteinen und in Spalten schneiden. Die Peperoni putzen, den Knoblauch schälen und beides fein würfeln. Das Lammfleisch trocken tupfen und in feine Scheibchen schneiden.

3. 2 EL Öl in einer Pfanne erhitzen und das Fleisch darin portionsweise bei starker Hitze 2–3 Min. anbraten. Herausnehmen, salzen und pfeffern. Zwiebeln, Peperoni und Knoblauch im restlichen Öl 2 Min. andünsten. Brühe, Aprikosen und Paprikapulver zufügen und 2 Min. kochen lassen. Mit dem Saucenbinder binden. Das Fleisch und den Spinat dazugeben und erhitzen. Mit Essig, Salz und Pfeffer würzen.

Hähnchen im Päckchen

Überraschung am Tisch
30 Min. + 25 Min. Backen
pro Portion ca. 380 kcal
32 g Eiweiß · 27 g Fett · 2 g Kohlenhydrate

ZUTATEN FÜR 4 PORTIONEN
300 g kleine Egerlinge oder Champignons
10 EL Olivenöl
Salz · Pfeffer
500 g Hähnchenbrustfilet
150 g Staudensellerie
200 g Kirschtomaten
4 kleine Zweige Rosmarin
4 Lorbeerblätter
8 EL Hühnerbrühe

Und:
4 große Stücke Backpapier (ca. 45 x 35 cm)
Küchengarn

ZUBEREITUNG

1. Die Pilze putzen, abreiben und vierteln. 2 EL Öl erhitzen, die Pilze darin 4–5 Min. anbraten, dann salzen und pfeffern.

2. Inzwischen den Backofen auf 200° (Umluft 180°) vorheizen. Die Hähnchenfilets trocken tupfen und in 12 Stücke schneiden. Sellerie putzen und in dünne Scheiben schneiden. Tomaten waschen.

3. Hähnchen, Tomaten, Sellerie und Pilze auf die vier Stücke Backpapier verteilen, salzen und pfeffern. Je 1 Zweig Rosmarin und 1 Lorbeerblatt darauflegen. Mit je 2 EL Brühe und Olivenöl beträufeln. Backpapier über der Füllung zu Päckchen zusammenklappen, wie Knallbonbons mit Küchengarn verschließen. Auf ein Blech legen und im Ofen (2. Schiene von unten) 20–25 Min. backen. Erst bei Tisch öffnen.

Das schmeckt dazu Baguette

Gegrillte Makrele mit Gurken-Melonen-Salsa

superleicht und würzig
45 Min. + 30 Min. Kühlen
pro Portion ca. 715 kcal
54 g Eiweiß · 49 g Fett · 15 g Kohlenhydrate

ZUTATEN FÜR 4 PORTIONEN
4 kleine Makrelen (à 350–400 g, küchenfertig)
3 Limetten, davon 2 Bio-Limetten
Salz · Pfeffer
6 EL Olivenöl
1 Gärtner- oder Salatgurke (ca. 400 g)
1/2 reife Honigmelone (ca. 500 g)
2 Frühlingszwiebeln
1–2 grüne Chilischoten
1 Stück Ingwer (ca. 2 cm)

ZUBEREITUNG

1. Die Makrelen kalt waschen und trocken tupfen. Die Haut der Fische auf beiden Seiten 3–4-mal schräg einschneiden. 1 Limette auspressen, Saft mit Salz, Pfeffer und 2 EL Olivenöl verrühren und über die Fische träufeln.

2. Die Gurke waschen, putzen und nach Belieben schälen, dann längs vierteln und die Kerne herausschaben. Die Melone entkernen und schälen. Gurke und Melone klein würfeln.

3. Die Frühlingszwiebeln waschen und putzen, die weißen und hellgrünen Teile in feine Ringe schneiden. Die Chilischoten waschen, putzen, entkernen, längs halbieren und winzig klein würfeln. Den Ingwer schälen und fein reiben.

4. Für die Salsa Gurke, Melone, Frühlingszwiebeln, Chili und Ingwer mischen, salzen. 1 Limette heiß waschen, abtrocknen und die Schale fein abreiben. Limettensaft und -schale sowie das restliche Olivenöl unter die Gurken mischen. Salzen und pfeffern. Die Salsa 30 Min. abgedeckt kalt stellen.

5. Den Backofengrill vorheizen. Den Rost einölen, die Makrelen daraufIegen und die Fettpfanne darunter einschieben. Auf der 2. Schiene von oben pro Seite 5–7 Min. knusprig braten. 1 Limette in Spalten schneiden und mit den Makrelen und der Salsa anrichten.

Austausch-Tipp Natürlich können Sie die Makrelen auch im Freien über Holzkohle grillen – am besten in einem eingeölten Grillkorb (s. links).

Fisch vom Grill: ein knuspriges und saftiges Sommervergnügen

Zum Grillen über Holzkohlenglut eignen sich besonders fette Fische wie Makrelen, Sardinen, Thunfisch, auch weniger fette Fische wie Doraden und Rotbarben. Die Fische werden mehrmals schräg eingeschnitten, damit sie gleichmäßig garen. Grillstäbe sehr gut einölen oder zusammenklappbare Grillkörbe in Fischform verwenden. So wird jedes Wendemanöver zum Kinderspiel, ohne dass der Fisch zerfällt oder die Haut kleben bleibt.

Kein Problem, wenn das Wetter mal nicht passt. Auch unter den glühenden Grillstäben im Backofen gelingen Fische schmackhaft und zart. Wichtig: zwischen Fisch und Hitzequelle einen Abstand von mindestens 20 cm einhalten, damit er nicht verbrennt.

FISCH AUF LEICHTER WELLE 89

Steinbeißer auf Ofengemüse

provenzalisch
30 Min. + 30 Min. Garen
pro Portion ca. 385 kcal
28 g Eiweiß · 26 g Fett · 6 g Kohlenhydrate

ZUTATEN FÜR 4 PORTIONEN

2 kleine Zucchini (ca. 300 g)
je 1 gelbe und orange Paprikaschote
600 g Steinbeißer- oder Kabeljaufilet
3 EL Zitronensaft
Salz · Pfeffer
8 EL Olivenöl
125 ml Gemüsebrühe
2 TL Kräuter der Provence
200 g Kirschtomaten
2 Knoblauchzehen
100 g grüne Oliven

Und:
Olivenöl für die Form

ZUBEREITUNG

1. Den Backofen auf 200° (Umluft 180°) vorheizen. Die Zucchini waschen, putzen und in dünne Scheiben schneiden. Paprika waschen, putzen, vierteln und in 1 cm breite Streifen schneiden. Das Fischfilet in vier Stücke schneiden. Mit 1 EL Zitronensaft, Salz und Pfeffer würzen.

2. Eine große Gratinform mit Olivenöl einfetten. Zucchini und Paprika darin verteilen. Das Öl, Brühe, 2 EL Zitronensaft, Salz, Pfeffer und Kräuter verrühren und darübergießen. Gemüse im Ofen (Mitte) 10 Min. dünsten. Tomaten waschen. Knoblauch schälen und in Stifte schneiden.

3. Fischfilets, Knoblauch, Oliven und Tomaten auf dem Gemüse verteilen. Mit etwas Dünstflüssigkeit begießen und weitere 20 Min. im Ofen (Mitte) garen.

Das schmeckt dazu Frisches Baguette

Fischröllchen auf Sahnegemüse

gästefein und schnell
45 Min.
pro Portion ca. 370 kcal
33 g Eiweiß · 18 g Fett · 10 g Kohlenhydrate

ZUTATEN FÜR 4 PORTIONEN

6 Schollen- oder Pangasiusfilets (à ca. 120 g)
2–3 EL Zitronensaft
Salz · Pfeffer
24 Basilikumblätter
300 g Zuckerschoten
2 junge Kohlrabi (ca. 500 g)
200 g Kirschtomaten
2 EL Butter
250 ml Fischfond (Glas)
125 g Sahne
2 EL heller Saucenbinder

ZUBEREITUNG

1. Die Fischfilets trocken tupfen und längs halbieren. Mit 2 EL Zitronensaft, Salz und Pfeffer würzen. Mit je 2 Basilikumblättern belegen, zu Röllchen drehen. Die Zuckerschoten waschen und putzen, größere halbieren. Die Kohlrabi schälen, vierteln und in dünne Scheiben schneiden. Die Tomaten waschen und halbieren.

2. Die Butter in einem breiten Topf erhitzen. Schalotten, Kohlrabi und Zuckerschoten darin 2 Min. andünsten. Die Tomaten darauflegen. Die Fischröllchen dazwischen setzen. Den Fond dazugießen und alles zugedeckt bei schwacher Hitze 10–12 Min. dünsten.

3. Röllchen herausnehmen, warm stellen. Sahne zum Gemüse gießen, aufkochen. Mit Salz, Pfeffer und 1–2 TL Zitronensaft abschmecken. Saucenbinder einrühren. Gemüse zu den Fischröllchen servieren.

Rote Grütze mit Vanillecreme

gut vorzubereiten
30 Min.
pro Portion ca. 415 kcal
4 g Eiweiß · 19 g Fett · 57 g Kohlenhydrate

ZUTATEN FÜR 4 PORTIONEN

Für die Grütze:
300 ml Kirschsaft
3 TL Speisestärke
50 g Zucker
1/2 Vanilleschote
2 Sternanis
500 g gemischte Beeren (z. B. Heidelbeeren, Rote und Schwarze Johannisbeeren, Brombeeren, Stachelbeeren)
250 g Süßkirschen (ersatzweise Kirschen aus dem Glas)
2 EL Himbeersirup

Für die Vanillecreme:
200 g Sahne
1 Päckchen Vanillezucker
30 g Puderzucker
100 g saure Sahne

ZUBEREITUNG

1. 3 EL Kirschsaft mit der Speisestärke glatt rühren. In einem kleinen Topf den restlichen Saft mit dem Zucker aufkochen und die angerührte Speisestärke einrühren. Unter Rühren bei mittlerer Hitze leicht dicklich einkochen lassen. Vanilleschote und Sternanis dazugeben und den Topf beiseitestellen.

2. Die Beeren verlesen und vorsichtig waschen. Die Kirschen waschen, halbieren und entsteinen. Beeren und Kirschen mit dem Himbeersirup vermischen und zu der Saftmischung geben. Die Grütze 15 Min. ziehen lassen. Die Gewürze herausnehmen. Die Grütze in eine Schüssel oder vier Gläser füllen.

3. Für die Vanillecreme die Sahne steif schlagen. Vanillezucker mit Puderzucker und saurer Sahne mischen und nach und nach unter die Sahne rühren. Die Rote Grütze mit der Vanillecreme servieren.

Austausch-Tipps Sie können die Grütze auch mit Perl-Sago (pflanzliche Stärke) zubereiten. Kirschsaft mit Zucker aufkochen, ca. 40 g Perl-Sago dazugeben und das Ganze köcheln lassen, bis der Perl-Sago durchsichtig ist. Grütze wie oben beschrieben fertig stellen. Wer die Grütze etwas alkoholischer mag, kann den Kirschsaft durch Rotwein ersetzen. Zum Schluss 1–2 EL Cassislikör unterrühren.

Beerengugelhupf

1 Päckchen Götterspeise (Himbeergeschmack) mit 500 ml rotem Johannisbeersaft und 2 EL Zucker in einen Topf geben und 5 Min. zum Quellen stehen lassen. Saftmischung bei mittlerer Hitze unter Rühren heiß werden lassen (nicht kochen). Eine Gugelhupfform mit 1 l Inhalt kalt ausspülen. Ein Drittel der Saftmischung hineingießen und zum Gelieren 30 Min. in den Kühlschrank stellen. Inzwischen 300 g gemischte frische Beeren verlesen und wenn nötig waschen. Die Beeren mit der restlichen Saftmischung vermischen und auf den gelierenden Fruchtsaft füllen. Beerengugelhupf am besten über Nacht im Kühlschrank fest werden lassen. Vor dem Servieren auf eine Platte stürzen. Mit Schlagsahne oder Vanillecreme servieren.

FRUCHTIGE SOMMERFREUDEN 91

Joghurttörtchen mit Aprikosen

luftig frisches Sommerdessert
30 Min. + 3 Std. Kühlen
pro Portion ca. 470 kcal
7 g Eiweiß · 24 g Fett · 54 g Kohlenhydrate

ZUTATEN FÜR 4 PORTIONEN

Für die Joghurttörtchen:
4 Blatt Gelatine
50 g Crème fraîche
1 EL Zitronensaft
300 g Vollmilchjoghurt
75 g Puderzucker
200 g Sahne

Für die Aprikosen:
500 g Aprikosen
50 g Puderzucker
200 ml frisch gepresster Orangensaft
1 Päckchen Vanillezucker

Und:
4 Förmchen
(à 150 ml Inhalt)

ZUBEREITUNG

1. Die Gelatine in kaltem Wasser einweichen. Die Crème fraîche leicht erwärmen und die ausgedrückte Gelatine darin auflösen. Zitronensaft, Joghurt und Puderzucker verrühren. Die Gelatine unterrühren. Die Sahne steif schlagen und unter die Joghurtcreme rühren. Joghurtcreme in kalt ausgespülte Förmchen füllen und zum Gelieren 3 Std. in den Kühlschrank stellen.

2. Die Aprikosen waschen, halbieren und entsteinen. Den Puderzucker in einem Topf schmelzen lassen. Orangensaft und Vanillezucker dazugeben. 2 Min. köcheln lassen, die Aprikosen dazugeben und in 6–8 Min. bei mittlerer Hitze weich dünsten. Abkühlen lassen.

3. Die Joghurttörtchen mit einem spitzen Messer vom Rand lösen und auf Teller stürzen, die Aprikosen dazu anrichten.

Pfirsiche mit Mandelsahne

sommerlich leicht
30 Min. + 15 Min. Backen + 1 Std. Kühlen
pro Portion ca. 430 kcal
5 g Eiweiß · 27 g Fett · 39 g Kohlenhydrate

ZUTATEN FÜR 4 PORTIONEN

Für die Mandelsahne:
50 g gehackte Mandeln
2 EL Puderzucker
250 g Sahne
1 EL Mandelsirup (Reformhaus)

Für die Pfirsiche:
2 EL Blütenhonig
200 ml Apfelsaft
1 EL Zitronensaft
1 Zweig Thymian
1/2 Zimtstange
6 große reife Pfirsiche

ZUBEREITUNG

1. Die Mandeln mit Puderzucker mischen. In einer Pfanne unter Rühren anrösten und beiseitestellen. Die Sahne steif schlagen, Mandelsirup und geröstete Mandeln unterrühren, das Ganze in eine gefriergeeignete Form füllen und zugedeckt 1 Std. in den Tiefkühler stellen.

2. Für die Pfirsiche Honig mit Apfelsaft, Zitronensaft, Thymian und Zimtstange aufkochen und 3 Min. köcheln lassen. Den Backofen auf 180° (Umluft 160°) vorheizen. Die Pfirsiche waschen und halbieren, den Stein entfernen. Die Pfirsiche mit der Schnittfläche nach oben in eine Auflaufform legen. Mit dem Sud begießen. Die Pfirsiche 15 Min. im Ofen ziehen lassen.

3. Die Pfirsiche noch warm mit der geeisten Mandelsahne servieren.

Vanilleeis

ZUTATEN FÜR
1 FORM
(750 ML INHALT
ODER
6 FÖRMCHEN)

300 g Sahne
200 ml Milch
1 Vanilleschote
3 frische Eigelb
100 g Zucker

cremiger geht's nicht
25 Min. + 12 Std. Gefrieren
bei 6 Portionen pro Portion ca. 280 kcal
4 g Eiweiß · 20 g Fett · 18 g Kohlenhydrate

ZUBEREITUNG

1. Die Form oder die Förmchen kalt ausspülen und in das Gefrierfach stellen. Sahne mit Milch in einen Topf geben. Die Vanilleschote längs aufschneiden, das Mark herauskratzen und mitsamt der Schote zur Sahnemilch geben. Langsam erhitzen und 10 Min. ziehen lassen

2. Die Eigelbe mit dem Zucker in einer Schüssel verrühren. Die Eiermasse über dem heißen Wasserbad mit den Schneebesen des Handrührgeräts in 2–3 Min. dickschaumig aufschlagen.

3. 4–5 EL heiße Vanillesahne unter die Eigelbcreme rühren. Die Vanilleschote entfernen und nach und nach die ganze Vanillesahne unter ständigem Rühren dazugeben, bis die Mischung dicklich ist. Die Schüssel in kaltes Wasser stellen und ab und zu umrühren. Die Vanillecreme in die Form füllen. Mit Frischhaltefolie abdecken und über Nacht gefrieren lassen.

Erdbeer-Softeis

ganz einfach
20 Min. + 15 Min. Kühlen
pro Portion ca. 245 kcal
3 g Eiweiß · 16 g Fett · 23 g Kohlenhydrate

ZUTATEN FÜR
6 PORTIONEN

500 g Vanilleeis
(fertig gekauft oder
selbst gemacht)
200 g Erdbeeren
1 EL Erdbeersirup
150 g Sahne

ZUBEREITUNG

1. Das Vanilleeis 10 Min. in den Kühlschrank stellen. Erdbeeren waschen, entkelchen und klein würfeln. Mit Erdbeersirup im Mixer pürieren.

2. Die Sahne steif schlagen, pürierte Erdbeeren unterrühren. Die Masse zum Vanilleeis geben und beides gut vermischen.

3. Das Eis 15 Min. tiefkühlen, nochmals durchrühren. Softeis in Gläser, Espressotassen oder Schälchen füllen und servieren.

Deko-Tipp Das Erdbeer-Softeis in einen Spritzbeutel mit gezackter Tülle füllen und in Eishörnchen (fertig gekauft) spritzen.

Austausch-Tipp Statt der geschlagenen Sahne 150 g Sahnejoghurt unterrühren. Das Vanilleeis durch fertig gekauftes Erdbeereis ersetzen.

EISVARIATIONEN 93

Johannisbeer-Sorbet

kühle Früchtchen für zwischendurch
25 Min. + 4 Std. Kühlen
pro Portion ca. 165 kcal
2 g Eiweiß · <1 g Fett · 37 g Kohlenhydrate

ZUTATEN FÜR
6 PORTIONEN

500 g Johannisbeeren
125 ml roter
Johannisbeersaft
175 g Zucker
1 ganz frisches Eiweiß
2 EL Cassislikör
(nach Belieben)

ZUBEREITUNG

1. Die Johannisbeeren waschen und mit einer Gabel von den Rispen streifen. Den Johannisbeersaft mit 150 g Zucker und 100 ml Wasser aufkochen, die Beeren (bis auf ein paar Stück zum Garnieren) dazugeben und 3–4 Min. köcheln lassen. Die Mischung abkühlen lassen und durch ein Sieb streichen.

2. Das Eiweiß mit dem restlichen Zucker steif schlagen. Den Cassislikör nach Belieben unter die Johannisbeermasse rühren. Den Eischnee darunterziehen. Die Masse in eine Metallschüssel füllen und 4 Std. in das Tiefkühlfach stellen. Ab und zu umrühren.

3. Das fertige Sorbet in Gläser füllen, mit den restlichen frischen Johannisbeeren garnieren und sofort servieren.

Melonen-Minze-Sorbet

eiskalt genießen
25 Min. + 4 Std. Kühlen
pro Portion ca. 95 kcal
2 g Eiweiß · <1 g Fett · 21 g Kohlenhydrate

ZUTATEN FÜR
6 PORTIONEN

1 Honig-, Galia- oder
Cantaloup-Melone
(ca. 750 g)
1 Bio-Limette
1 Stängel Minze
75 g Puderzucker
Minzeblättchen
für die Deko

ZUBEREITUNG

1. Melone halbieren, Fruchtfleisch aus der Schale lösen, dabei die Kerne entfernen. Fruchtfleisch klein würfeln. Limette heiß waschen, 1 TL Schale abreiben, den Saft auspressen. Minze waschen, trocken schütteln, Blättchen von den Stielen zupfen.

2. 100 ml Wasser mit Puderzucker, Limettenschale und -saft und Minzeblättchen aufkochen. 3 Min. köcheln lassen. Minzeblättchen entfernen. Melonenwürfel zugeben, kurz aufkochen, dann abkühlen lassen.

3. Die abgekühlte Masse im Mixer pürieren, gut durchrühren und in eine Edelstahlschüssel füllen. Das Melonenpüree 4 Std. in das Gefrierfach stellen. Zwischendurch immer wieder durchrühren.

4. Melonen-Minze-Sorbet in Gläser füllen und mit Minzeblättchen garnieren.

Tuning-Tipp 1 EL grünen Minzesirup unter die Sorbetmasse rühren.

Aprikosenkonfitüre

ZUTATEN FÜR 4 GLÄSER (à 250 ML)

1,2 kg reife Aprikosen
Saft und 1 TL abgeriebene Schale von 1 Bio-Zitrone
500 g Gelierzucker 2 : 1
evtl. 1 TL frische Lavendelblüten

fruchtig-süß
30 Min. + 2 Std. Ruhen

pro Glas ca. 605 kcal
2 g Eiweiß · 0 g Fett · 145 g Kohlenhydrate

ZUBEREITUNG

1. Die Aprikosen waschen, entsteinen und in kleine Würfel schneiden. Ein Drittel der Aprikosenwürfel im Mixer pürieren. Das Aprikosenpüree, die restlichen Aprikosenwürfel, Zitronensaft und -schale mit dem Gelierzucker in einem Topf gut vermischen. Die Lavendelblüten nach Belieben dazugeben. Das Ganze zugedeckt 2 Std. an einem kühlen Ort ziehen lassen.

2. Die Fruchtmischung unter Rühren zum Kochen bringen und 4 Min. sprudelnd kochen lassen. Die Gelierprobe machen: Mit einem Teelöffel etwas Konfitüre auf einen Teller tropfen; wird die Konfitüre noch nicht fest, noch 1–2 Min. weiterkochen lassen.

3. Die Konfitüre in heiß ausgespülte Gläser füllen und verschließen. Die Konfitüre hält 12 Monate.

Austausch-Tipp Anstelle der Lavendelblüten können Sie auch frischen Rosmarin oder 1 Stück Zitronengras mitkochen. Vor dem Einfüllen der Konfitüre Kräuter oder Zitronengras entfernen.

Variante Konfitüre mit Trockenaprikosen
Dafür 100 g getrocknete Aprikosen klein würfeln. 1 kg frische Aprikosen waschen, entsteinen und würfeln. Beides mit 1 kg Gelierzucker 1 : 1 in einen Topf geben und vermischen. Zugedeckt 12 Std. stehen lassen. Mischung unter Rühren zum Kochen bringen und 4 Min. sprudelnd kochen lassen. 1 EL Aprikosenlikör nach Belieben unterrühren. Konfitüre in heiß ausgespülte Gläser füllen.

KONFITÜREN UND CHUTNEYS **95**

Drei-Frucht-Konfitüre

Frühstücksfreuden
30 Min. + 2 Std. Ruhen
pro Glas ca. 1110 kcal
3 g Eiweiß · 2 g Fett · 265 g Kohlenhydrate

ZUTATEN FÜR
4 GLÄSER
(à 250 ML)

400 g Himbeeren
400 g Heidelbeeren
400 g Brombeeren
2 EL Himbeersirup
1/2 Vanilleschote
1 kg Gelierzucker 1 : 1

ZUBEREITUNG

1. Die Himbeeren, Heidelbeeren und Brombeeren verlesen und kurz waschen. Die Beeren mit Himbeersirup und Vanilleschote in einen Topf geben, mit dem Gelierzucker vermischen und zugedeckt 2 Std. ziehen lassen.

2. Die Fruchtmischung unter Rühren aufkochen und 4 Min. sprudelnd kochen lassen. Die Gelierprobe machen: Mit einem Teelöffel etwas Konfitüre auf einen Teller tropfen; wird die Konfitüre noch nicht fest, noch 1–2 Min. weiterkochen lassen.

3. Die Vanilleschote entfernen, die Konfitüre in heiß ausgespülte Gläser füllen und diese sofort verschließen. Konfitüre kühl aufbewahren.

Austausch-Tipp Statt Brombeeren können Sie auch 400 g Rote Johannisbeeren oder 400 g Süßkirschen nehmen.

Konfitüre kalt gerührt

500 g Beeren, z. B. Himbeeren oder Erdbeeren verlesen, wenn nötig kurz waschen. Beeren mit 250 g Gelierzucker 2 : 1, 1 EL Zitronensaft und 1 Päckchen Vanillezucker vermischen. Alles etwa 15 Min. mit dem Pürierstab oder im Mixer auf niedriger Stufe durchmixen, bis sich der Zucker gelöst hat und die Konfitüre leicht dicklich wird. Die Konfitüre in heiß ausgespülte Gläser füllen und verschließen. Im Kühlschrank hält sie sich 2–3 Wochen.

Konfitüre für den Vorrat

Konfitüren sind mindestens 1 Jahr haltbar. Sie können aber mit der Zeit etwas Farbe und Aroma verlieren. Für einen fruchtig frischen Vorrat frieren Sie die Früchte ein und bereiten Konfitüre in kleineren Mengen öfters frisch zu. Zum Aufbewahren die Konfitüren am besten kühl, dunkel und trocken stellen. Geöffnete Gläser gehören in den Kühlschrank.

Nektarinen-Melonen-Chutney

raffiniert kombiniert
25 Min. + 25 Min. Kochen
pro Glas ca. 870 kcal
16 g Eiweiß · 26 g Fett · 143 g Kohlenhydrate

ZUTATEN FÜR
2 GLÄSER
(à 250 ML)

750 g frische
Nektarinen
1/2 Honig- oder
Netzmelone
2 Schalotten
1 grüne Chilischote
30 g kandierter Ingwer
150 g Rohrzucker
150 ml Weißweinessig
Salz
100 g Mandelstifte

ZUBEREITUNG

1. Die Nektarinen waschen und halbieren, den Stein entfernen. Die Nektarinenhälften klein würfeln. Die Melone achteln, die Schale und Kerne entfernen. Das Fruchtfleisch klein würfeln. Die Schalotten schälen und klein würfeln. Chilischote längs aufschneiden, Kerne und Trennwände entfernen, Chili waschen und in feine Streifen schneiden. Den Ingwer fein würfeln.

2. Den Zucker mit Essig, 50 ml Wasser und 1 kräftigen Prise Salz in einem Topf aufkochen. Die vorbereiteten Zutaten und die Mandelstifte dazugeben und bei mittlerer Hitze in 20–25 Min. sämig einkochen lassen. Ab und zu umrühren.

3. Das Chutney in heiß ausgespülte Gläser füllen. Abgekühlt im Kühlschrank aufbewahren.

Dazu passt's Räucherfisch wie Forelle oder Makrele oder kurzgebratenes Fleisch. Schmeckt auch sehr gut mit Quark als Brotaufstrich.

Stachelbeer-Mirabellen-Chutney

pikant-würzig
25 Min. + 25 Min. Kochen
pro Glas ca. 515 kcal
4 g Eiweiß · 1 g Fett · 117 g Kohlenhydrate

ZUTATEN FÜR
3 GLÄSER
(à 200 ML)

500 g Stachelbeeren
500 g Mirabellen
1 EL Ahornsirup
1 weiße Zwiebel
1 Bio-Apfel
200 ml Weißweinessig
150 g Zucker
1 Zimtstange
1/4 TL Currypulver
1/4 TL Chilipulver
100 g Rosinen
Salz · Pfeffer

ZUBEREITUNG

1. Die Stachelbeeren und Mirabellen waschen und halbieren, die Mirabellen entsteinen. Die Früchte mit dem Ahornsirup mischen. Die Zwiebel schälen und winzig klein würfeln. Den Apfel waschen und grob reiben.

2. Den Weißweinessig mit dem Zucker und 100 ml Wasser mischen. Die Zwiebelwürfel, die Zimtstange und die Gewürze dazugeben. Alles zum Kochen bringen und 2 Min. köcheln lassen. Die Fruchtmischung und die Rosinen dazugeben, alles gut vermischen und in 20–25 Min. dicklich einkochen lassen.

3. Das Chutney mit Salz und Pfeffer abschmecken, in heiß ausgespülte Gläser füllen und diese verschließen. Abgekühlt im Kühlschrank aufbewahren.

Draußen feiern!

Ob Gartenparty oder Picknick – der Sommer ist die richtige **Zeit zum Feiern.** Für kulinarische Überraschungen sorgen Nudelsalat und Hackbällchen, dazu ein würziger Dip und Muffins: Da stellt sich **gute Laune** ganz von selbst ein. Bitte zugreifen!

Hackbällchen mit Tomaten-Dip

Party- und Picknick-Hit
45 Min.
pro Portion ca. 610 kcal
30 g Eiweiß · 51 g Fett · 8 g Kohlenhydrate

ZUTATEN FÜR 4 PORTIONEN
1/2 Brötchen vom Vortag
1 kleine Zwiebel
1 Knoblauchzehe
4 getrocknete Tomaten (in Öl)
500 g Rinderhackfleisch
1 Ei · Salz · Pfeffer
125 ml Olivenöl · 2 reife Fleischtomaten
2 EL Ajvar (Paprikapaste)
1–2 TL Aceto balsamico
1/2 Bund Petersilie

ZUBEREITUNG

1. Das Brötchen in Wasser einweichen. Zwiebel und Knoblauchzehe schälen, beides sehr fein hacken. Die eingelegten Tomaten entfetten und fein würfeln.

2. Das Brötchen ausdrücken und mit Hackfleisch, Zwiebeln, Knoblauch, getrockneten Tomaten und Ei zu einer geschmeidigen Masse verkneten. Kräftig mit Salz und Pfeffer würzen.

3. Aus der Hackfleischmasse 16 tischtennisballgroße Bällchen formen. Das Olivenöl in einer Pfanne erhitzen und die Bällchen darin portionsweise in jeweils 8–10 Min. rundherum goldbraun braten. Fertige Bällchen auf Küchenpapier entfetten und abkühlen lassen.

4. Für den Dip die Fleischtomaten kurz in kochendes Wasser legen, dann kalt abschrecken, häuten, vierteln und entkernen. Tomaten pürieren und mit dem Ajvar verrühren. Das Püree mit Salz, Pfeffer und Essig abschmecken. Die Petersilie waschen und trocken schütteln, die Blätter abzupfen, fein hacken und unter den Dip rühren. Dip zu den Bällchen reichen.

Mehr draus machen Die Fleischbällchen in der doppelten oder dreifachen Menge zubereiten, auf ein gefettetes Backblech legen und im Ofen bei 200° (Umluft nicht empfehlenswert) 15 Min. braten.

Tuning-Tipp Für einen Frische-Kick die Hackbällchen zusätzlich mit 6 fein gehackten Stängeln Petersilie und 1/2 TL abgeriebener Bio-Zitronenschale würzen. Orientalisch wird's mit 1 EL fein gehackten Minzeblättern und je 1/2 TL gemahlenem Kreuzkümmel und Harissa (orientalische Würzpaste).

EINLADUNG ZU SOMMERFEST & PICKNICK 97

Nudelsalat mit Salami

ohne ihn geht's nicht
35 Min. + 30 Min. Kühlen
pro Portion ca. 480 kcal
13 g Eiweiß · 21 g Fett · 57 g Kohlenhydrate

ZUTATEN FÜR 4 PORTIONEN

150 g Hörnchen-
nudeln · Salz
2 Stangen
Staudensellerie
250 g Kirschtomaten
200 g Zucchini
1 kleine Dose Mais
(130 g Abtropf-
gewicht)
4 eingelegte Arti-
schockenherzen (Glas)
100 g Rucola
4 EL Weißweinessig
Pfeffer · Zucker
6 EL Olivenöl
evtl. 1 Knoblauchzehe
50 g Salami in hauch-
dünnen Scheiben

ZUBEREITUNG

1. Die Nudeln nach Packungsangabe in Salzwasser bissfest kochen. Abgießen und kalt abschrecken.

2. Den Sellerie putzen, waschen und in dünne Scheiben schneiden. Die Tomaten waschen und halbieren. Die Zucchini waschen, putzen und längs halbieren, die Hälften quer in dünne Scheiben schneiden. Den Mais abtropfen lassen. Die Artischocken ebenfalls abtropfen lassen und vierteln. Rucola waschen und putzen, grobe Stiele entfernen. Das Gemüse mit den Nudeln mischen.

3. Für das Dressing Essig, Salz, Pfeffer, Zucker und Öl verquirlen. Nach Belieben Knoblauch schälen und dazupressen. Sauce unter den Salat heben, 10 Min. durchziehen lassen. Salami in feine Streifen schneiden und untermischen. Nochmals abschmecken.

Pizza-Muffins

Kinderliebling
30 Min. + 30 Min. Backen
pro Stück ca. 185 kcal
9 g Eiweiß · 10 g Fett · 14 g Kohlenhydrate

ZUTATEN FÜR 12 STÜCK

200 g Magerquark
5 EL Milch · 2 Eier
80 ml Olivenöl
(+ Öl für das Blech)
200 g Mehl
2 TL Backpulver
50 g frisch geriebener
Parmesan
100 g gekochter
Schinken
1 rote Spitzpaprika
Salz · Pfeffer
2 TL getrockneter
Oregano
evtl. 12 Kirschtomaten

Und:
1 Muffinform

ZUBEREITUNG

1. Quark mit Milch, Eiern und Olivenöl verrühren. Mehl und Backpulver mischen, sieben und mit dem Parmesan unter den Teig rühren. Den Schinken fein würfeln. Paprika waschen, putzen und ebenfalls klein würfeln. Beides unter den Teig heben. Mit Salz, Pfeffer und Oregano würzen.

2. Den Backofen auf 180° (Umluft 160°) vorheizen. Die Mulden der Muffinform mit Olivenöl einfetten. Den Teig hineinfüllen und im Backofen (2. Schiene von unten) 25–30 Min. backen.

3. Inzwischen nach Belieben die Tomaten waschen und quer halbieren, nach 10 Min. Backzeit je zwei Tomatenhälften mit der Schnittfläche nach oben leicht in den Teig drücken.

4. Die Muffins fertig backen, dann 10 Min. ruhen lassen, aus der Form lösen und abkühlen lassen.

Dufte Ideen fürs Buffet und die Tafel

→ **Aufgeblühte Trinkhalme** Ein Begrüßungscocktail mit Trinkhalm-Sträußchen macht Laune: Kleine Blüten, z. B. Röschen, Nelken, Mädchenauge und Blätter von Zitronenmelisse, mit Nähseide zusammen-, und dann mithilfe des Fadens im oberen Drittel an den Trinkhalm binden.

→ **Blumiger Sektkühler** Ein echter Hingucker auf dem Büfett: eine Flasche in den Sektkühler stellen, mit gestoßenem Eis, Zitronenmelisse- und Rosenblättern auffüllen.

→ **Kerzen-Schale** In einer Glasschale Kerzen, Blüten dicht an dicht und grüne Blätter schwimmen lassen.

Prickelnde Rosenbowle für Erwachsene

Für 8 Portionen 9–10 ungespritzte, duftende Rosenblüten pflücken, die Blütenblätter abzupfen, verlesen, waschen und abtropfen lassen. Die Rosenblätter in ein Bowlengefäß geben, 125 g feinen Zucker darüberstreuen. 40 ml Brandy (ersatzweise Weinbrand) hinzufügen und mit 1 Flasche leichtem Rotwein (0,75 l) auffüllen. Zugedeckt 2–3 Std. kalt stellen. Dann die Mischung durch ein Sieb gießen. Wenn die Gäste da sind, 1 Flasche lieblichen Weißwein (0,75 l) und 1 Flasche Sekt (0,75 l) dazugießen. Tipp: Sehr dekorativ ist es, wenn Sie noch einige frische Rosenblätter (ebenfalls ungespritzt) in der Bowle schwimmen lassen – wie bei den alten Römern.

Blumen-Deko Aus alten Schraubdeckeln wird ein hübscher Tischschmuck: Mit Vogelsand (aus der Drogerie) füllen, ein mit Wasser und Blütenstielen befülltes Schnapsglas reinstellen. Kleine Muscheln drumherum streuen.

Eisblüten So bleiben Getränke kühl: Kleine bunte Blüten, z. B. Gänseblümchen, Wicken, Borretsch und Malven in Eiswürfelbehälter geben, Wasser einfüllen. Im Gefriergerät zu dekorativen Portionswürfeln einfrieren.

Kapuzinerkressesalat Für 4 Portionen in einer Schüssel 2 EL Weinessig, 1 EL Aceto balsamico, Salz, Pfeffer und 8 EL Rapsöl zu einer Vinaigrette rühren. 200 g Kapuzinerkresse verlesen: Kleine Triebe, Blätter und Blüten von den Stielen zupfen und vorsichtig waschen. In der Vinaigrette wenden und mit 200 g Krebsfleisch oder Garnelen (Kühlregal) auf Tellern dekorativ anrichten.

Blumige Rohkostplatte Für 4 Portionen auf einer Platte folgende Zutaten in Blumenform arrangieren: 6–8 Kopfsalatblätter, darauf dünne Scheiben von 1/2 Rettich (ca. 200 g), dann von 1/2 Bio-Salatgurke überlappend im Kreis legen. 3–4 Tomaten in Achtel schneiden und dazulegen. 1/2 orange Paprikaschote und 1 Möhre in feine Streifen schneiden, in der Mitte anrichten. 1/4 Blumenkohl in Röschen teilen, diese in dünne Scheiben schneiden, evtl. mit 1/2 Kästchen Kresse dazu arrangieren. Für das helle Dressing 150 g Joghurt, 2 EL Sahne, 1 TL Senf, 2 EL milden Weißweinessig und 1 EL Rapsöl verrühren, salzen, pfeffern. Für die Vinaigrette 2 EL Aceto balsamico, 2 EL Wasser, Salz, Pfeffer mit 2 EL Olivenöl und 1 EL Kürbiskernöl verquirlen. Die Dressings extra reichen.

Möhrenblümchen-Butter Für 4 Portionen 1 kleine Möhre (ca. 60 g) schälen und halbieren. Eine Hälfte fein reiben, mit 125 g weicher Butter, 2 TL gehacktem Thymian, 1/4 TL Salz, Pfeffer und etwas Zitronenschale geschmeidig rühren. Butter auf Frischhaltefolie streichen, mit einer zweiten Schicht Folie abdecken, etwa 1/2 cm dünn ausrollen und 2 Std. kalt stellen. Aus der restlichen Möhre mit einem Kartoffelschälmesser rundherum 4–5 mal keilförmig feine Streifen der Länge nach herausschneiden. Möhre in dünne Scheiben schneiden. Von der Butter obere Folienschicht entfernen, mit Ausstechern Blumen ausstechen, stapeln. Mit je einem Möhrenblümchen belegen und einem Tupfer Tomatenmark verzieren. Passt zu Gegrilltem, Kartoffeln und Baguette.

Ausgebackene Rosen Für 4 Portionen 150 g Mehl, 2 Eier, 1 Prise Salz und 125 ml Mineralwasser glatt rühren, den Teig 10 Min. quellen lassen. 20 kleine ungespritzte Rosen mit Stiel und Blättern vorsichtig waschen, abtropfen lassen. Stiele auf 10 cm kürzen. 1 l Ausbackfett in einem hohen Topf oder in der Fritteuse auf 160–170° erhitzen. Einige Rosen zum Garnieren beiseitelegen, die übrigen in den Teig tauchen, abstreifen und ins heiße Fett tauchen, bis sie goldgelb gebacken sind. Auf Küchenpapier entfetten. Mit Rosenblättern und -blüten anrichten. Mit Puderzucker bestäubt warm servieren.

Herbst

Pralles Vergnügen! Jetzt wird's noch mal richtig bunt: sonnengelbe Kürbisse von mini bis Muskat, erntefrischer Wirsing und scharf-aromatischer Lauch. **Pilzsucher werden fündig:** Auf dem Markt zeigen sich Pfifferlinge, Maronen und Steinpilze. Auch das Früchteparadies hat noch geöffnet: knackige Äpfel, saftige Birnen und süße Zwetschgen – frisch gepflückt vom Baum. Dazu Trauben, Quitten und Kastanien. **Eine Traumzeit für Feinschmecker!**

DIE HIGHLIGHTS IM HERBST

Äpfel

Paradiesische Vielfalt für Apfelkuchen und Kompott! Und auch als Partner für Lauch oder Meerrettich eignen sich Jonathan & Co. Wer süße Äpfel mag, wählt Gala, Fuji, Cox Orange oder Red Delicious. Süßsäuerlich schmecken Jonagold, Morgenduft und Granny Smith. Zum Gleich-Reinbeißen am besten Bio-Früchte kaufen und mit Schale genießen. Denn darunter sitzen die meisten Vitamine, vor allem reichlich Vitamin C. Boskop und Berlepsch haben davon am meisten zu bieten. Darüber hinaus enthalten Äpfel reichlich Pektine. Sie sorgen dafür, dass Konfitüre gut geliert. Sie tun aber auch bei Darmproblemen gut und helfen unserem Körper, Schadstoffe loszuwerden.

Kürbis

Nicht nur zu Halloween ein Hit! Die dicken Verwandten der Zucchini zählen offiziell zu den Beerenfrüchten. Das meiste Aroma liefern Muskat-, Hokkaido und Butternut-Kürbis. Einfach der Größte ist der gelbe Zentner. Er kann bis zu 50 kg auf die Waage bringen, hat jedoch wenig Eigengeschmack. Praktisch: Die Schale des aromatischen Hokkaido ist weich und darf mitgegessen werden. Kürbis-Fruchtfleisch verträgt starke Gewürze und lässt viel mit sich machen: dünsten, grillen, braten, frittieren oder backen. Die dicken Brummer enthalten wenig Kalorien, aber viele Vitamine und Vitalstoffe.

Lauch

Natürlich gibt's ihn das ganze Jahr. Doch jetzt stammt er vom heimischen Freiland, ist kurz und kräftig und strotzt vor Aroma. Und er ist besonders preiswert. Bereits die alten Ägypter, Römer und Griechen ließen sich die aromatischen Stangen schmecken. Für den typischen Geschmack sind schwefelhaltige ätherische Öle verantwortlich. Dabei liefern die schlanken Mitglieder der Zwiebelfamilie reichlich Provitamin A, Vitamin B6 und C sowie Folsäure, aber kaum Kalorien, Eiweiß oder Fett.

Quitten

Sonnengelb leuchten sie uns am Gemüsestand entgegen. Auch ihr verführerischer Duft nach Zitrone und Apfel lädt zum Einkauf ein. Greifen Sie zu! Roh sind Quitten zwar ungenießbar, doch gekocht bieten sie Aroma pur. Die kleineren Apfelquitten bergen besonders geschmacksintensives, aber auch härteres Fruchtfleisch. Birnenquitten sind milder im Geschmack, dafür saftiger und »pflegeleichter«. Die Vitamin-C-, mineral- und gerbstoffreichen Früchte gibt's häufig im türkischen Feinkostgeschäft.

Steinpilze

Nun sprießen sie wieder in Nadel- und Buchenwäldern. Und begeistern Feinschmecker mit ihrem starken Geschmack und dem intensiven Duft. Die edlen Pilze brauchen kein kompliziertes Rezept. Sie schmecken frisch am besten in Butter sanft gebraten und dezent mit Knoblauch, Pfeffer und Salz gewürzt. Steinpilze liefern hochwertiges Eiweiß. Leider sind sie auch im Herbst recht teuer. Mischen Sie sie mit Egerlingen oder anderen Pilzen. Zum Glück lassen sie sich wunderbar trocknen. So können wir rund ums Jahr ihr Aroma genießen.

Wirsing

Jetzt schmeckt der Krauskopf besonders gut. Traditionell verpasst er Eintöpfen Aroma. Doch ebenso gut eignet sich Wirsing als feine Beilage zu Fisch und Fleisch. Der fein-aromatische Vertreter der Kohlfamilie hat jede Menge Nährstoffe zu bieten: Vitamin C, E und K, Folsäure, Kalium, Kalzium und Eisen. Sie stecken vor allem in den äußeren Blättern, die jetzt im Herbst kräftig grün gefärbt sind.

Weitere Produkthits

→ **Pfifferlinge** Sie baden gern in sahnigen Saucen. Keine Angst vor Küchenstress! Bestäuben Sie die Pilze vor dem Waschen mit Mehl. Das bindet den Schmutz auch zwischen den Lamellen. So lassen sich die Pfifferlinge unkompliziert säubern, s. Seite 110.

→ **Kartoffeln** Erntefrisch dürfen Sie Bio-Knollen jetzt auch mit Schale essen.

→ **Pastinaken** Schon unsere Urgroßmütter kochten die hellen Wurzeln, die Petersilienwurzeln zum Verwechseln ähnlich sehen. Mit ihrem milden, leicht süßlichen Geschmack sind sie gedünstet ideal für Babys und Kleinkinder und als Rösti oder auf der Quiche auch für Gemüsemuffel akzeptabel.

Jetzt außerdem gut und günstig

→ **Gemüse** Artischocken, Auberginen, Avocados, Batavia-Salat, Blumenkohl, Bohnen, Chinakohl, Endiviensalat, Fenchel, Esskastanien, Lollo rosso, Romanasalat, Rosenkohl, Rote Bete, Rotkohl, Staudensellerie, Topinambur, Weißkohl, Zuckermais, weiße und rote Zwiebeln

→ **Obst** Birnen, Datteln, Granatäpfel, Grapefruits, Kiwis, Mangos, Melonen, Orangen, Pflaumen, Tafeltrauben, Zwetschgen

PRODUKTHITS IM HERBST 103

Kürbissuppe mit Orangen-Gremolata

geballtes Aroma
1 Std.
pro Portion ca. 210 kcal
3 g Eiweiß · 14 g Fett · 15 g Kohlenhydrate

ZUTATEN FÜR 4 PORTIONEN

1 kg Kürbis
2 Zwiebeln
1 Stück Ingwer (ca. 30 g)
2 EL Butter
600 ml Gemüsebrühe
1 rote Peperoni
1/2 Bund Petersilie
abgeriebene Schale und Saft von 1 Bio-Orange
125 g Sahne
Salz · Pfeffer

ZUBEREITUNG

1. Den Kürbis in Stücke schneiden, putzen, schälen und würfeln. Zwiebeln und Ingwer schälen, die Zwiebeln würfeln, den Ingwer hacken. Die Butter in einem Topf erhitzen und die Zwiebeln darin glasig dünsten. Kürbiswürfel und Ingwer dazugeben und kurz andünsten. Die Brühe angießen, aufkochen und alles zugedeckt bei schwacher Hitze 20 Min. garen.

2. Inzwischen die Peperoni halbieren, entkernen und in feine Würfel schneiden. Die Petersilie waschen und trocken schütteln, die Blätter abzupfen und hacken. Beides mit der Orangenschale zu einer Gremolata vermischen.

3. Orangensaft und Sahne in die Kürbissuppe rühren, diese aufkochen und fein pürieren. Die Suppe durch ein Sieb passieren und mit Salz und Pfeffer abschmecken. Mit der Gremolata bestreuen.

Fenchelcremesuppe mit Zander

fein für Gäste
50 Min.
pro Portion ca. 320 kcal
19 g Eiweiß · 22 g Fett · 9 g Kohlenhydrate

ZUTATEN FÜR 4 PORTIONEN

1 Zwiebel
500 g Fenchel
1 mehligkochende Kartoffel (ca. 100 g)
2 EL Olivenöl
1 TL Fenchelsamen
evtl. 1 Döschen Safranpulver (0,1 g)
900 ml Gemüsebrühe
Salz · Pfeffer
300 g Zanderfilet ohne Haut (ersatzweise Forellenfilet)
200 g Sahne

ZUBEREITUNG

1. Die Zwiebel schälen und fein würfeln. Den Fenchel putzen und in Würfel schneiden, das Grün beiseitelegen. Die Kartoffel schälen und fein würfeln.

2. Das Olivenöl in einem Topf erhitzen, Zwiebel-, Fenchel- und Kartoffelwürfel sowie die Fenchelsamen darin 2–3 Min. andünsten. Den Safran nach Belieben hinzufügen und die Brühe dazugießen. Die Suppe aufkochen und offen bei mittlerer Hitze 20 Min. garen, dann mit Salz und Pfeffer abschmecken.

3. Inzwischen das Fischfilet waschen, trocken tupfen und in mundgerechte Stücke schneiden, salzen und pfeffern.

4. Die Suppe mit dem Pürierstab sehr fein pürieren. Die Sahne einrühren, den Fisch zur Suppe geben und weitere 3–4 Min. mitgaren. Die Suppe auf vorgewärmte Teller geben und mit gehacktem Fenchelgrün anrichten.

FÜR SUPPENFANS 105

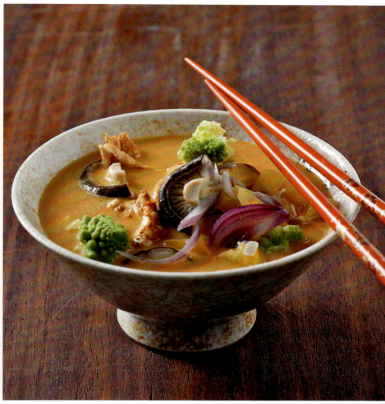

Maiscremesuppe

Kinderliebling
1 Std.
pro Portion ca. 515 kcal
11 g Eiweiß · 26 g Fett · 55 g Kohlenhydrate

ZUTATEN FÜR
4 PORTIONEN

Salz · 4 Maiskolben
(à ca. 200 g; vakuum-
verpackt)
1 große Zwiebel
2 EL Butter
2 EL Mehl
400 ml Milch
150 g Crème fraîche
1 rote Paprikaschote
Pfeffer
rosenscharfes
Paprikapulver
1 Kästchen Kresse

ZUBEREITUNG

1. 1 l Salzwasser aufkochen, die Maiskolben darin 5 Min. garen, dann herausheben (Wasser aufheben!) und abschrecken. Die Körner von den Kolben schneiden. 125 g davon beiseitelegen. Die Zwiebel schälen und fein würfeln.

2. Die Butter erhitzen und die Zwiebelwürfel und Maiskörner darin 3 Min. andünsten. Das Mehl darüberstäuben und anschwitzen. Mit 600 ml Maiskochwasser und der Milch auffüllen, 10 Min. bei mittlerer Hitze kochen. Die Suppe glatt pürieren und durch ein Sieb passieren.

3. Die Suppe mit der Crème fraîche erneut aufkochen. Die Paprikaschote waschen, putzen, klein würfeln und mit dem restlichen Mais hinzufügen. Alles 10 Min. kochen lassen, mit Salz, Pfeffer und Paprika abschmecken. Die Kresse vom Beet schneiden und obendrauf streuen.

Thai-Gemüsesuppe mit Pute

eine scharfe Angelegenheit
1 Std.
pro Portion ca. 195 kcal
23 g Eiweiß · 7 g Fett · 9 g Kohlenhydrate

ZUTATEN FÜR
4 PORTIONEN

400 g Steckrüben
300 g Romanesco
oder Blumenkohl
200 g Shiitake-Pilze
(ersatzweise
Egerlinge)
2 rote Zwiebeln
1 walnussgroßes
Stück Ingwer
2 EL Öl
800 ml Gemüsebrühe
300 g Putenbrustfilet
3–4 TL rote Thai-
Currypaste
200 ml ungesüßte
Kokosmilch (Dose)
Salz
evtl. 4–5 Stiele
Koriandergrün

ZUBEREITUNG

1. Die Steckrüben schälen und in Würfel schneiden. Den Romanesco oder Blumenkohl waschen, putzen und in kleine Röschen teilen. Die Shiitake-Pilze abreiben, die Stiele nach Belieben entfernen, die Hüte halbieren. Die Zwiebeln schälen, halbieren und in Scheiben schneiden. Den Ingwer schälen und fein würfeln.

2. Das Öl in einem Topf erhitzen, Zwiebeln und Ingwer darin 2–3 Min. dünsten. Das übrige Gemüse dazugeben, die Brühe angießen, aufkochen und zugedeckt bei schwacher Hitze 20 Min. kochen.

3. Inzwischen das Fleisch waschen, trocken tupfen, in Streifen schneiden und mit der Currypaste vermischen. Die Kokosmilch in die Suppe rühren und das Fleisch hinzufügen, aufkochen und 5 Min. bei schwacher Hitze garen. Mit Salz abschmecken. Nach Belieben Koriandergrün waschen, Blätter abzupfen und aufstreuen.

Pichelsteiner Eintopf

herzhaft und unkompliziert
30 Min. + 1 1/2 Std. Garen
pro Portion ca. 540 kcal
44 g Eiweiß · 28 g Fett · 27 g Kohlenhydrate

ZUTATEN FÜR 4 PORTIONEN

400 g Schweinenacken
400 g Rinderschulter
600 g große festkochende Kartoffeln
600 g Möhren
1/2 Kopf Wirsing (ca. 500 g)
2 Zwiebeln
2 EL Butterschmalz
Salz · Pfeffer
1 1/2 TL getrockneter Majoran
750 ml heiße Gemüsebrühe
evtl. 1 Bund Petersilie

ZUBEREITUNG

1. Das Fleisch trocken tupfen und in ca. 2 cm große Würfel schneiden. Die Kartoffeln und Möhren schälen, waschen und in dünne Scheiben schneiden. Den Wirsing putzen, waschen, vom harten Strunk befreien und in feine Streifen schneiden. Die Zwiebeln schälen und in kleine Würfel schneiden.

2. Das Butterschmalz in einem großen ofenfesten Topf erhitzen. Das Fleisch darin 4–5 Min. scharf anbraten, die Zwiebelwürfel dazugeben und kurz mitbraten. Alles mit Salz und Pfeffer kräftig würzen.

3. Den Backofen auf 180° (Umluft nicht empfehlenswert) vorheizen. Etwa zwei Drittel vom Fleisch aus dem Topf nehmen und das restliche Fleisch gleichmäßig auf dem Topfboden verteilen. Kartoffeln, Möhren, Wirsing und die übrige Fleischmischung nacheinander daraufschichten, dabei jede Schicht leicht mit Salz, Pfeffer und Majoran würzen. Mit Kartoffeln abschließen. Die Brühe seitlich angießen.

4. Den Eintopf zugedeckt im vorgeheizten Backofen (2. Schiene von unten) 1 1/2 Std. garen. Nicht umrühren!

5. Nach Belieben die Petersilie waschen und trocken schütteln, die Blätter fein hacken und vor dem Servieren auf den Eintopf streuen.

Tuning-Tipp Mit Petersilienwurzel, Knollensellerie und Lauch ergänzt, schmeckt der Eintopf noch aromatischer. Wer mag, fügt noch 1 TL Kümmel hinzu.

Austausch-Tipp Für den deftigen Eintopf können Sie auch dreierlei Fleischsorten mischen, z. B. Schweinenacken, Rinder- und Lammschulter. Nehmen Sie jeweils 250–300 g.

Würziger Herbstwirsing

Späte Sorten, die ab September auf den Markt kommen, bilden fest geschlossene Köpfe mit festen Blättern und haben ein intensiveres Kohlaroma als der zarte Frühwirsing, den man sogar roh als Salat essen kann.

Wirsing-Variationen

Mit Wirsing lässt sich vielerlei anstellen: als Gemüse schmeckt er solo zu feinem Fisch und Wild ebenso wie zu deftigem Kasseler oder Bratwurst. Man kann ihn mit Sahne servieren (s. Seite 165) oder mit Äpfeln, Pilzen und Tomaten kombinieren. Er begegnet uns in Eintöpfen (siehe rechts) und Suppen, ganze Blätter als Roulade (s. Seite 130) oder Wirsingstreifen im Wok. Er harmoniert mit Senf und Kümmel, Ingwer und Curry.

DEFTIGES AUS DEM TOPF 107

Paprika-Graupen-Eintopf

italienisch angehaucht
50 Min.
pro Portion ca. 390 kcal
11 g Eiweiß · 24 g Fett · 26 g Kohlenhydrate

ZUTATEN FÜR 4 PORTIONEN

100 g durchwachsener Speck
1 Zwiebel
2 Knoblauchzehen
50 g getrocknete Tomaten (in Öl)
1 EL Olivenöl
125 g Perlgraupen
1,5 l Gemüsebrühe
je 1 rote, gelbe und grüne Paprikaschote
Salz · Pfeffer
1 Bund Petersilie
4 EL frisch gehobelter Parmesan

ZUBEREITUNG

1. Den Speck klein würfeln. Zwiebel und Knoblauch schälen und klein würfeln. Die Tomaten grob schneiden.

2. Das Öl in einem Topf erhitzen und den Speck darin in 2–3 Min. goldbraun anbraten. Zwiebel, Knoblauch und Tomaten dazugeben und 2–3 Min. mitbraten. Graupen und Brühe zufügen, zugedeckt bei mittlerer Hitze 20 Min. kochen.

3. Inzwischen die Paprikaschoten waschen, putzen und in 1 cm große Würfel schneiden. In den Eintopf geben und 10 Min. mitkochen. Zuletzt mit Salz und Pfeffer abschmecken.

4. Die Petersilie waschen und trocken schütteln, die Blätter abzupfen und klein schneiden. Mit dem Parmesan auf den Eintopf streuen.

Linseneintopf mit Tofu

vegetarisch
1 Std.
pro Portion ca. 310 kcal
24 g Eiweiß · 6 g Fett · 37 g Kohlenhydrate

ZUTATEN FÜR 4 PORTIONEN

2 Zwiebeln
1 EL Butter
300 g Tellerlinsen
1,2 l Gemüsebrühe
250 g Möhren
150 g Knollensellerie
1 Lauchstange
200 g Räuchertofu (Reformhaus)
Salz · Pfeffer
3 EL Weißweinessig
1 Bund Schnittlauch

ZUBEREITUNG

1. Die Zwiebeln schälen, halbieren, in feine Streifen schneiden und in der Butter in einem Topf glasig dünsten. Die Linsen mit der Brühe zugeben, zugedeckt bei mittlerer Hitze 30–40 Min. kochen.

2. Inzwischen Möhren und Sellerie putzen und in ca. 1 cm große Würfel schneiden. In den Eintopf geben und alles weitere 10 Min. garen.

3. Den Lauch waschen, putzen und in feine Ringe schneiden. Den Tofu würfeln. Beides in den Eintopf geben und 5 Min. mitgaren. Den Eintopf mit Salz, Pfeffer und Essig abschmecken.

4. Schnittlauch waschen, trocken schütteln, fein schneiden und aufstreuen.

Tuning-Tipp Für Nicht-Vegetarier statt Tofu 200 g Kabanossi in Scheiben schneiden, 10 Min. im Eintopf ziehen lassen.

Herbstlicher Blattsalat mit Feigen

für Genießer
30 Min.

pro Portion ca. 265 kcal
3 g Eiweiß · 26 g Fett · 6 g Kohlenhydrate

ZUTATEN FÜR 4 PORTIONEN

100 g Feldsalat
1/2 Eichblattsalat
1 kleiner Radicchio
50 g Walnusskerne
2 Feigen
1 kleine rote Zwiebel
4 Kräuterseitlinge (ersatzweise Austernpilze)
5 EL Olivenöl
Salz · Pfeffer
3 EL Aceto balsamico
2 EL Walnussöl

ZUBEREITUNG

1. Den Feld- und den Eichblattsalat gründlich waschen, trocken schleudern, putzen und zerpflücken. Den Radicchio waschen, den Strunk entfernen, die Blätter einzeln ablösen und in feine Streifen schneiden. Alles zusammenmischen.

2. Die Walnüsse grob hacken und in einer Pfanne ohne Fett goldbraun rösten, vom Herd nehmen und abkühlen lassen. Die Feigen waschen und vierteln. Die Zwiebel schälen und fein würfeln.

3. Die Kräuterseitlinge putzen, abreiben und in Scheiben schneiden. In einer Pfanne 1 EL Olivenöl erhitzen und die Pilze darin bei starker Hitze 1–2 Min. anbraten. Mit Salz und Pfeffer würzen und kurz warm stellen.

4. Für das Dressing den Essig mit Salz und Pfeffer gründlich verquirlen, das restliche Olivenöl und das Walnussöl unterschlagen. Die Blattsalate darin wenden und gut vermischen. Auf vier Tellern anrichten und die Feigen, Zwiebeln, Walnüsse und Kräuterseitlinge darauf verteilen.

Speed-Tipp Wer es eilig hat, nimmt statt der einzelnen Blattsalate eine fertige Salatmischung aus dem Kühlregal.

HERBSTSALATE: FRUCHTIG, FRISCH & FEIN 109

Spitzkohl-Orangen-Salat

Vitamin-Doping
30 Min. + 30 Min. Ruhen
pro Portion ca. 120 kcal
5 g Eiweiß · 7 g Fett · 9 g Kohlenhydrate

ZUTATEN FÜR 4 PORTIONEN

600 g Spitzkohl (ersatzweise zarter Weißkohl)
Salz · 1 Orange
1 Möhre (ca. 100 g)
3 Frühlingszwiebeln
150 g Naturjoghurt
2 EL Mayonnaise
Pfeffer
1–2 EL Meerrettich (Glas)
1/2 Bund Petersilie

ZUBEREITUNG

1. Den Kohl waschen, putzen und längs in Spalten, dann quer in feine Streifen schneiden. Mit 1 TL Salz bestreuen und 5 Min. durchkneten. Die Orange samt der weißen Haut schälen, Die Filets zwischen den Trennwänden herausschneiden, den Saft dabei auffangen.

2. Die Möhre schälen und in feine Stifte schneiden. Die Frühlingszwiebeln waschen, putzen und in feine Ringe schneiden. Möhre, Orange und Zwiebeln unter den Kohl mischen.

3. Für das Dressing Joghurt mit Mayonnaise, Salz, Pfeffer, 4 EL Orangensaft und Meerrettich verrühren.

4. Die Sauce mit dem Salat mischen. Die Petersilie waschen und trocken schütteln, die Blätter abzupfen, hacken und unterheben. 30 Min. ziehen lassen.

Kohl und Feldsalat: frisch und knackig auf den Tisch

Vielen liegt die Familie Kohl schwer im Magen, wenn es um den Genuss von leichten Salaten und Rohkost geht. Darum sollten Sie Weiß-, Spitz- oder Rotkohl zuvor in möglichst feine Streifen schneiden, mit etwas Salz mischen und kurz kneten. Oder 2–3 Min. in Salzwasser kochen oder mit einer heißen Essigbrühe übergießen. Dadurch wird die feste Zellstruktur der Blätter aufgeschlossen und der Kohl besser verdaulich. Am besten kriegen Sie den Kohl mit einem großen, schweren Messer klein. Oder Sie schneiden die Kohlstücke auf einem Gemüsehobel feinstreifig.

Feldsalat, der auch Mausöhrchen, Vogerlsalat, Schafmaul, Rapunzel oder Nüsslisalat heißt, hat seine beste Zeit von Oktober bis Dezember – bevor der Frost kommt und weniger aromatische, großblättrige Treibhausware das Angebot bestimmt. Sein nussiges Aroma kommt bei kleinen, geschlossenen Stauden am besten zur Geltung. Er harmoniert in Salaten gut mit Pilzen, Zwiebeln und Früchten (s. Seite 108), mit geröstetem Speck oder Kartoffeln (s. Seite 150). Er hält sich im Gemüsefach des Kühlschranks nur 2–3 Tage und muss mehrmals gründlich gewaschen werden, da er sehr sandig sein kann.

Birnen-Bohnen-Speck-Salat

norddeutsch angehaucht
30 Min.
pro Portion ca. 445 kcal
13 g Eiweiß · 30 g Fett · 31 g Kohlenhydrate

ZUTATEN FÜR 4 PORTIONEN

100 g durchwachsener Räucherspeck (in dünnen Scheiben)
Salz
3 Stängel Bohnenkraut (oder 1 TL getrocknetes Bohnenkraut)
300 g grüne TK-Bohnen
400 g weiße Bohnen (Dose)
1 Birne (ca. 250 g)
1/2 Bund Petersilie
4 EL Weißweinessig
Pfeffer · 5 EL Öl

ZUBEREITUNG

1. Den Speck in einer großen Pfanne ohne Fett kross ausbraten, herausnehmen und auf Küchenpapier entfetten. In einem Topf Salzwasser mit dem Bohnenkraut aufkochen, die gefrorenen Bohnen darin 6 Min. garen, abgießen und abschrecken.

2. Inzwischen die weißen Bohnen abgießen, waschen und abtropfen lassen. Die Birne waschen, vierteln, entkernen und quer in Scheiben schneiden. Die Petersilie waschen und trocken schütteln, die Blätter abzupfen und hacken.

3. Essig, Salz, Pfeffer und Öl verrühren, Bohnen, Birne und Petersilie gut untermengen. Speckstreifen obendrauf geben. Den Salat 10 Min. durchziehen lassen.

Kartoffel-Egerling-Salat

herzhaft und würzig
40 Min.
pro Portion ca. 415 kcal
16 g Eiweiß · 26 g Fett · 29 g Kohlenhydrate

ZUTATEN FÜR 4 PORTIONEN

800 g festkochende Kartoffeln · Salz
150 g Egerlinge (braune Champignons)
1 Bund Suppengrün
2 Schalotten
4 EL Öl
125 g Frühstücksspeck
Pfeffer
3 EL Weißweinessig
8 EL Gemüsebrühe

ZUBEREITUNG

1. Die Kartoffeln waschen und in Salzwasser eben gar kochen. Inzwischen die Pilze putzen, abreiben und in dünne Scheiben schneiden. Das Suppengrün waschen, putzen und klein würfeln. Die Schalotten schälen und fein hacken.

2. Eine Pfanne mit 1 EL Öl erhitzen. Die Speckscheiben vierteln, im Öl knusprig auslassen und herausnehmen. Die Schalotten glasig dünsten, Egerlinge und Suppengrün dazugeben und 3–4 Min. mitdünsten, salzen, pfeffern.

3. Essig, Brühe, Salz und restliches Öl verrühren. Die Kartoffeln gut ausdampfen lassen, sofort pellen und in Scheiben schneiden. Mit der Pilzmischung in einer Schüssel vorsichtig vermengen, die Marinade darübergießen. Speck aufstreuen.

Pfifferlingragout mit Heidelbeeren

für Pilzfans
25 Min.
pro Portion ca. 225 kcal
5 g Eiweiß · 19 g Fett · 7 g Kohlenhydrate

ZUTATEN FÜR 4 PORTIONEN

600 g frische Pfifferlinge
1 gehäufter EL Mehl
3 Schalotten
1 EL Butterschmalz
200 g Sahne
200 ml Gemüsebrühe
1 Handvoll Heidelbeeren
1 EL frisch gehackte Petersilie
1–2 EL Zitronensaft
Salz · Pfeffer

ZUBEREITUNG

1. Die Pfifferlinge putzen, Stiele kürzen. Pilze mit Mehl bestäuben (bindet Schmutz), kurz in stehendem Wasser waschen, dann in einem Sieb waschen. Die Pilze mit Küchenpapier sehr gut trocken tupfen.

2. Schalotten schälen und in kleine Würfel schneiden. Das Butterschmalz in einer großen Pfanne erhitzen. Die Pfifferlinge kurz darin anbraten. Schalotten dazugeben und 5 Min. unter Rühren mitbraten.

3. Die Sahne und die Gemüsebrühe dazugießen und ca. 5 Min. bei mittlerer Hitze einkochen lassen. Die Heidelbeeren waschen und unterrühren. Alles mit Petersilie, Zitronensaft, Salz und Pfeffer abschmecken.

Das schmeckt dazu Das Pilzragout mit Semmelknödelchen (s. Kasten links) oder Schupfnudeln aus dem Kühlregal servieren.

Austauschtipp Das Ragout lässt sich auch mit anderen Pilzen zubereiten. Probieren Sie mal Egerlinge, Kräuterseitlinge oder – ganz edel – frische Steinpilze. Diese Pilze nicht mit Mehl bestäuben, sondern nur putzen, ganz kurz waschen, sorgfältig trocken tupfen und dann längs in Scheibchen schneiden.

Info Wer's deftiger mag, lässt die Heidelbeeren weg und brät mit den Schalotten noch 50 g Speckwürfelchen an.

Rundum lecker: Semmelknödelchen

Für 8–10 Stück 300 g Knödelbrot oder 6 fein geschnittene, altbackene Brötchen mit 250 ml heißer Milch übergießen und 20 Min. ziehen lassen. Inzwischen 1 Schalotte schälen, würfeln und mit 1 EL fein gehackter Petersilie 5 Min. in 1 EL Butter weich dünsten. Mit 2 Eiern (Größe L) unter die Brötchenmasse mischen. Masse mit Salz, Pfeffer und Muskatnuss kräftig würzen und zu 8–10 kleinen Kugeln formen. In einem großen Topf reichlich Salzwasser zum Kochen bringen. Die Knödelchen ins kochende Salzwasser geben. Temperatur sofort reduzieren und die Knödel bei schwacher Hitze 10–15 Min. ziehen lassen. Vorsichtige Köchinnen formen und kochen zunächst einen Probeknödel. Zerfällt er im Wasser, Semmelbrösel unter den übrigen Teig mengen.

VEGETARISCHE SCHMANKERL 111

Kürbisrisotto

kulinarischer Gruß aus Italien
45 Min.
pro Portion ca. 425 kcal
11 g Eiweiß · 13 g Fett · 64 g Kohlenhydrate

ZUTATEN FÜR 4 PORTIONEN

500 g Kürbis
1 große Zwiebel
800 ml Gemüsebrühe
2 EL Olivenöl
2 EL Butter
300 g Risottoreis
8–10 Zweige Thymian
Salz · Pfeffer
50 g frisch geriebener Parmesan

ZUBEREITUNG

1. Kürbis schälen, entkernen und auf der Rohkostreibe grob raspeln. Zwiebel schälen und fein würfeln.

2. Die Brühe in einem kleinen Topf aufkochen. In einem zweiten Topf das Öl und 1 EL Butter erhitzen und die Zwiebelwürfel darin glasig dünsten. Kürbis und Risottoreis zufügen und 2–3 Min. mitdünsten. 200 ml Brühe dazugießen. Den Risotto bei mittlerer Hitze 20–25 Min. garen, dabei nach und nach die restliche Brühe zugießen.

3. Inzwischen den Thymian waschen und trocken schütteln, die Blättchen abzupfen und hacken. 5 Min. vor Ende der Garzeit mit der restlichen Butter und der Hälfte des Parmesans unter den Risotto mischen. Mit Salz und Pfeffer abschmecken. Den restlichen Parmesan dazu reichen.

Lauchgratin mit Kartoffeln

preiswert
20 Min. + 40 Min. Backen
pro Portion ca. 480 kcal
18 g Eiweiß · 31 g Fett · 30 g Kohlenhydrate

ZUTATEN FÜR 4 PORTIONEN

2 EL Butter
800 g vorwiegend festkochende Kartoffeln
3 Lauchstangen
Salz · Cayennepfeffer
200 g Sahne
100 ml Milch
1 Knoblauchzehe
200 g Ziegenfrischkäse
1 rote Spitzpaprika

ZUBEREITUNG

1. Eine große ofenfeste Form buttern. Backofen auf 180° vorheizen. Die Kartoffeln schälen, in dünne Scheiben hobeln und in der Form verteilen. Den Lauch putzen, waschen, in Ringe schneiden und darüberschichten. Kartoffeln und Lauch mit Salz und 1 Prise Cayennepfeffer bestreuen.

2. Sahne und Milch in einem kleinen Topf aufkochen. Knoblauch schälen und dazupressen. Mit Salz und 1 Prise Cayennepfeffer würzen und über die Lauch-Kartoffel-Mischung gießen. Den Ziegenfrischkäse in kleinen Tupfen darüber verteilen.

3. Die Paprika waschen, putzen, in winzige Würfel schneiden und über den Ziegenfrischkäse streuen. Die restliche Butter in Flöckchen darauf verteilen. Das Gratin im vorgeheizten Backofen (Mitte, Umluft 160°) 35–40 Min. backen.

Rotkohl-Birnen-Gemüse

mit fruchtiger Note
1 Std.
pro Portion ca. 130 kcal
4 g Eiweiß · 3 g Fett · 20 g Kohlenhydrate

ZUTATEN FÜR 4 PORTIONEN

1 kg Rotkohl
2 rote Zwiebeln
1 EL Butterschmalz
Salz · Pfeffer
2–3 EL Wildpreiselbeeren (Glas)
2 Lorbeerblätter
2 Gewürznelken
400 ml Gemüsebrühe
2 Birnen
2 EL Rotweinessig

ZUBEREITUNG

1. Den Rotkohl putzen und vierteln, den Strunk herausschneiden. Die Viertel quer in feine Streifen schneiden. Die Zwiebeln schälen und klein würfeln.

2. Das Schmalz in einem breiten Topf erhitzen und die Zwiebeln darin glasig dünsten. Den Kohl dazugeben und 5 Min. mitdünsten. Salzen und pfeffern und die Preiselbeeren, Lorbeer und Nelken hinzufügen, die Brühe dazugießen. Alles zugedeckt bei mittlerer Hitze 20 Min. schmoren.

3. Inzwischen die Birnen vierteln, schälen, entkernen und quer in Stücke schneiden. Zum Kohl geben und 15 Min. mitgaren. Das Gemüse mit Essig, Salz und Pfeffer abschmecken.

Dazu passt's Gebratene Ente

Austauschtipp Statt der Birnen können Sie auch Äpfel nehmen. Oder zum Schluss die Filets von 2 Orangen unterheben.

Rahm-Rosenkohl

cremig und mild
35 Min.
pro Portion ca. 295 kcal
1 g Eiweiß · 23 g Fett · 11 g Kohlenhydrate

ZUTATEN FÜR 4 PORTIONEN

1 kg Rosenkohl
Salz · 1 Zwiebel
50 g Butter
150 ml Gemüsebrühe
150 g Sahne
2 TL heller Saucenbinder
Pfeffer
frisch geriebene Muskatnuss
evtl. 1 Kästchen Kresse

ZUBEREITUNG

1. Den Rosenkohl waschen und putzen, große Röschen halbieren, den Strunk kreuzweise einschneiden. In kochendem Salzwasser 12 Min. garen, dann abgießen und abtropfen lassen.

2. Die Zwiebel schälen und fein würfeln. die Butter zerlassen, Zwiebelwürfel darin glasig dünsten. Den Rosenkohl hinzufügen, Brühe und Sahne dazugießen und das Ganze bei mittlerer Hitze 3 Min. garen.

3. Den Saucenbinder einrühren und den Rosenkohl mit Salz, Pfeffer und Muskat abschmecken. Nach Belieben die Kresse abschneiden und aufstreuen.

Dazu passt's Schweinekotelett oder Rostbratwürstchen

Tuning-Tipp Verschärfen Sie das Gemüse mit 1 EL frisch geriebenem Meerrettich. Oder dünsten Sie mit der Zwiebel noch 1 EL fein gewürfelten Ingwer an.

GEMÜSEBEILAGEN – VON KRÄFTIG BIS MILD 113

Glasierte Herbstrübchen

glänzende Beilage
35 Min.
pro Portion ca. 125 kcal
2 g Eiweiß · 9 g Fett · 10 g Kohlenhydrate

ZUTATEN FÜR 4 PORTIONEN
500 g gelbe Herbstrübchen
250 g Möhren
40 g Butter
1 EL brauner Zucker
200 ml Gemüsebrühe
1 Bund Petersilie
Salz · Pfeffer

ZUBEREITUNG

1. Die Rüben putzen, schälen, waschen und in Spalten schneiden. Die Möhren schälen und längs vierteln, die Viertel in 3–4 cm große Stücke schneiden.

2. Die Butter in einem breiten Topf zerlassen. Den Zucker einrühren. Die Rüben und Möhren zufügen und bei mittlerer Hitze unter Wenden 4–5 Min. anbraten, bis sie glänzen. Die Brühe angießen und das Gemüse zugedeckt bei schwacher Hitze in 15 Min. weich dünsten.

3. Inzwischen die Petersilie waschen und trocken schütteln, die Blätter abzupfen und hacken. Das Gemüse mit Salz und Pfeffer abschmecken, die Petersilie vor dem Servieren aufstreuen.

Dazu passt's Schweine- oder Kasselerbraten (Rezepte S. 129).

Gebackene Kürbisspalten

orientalisch inspiriert
25 Min. + 25 Min. Backen
pro Portion ca. 210 kcal
3 g Eiweiß · 18 g Fett · 10 g Kohlenhydrate

ZUTATEN FÜR 4 PORTIONEN
1 Hokkaidokürbis (ca. 1 kg)
2 Knoblauchzehen
6 EL Olivenöl
Salz · Cayennepfeffer
1 TL gemahlener Kreuzkümmel
2 EL Sesamsamen
Und:
Backpapier

ZUBEREITUNG

1. Den Kürbis längs halbieren, die Fasern und Kerne herausschaben. Den Kürbis in breite Spalten schneiden, diese schälen und auf ein Backblech mit Backpapier legen.

2. Den Backofen auf 220° vorheizen. Knoblauch schälen und durchpressen. Knoblauch mit Öl, Salz, Cayennepfeffer und Kreuzkümmel verrühren. Die Kürbisspalten damit bestreichen und mit den Sesamsamen bestreuen. Im Backofen (Umluft 200°, 2. Schiene von unten) 20–25 Min. backen, nach 10–15 Min. wenden und wieder mit der Würzsauce bestreichen.

Dazu passt's Kurz gebratenes Fleisch, z. B. Lammkoteletts

Das schmeckt dazu Für einen Minze-Joghurt-Dip 300 g Sahnejoghurt mit 2 EL Zitronensaft, Salz und 1 EL gehackten Minzeblättern verrühren.

Kürbis-Flammkuchen

heiß, kross und saftig

40 Min. + 1 Std. Gehen + 2 x 14 Min. Backen
pro Portion ca. 625 kcal
23 g Eiweiß · 35 g Fett · 55 g Kohlenhydrate

ZUTATEN FÜR 4 PORTIONEN

250 g Mehl
1/2 Würfel Hefe (20 g)
100 ml Buttermilch
3 EL Olivenöl · Salz
1/2 Hokkaidokürbis (ca. 250 g)
4 Frühlingszwiebeln
125 g Mozzarella
200 g Frischkäse
100 g Schmant
Pfeffer
80 g luftgetrockneter Schinken (z. B. San-Daniele-Schinken) in dünnen Scheiben

Und:
Mehl zum Arbeiten
Backpapier

ZUBEREITUNG

1. Für den Hefeteig das Mehl in eine Schüssel geben und in die Mitte eine Mulde drücken. Die Hefe hineinbröckeln und mit 4 EL lauwarmem Wasser verrühren. Die Buttermilch, 2 EL Olivenöl und 1/2 TL Salz zufügen und alles zu einem glatten Teig verkneten. Diesen zu einer Kugel formen und zugedeckt an einem warmen Ort 1 Std. gehen lassen.

2. Den Kürbis waschen, in Spalten schneiden, entkernen und mitsamt der Schale in dünne Streifen hobeln. Frühlingszwiebeln waschen, putzen und schräg in Ringe schneiden. Den Mozzarella in Scheiben schneiden. Frischkäse und Schmant mit Salz und Pfeffer verrühren.

3. Den Backofen auf 250° (Umluft 220°) vorheizen. Den Teig auf der bemehlten Arbeitsfläche durchkneten, in zwei Portionen teilen und jeweils auf einem Bogen Backpapier zu dünnen Ovalen ausrollen.

4. Den Teig mit der Frischkäsemasse bestreichen. Kürbis, Frühlingszwiebeln und Mozzarella darauf verteilen. Salzen und pfeffern und mit 1 EL Öl beträufeln.

5. Die Flammkuchen nacheinander auf ein Blech ziehen und im heißen Backofen (unten) 12–14 Min. backen. Herausnehmen, sofort mit dem Schinken belegen und servieren.

Austausch-Tipp 2 rote Peperoni, klein gewürfelt, aufstreuen und den Schinken durch 200 g gewürfelten Feta (Schafkäse) ersetzen.

Hokkaidokürbis für den Kleinhaushalt

Der handliche, 500 g bis 1 1/2 kg schwere Japaner gehört zu den Favoriten in der Kürbiswelt: Er hat eine dünne Schale, die mitgegessen werden kann und ein mürbes, leuchtend orangefarbenes Fruchtfleisch, das besonders aromatisch ist: ob geschmort, gebacken auf Flammkuchen (Rezept rechts), gedünstet im Risotto (s. Seite 111) oder gekocht in der Suppe (s. Seite 104), zum Füllen (s. Seite 137) oder als Fülle (s. Seite 120).

So rücken Sie dem Kürbis zu Leibe

In Spalten schneiden, das weiche, faserige Innere und die Kerne mit einem Löffel herauskratzen. Segmente für Suppe und Püree in Würfel schneiden, für einen Flammkuchen oder Salat in feine Streifen hobeln – am besten mit einem Sparschäler.

FLAMMKUCHEN & PIZZA 115

Lauch-Apfel-Flammkuchen

herzhaft-fruchtig
30 Min. + 1 Std. Gehen
+ 2 x 14 Min. Backen
pro Portion ca. 650 kcal
15 g Eiweiß · 37 g Fett · 64 g Kohlenhydrate

ZUTATEN FÜR 4 PORTIONEN
250 g Mehl
1/2 Würfel Hefe (ca. 20 g)
100 ml Buttermilch
2 EL Olivenöl · Salz
1 Lauchstange (ca. 300 g)
1 große Zwiebel
2 kleine säuerliche Äpfel
300 g Schmant
Pfeffer
frisch geriebene Muskatnuss
80 g gehackte Walnusskerne

Und:
Mehl zum Arbeiten
Backpapier

ZUBEREITUNG

1. Einen Hefeteig nach dem Rezept auf S. 114 aus Mehl, Hefe, Buttermilch, Öl und Salz herstellen und gehen lassen. Inzwischen Lauch waschen, putzen und in sehr feine Ringe schneiden. Zwiebel schälen und würfeln. Äpfel waschen, vierteln, entkernen und in feine Spalten schneiden.

2. Den Schmant mit Salz, Pfeffer und Muskat verrühren, die Hälfte der Lauchringe untermischen. Den Backofen auf 250° (Umluft 220°) vorheizen. Den Teig durchkneten, in zwei Portionen teilen und diese jeweils auf einem bemehlten Bogen Backpapier zu dünnen Ovalen ausrollen. Mit Schmant bestreichen.

3. Die Teigfladen mit dem restlichen Lauch, Zwiebeln, Äpfeln und Nüssen belegen. Mit Salz und Pfeffer würzen. Nacheinander im Backofen (unten) 12–14 Min. backen.

Chorizo-Mais-Pizza

pikant-scharf
40 Min. + 1 Std. Ruhen + 20 Min. Backen
pro Stück ca. 355 kcal
16 g Eiweiß · 20 g Fett · 27 g Kohlenhydrate

ZUTATEN FÜR 8 STÜCKE
250 g Mehl
1/2 Würfel frische Hefe (ca. 20 g)
1/2 TL Salz
5 EL Olivenöl (+ Öl für das Backblech)
150 g Chorizo am Stück (ersatzweise Kabanossi)
1 rote Paprikaschote
1 Dose Mais (140 g Abtropfgewicht)
100 g eingelegte grüne Peperoni
150 g Manchego (ersatzweise Pecorino)
1 Dose scharfe Pizzasauce (400 g)

ZUBEREITUNG

1. Einen Hefeteig nach dem Rezept auf Seite 114 mit Mehl, Hefe, Salz und 125 ml lauwarmem Wasser statt mit Buttermilch und mit 4 EL Olivenöl zubereiten und gehen lassen.

2. Ein Backblech oder zwei runde Pizzableche einölen und mit dem Teig auskleiden. Den Backofen auf 220° (Umluft 200°) vorheizen. Die Chorizo in Scheiben schneiden. Die Paprikaschote waschen, putzen und fein würfeln. Mais und Peperoni getrennt abtropfen lassen. Den Manchego grob raspeln.

3. Die Pizzasauce auf den Teig streichen. Chorizo, Paprika und Mais darauf verteilen, mit dem Käse bestreuen und mit restlichem Olivenöl beträufeln. Im Backofen (unten) 15–20 Min. backen.

Das schmeckt dazu Ein grüner Blattsalat

Mangold-Tarte

vegetarisch | für Gäste
1 Std. + 35 Min. Backen

pro Stück ca. 505 kcal
12 g Eiweiß · 29 g Fett · 49 g Kohlenhydrate

ZUTATEN FÜR 4 PORTIONEN

Für den Teig:
400 g mehligkochende Kartoffeln · Salz
75 g Mascarpone
100 g Mehl · 60 g Hartweizengrieß · Pfeffer

Für den Belag:
500 g Mangold
1 Knoblauchzehe
2 EL Olivenöl · Salz
Pfeffer · 150 g kleine Strauchtomaten
125 g Ajvar (Paprikapaste)
150 g Frischkäse

Und:
1 Tarteform
(Ø 28–30 cm)
Fett und Grieß für die Form

ZUBEREITUNG

1. Die Kartoffeln waschen, schälen, würfeln und in Salzwasser in 15 Min. weich kochen. Abgießen und sofort durch die Kartoffelpresse drücken. Mit Mascarpone, Mehl, Grieß, Salz und Pfeffer zu einem glatten Teig verkneten.

2. Den Backofen auf 200° (Umluft 180°) vorheizen. Die Tarteform fetten und mit Grieß ausstreuen. Den Teig in die Form drücken und einen Rand hochziehen. Im Backofen (Mitte) 10 Min. vorbacken.

3. Inzwischen den Mangold waschen und putzen, die Stiele klein würfeln, die Blätter in Streifen schneiden und grob hacken. Die Knoblauchzehe schälen und fein hacken.

4. In einer Pfanne das Olivenöl erhitzen, Mangoldstiele und Knoblauch 2 Min. anbraten, die Mangoldblätter 3 Min. zugedeckt mitdünsten. Salzen und pfeffern.

5. Die Tomaten waschen und ohne Stielansatz in Scheiben schneiden. Das Ajvar auf den vorgebackenen Teig streichen. Den Mangold darauf verteilen, mit Tomaten belegen. Frischkäse mit einem Teelöffel abstechen und auf der Tarte verteilen. Mit Salz und Pfeffer würzen.

Tarte im Ofen (2. Schiene von unten) 20–25 Min. backen.

Tuning-Tipps Ein Tick Schärfe gefällig? Dann dünsten Sie mit Knoblauch und Mangold noch 2 frische, in feine Ringe geschnittene Peperoni an. Vor dem Servieren einige Basilikumblätter aufstreuen.

Speed-Tipp Wenn Sie wenig Zeit haben, probieren Sie das Rezept einmal mit fertigem Blätterteig. Die TK-Blätterteig-Platten (450 g) nebeneinander auf der Arbeitsfläche auftauen lassen, dann übereinander legen und etwas größer als die Form ausrollen. Backform mit kaltem Wasser ausspülen, Boden und Rand der Form mit dem Teig auskleiden. Diesen im vorgeheizten Backofen bei 200° (Mitte, Umluft 180°) in 10 Min. hellgelb vorbacken. Danach etwas abkühlen lassen, wie beschrieben belegen und fertig backen.

Austausch-Tipp Die Tarte schmeckt auch sehr gut, wenn Sie den Mangold gegen Spinat austauschen. Diesen gründlich waschen, nach dem Dünsten in einem Sieb abtropfen lassen und leicht ausdrücken, bevor Sie ihn auf dem Teigboden verteilen.

Bunte Gemüse-Quiche

macht was her | preiswert
45 Min. + 30 Min. Kühlen + 40 Min. Backen

pro Stück ca. 805 kcal
21 g Eiweiß · 54 g Fett · 59 g Kohlenhydrate

ZUTATEN FÜR 4 PORTIONEN

Für den Teig:
250 g Mehl Type 1050 (+ Mehl für die Arbeitsfläche) · Salz
100 g kalte Butter · 1 Ei

Für den Belag:
250 g Zucchini
250 g gelbe Herbstrübchen
250 g Pastinaken
2 rote Zwiebeln
2 EL Butter · Salz
Pfeffer · 2 TL gehackte Rosmarinnadeln
250 g Sahne · 3 Eier
2 EL geriebener Greyerzer oder pikanter Gouda

Und:
1 Spring- oder Quicheform (Ø 28 cm)
Fett für die Form

ZUBEREITUNG

1. Für den Teig das Mehl mit 1/2 TL Salz mischen. Die Butter in Flöckchen, das Ei und 2–3 EL Wasser hinzufügen, alles mit den Knethaken des Handrührgeräts kurz vermischen, dann mit den Händen auf der bemehlten Arbeitsfläche rasch zu einem glatten Teig verarbeiten.

2. Die Form einfetten. Den Teig auf der bemehlten Arbeitsfläche dünn ausrollen, Form damit auslegen und einen 4 cm hohen Rand formen. Boden mit einer Gabel mehrmals einstechen und den Teig 30 Min. kalt stellen.

3. Für den Belag das Gemüse waschen und putzen oder schälen, alles in ca. 1 cm große Würfel schneiden. Die Zwiebeln schälen, würfeln und in der zerlassenen Butter glasig dünsten. Gemüse dazugeben und 10 Min. mitdünsten. Mit Salz, Pfeffer und Rosmarin würzen.

4. Den Backofen auf 200° (Umluft 180°) vorheizen. Den Teig (2. Schiene von unten) 10 Min. vorbacken. Für den Guss Sahne, Eier und Käse verrühren.

5. Das Gemüse auf dem Teig verteilen, salzen und pfeffern. Den Guss darübergießen. Die Quiche im Backofen (2. Schiene von unten) 35–40 Min. backen.

Tuning-Tipp Wer es deftiger mag, brät mit den Zwiebeln noch 120 g geräucherten Speck und 1 Knoblauchzehe, beides fein gewürfelt, an.

Austausch-Tipp Die Gemüsesorten lassen sich je nach Jahreszeit austauschen, z. B. durch Paprikaschoten, Brokkoli und Möhren. Sie können nur eine Sorte oder eine bunte Gemüsemischung nehmen.

Mehr draus machen Wenn Sie die Quiche lieber in acht kleinen Portionen, z. B. als Vorspeise, mit einer Miniportion Salat zubereiten wollen, reicht diese Menge für acht runde Förmchen mit etwa 10 cm Durchmesser.

Das schmeckt dazu Ein Salat aus verschiedenen herbstlichen Blattsalaten, z. B. Radicchio, Frisée, Feldsalat und winzig klein gewürfelten Tomaten, angemacht mit einer Vinaigrette.

Tagliatelle mit Steinpilzsauce

Aromaknüller vom Feinsten
45 Min.
pro Portion ca. 600 kcal
21 g Eiweiß · 28 g Fett · 63 g Kohlenhydrate

ZUTATEN FÜR 4 PORTIONEN

30 g getrocknete Steinpilze
300 g Spitzkohl
125 g Parmaschinken (in dünnen Scheiben)
300 g Tagliatelle · Salz
1 große Zwiebel
2 Knoblauchzehen
4 EL Olivenöl
2 TL Mehl
200 ml Gemüsebrühe
200 g Sahne
Pfeffer

ZUBEREITUNG

1. Die Steinpilze in 200 ml heißem Wasser 20 Min. einweichen. Den Spitzkohl putzen und in bandnudelbreite Streifen schneiden. Den Schinken in Stücke zupfen. Die Nudeln in kochendem Salzwasser bissfest garen. Kohlstreifen 3 Min. vor Ende der Garzeit dazugeben und mitkochen.

2. Inzwischen Zwiebel und Knoblauch schälen, fein würfeln und im Öl in einer großen Pfanne 2 Min. dünsten. Pilze abgießen (Sud auffangen!), ausdrücken, grob hacken und 2–3 Min. mitdünsten. Pilzwasser zugießen und bei starker Hitze in 5 Min. verdampfen lassen. Mit Mehl bestäuben, kurz anschwitzen. Brühe und Sahne zugießen, 5 Min. kochen lassen, salzen und pfeffern. Die Nudel-Mischung abgießen und mit dem Schinken untermischen.

Tuning-Tipp Pasta vor dem Servieren mit 6–8 EL frisch geriebenem Bergkäse bestreuen.

Möhren-Spaghetti mit Nuss-Pesto

vegetarisch | schnell gemacht
30 Min.
pro Portion ca. 635 kcal
16 g Eiweiß · 26 g Fett · 84 g Kohlenhydrate

ZUTATEN FÜR 4 PORTIONEN

1 Bund Petersilie
2 Knoblauchzehen
30 g gemahlene Haselnüsse
Salz · 75 ml Olivenöl
2 EL frisch geriebener Parmesan
Pfeffer
1–2 TL Zitronensaft
400 g Spaghetti
200 g Möhren
200 g Pastinaken

ZUBEREITUNG

1. Für das Nuss-Pesto die Petersilie waschen und trocken schütteln, die Blätter abzupfen und hacken. Den Knoblauch schälen und hacken. Petersilie, Knoblauch, Nüsse und 1/2 TL Salz fein pürieren, dabei das Olivenöl nach und nach einlaufen lassen. Den Parmesan unterheben und das Pesto mit Salz, Pfeffer und Zitronensaft abschmecken.

2. Die Nudeln in kochendem Salzwasser nach Packungsangabe bissfest garen. Inzwischen die Möhren und Pastinaken putzen, schälen und in feine Stifte schneiden. Beides 2–3 Min. vor Ende der Garzeit zu den Nudeln geben und bis zum Schluss mitgaren.

3. Abgießen und mit der Hälfte des Pestos vermischen. Restliches Pesto dazu reichen.

Das schmeckt dazu Ein Feldsalat mit Vinaigrette

PASTAGERICHTE FÜR GENIESSER 119

Pappardelle mit Kaninchenragout

eine wahre Delikatesse
30 Min. + 45 Min. Schmoren
pro Portion ca. 630 kcal
43 g Eiweiß · 23 g Fett · 62 g Kohlenhydrate

ZUTATEN FÜR 4 PORTIONEN

3 Kaninchenkeulen (à 250 g)
2 Zwiebeln
3 Knoblauchzehen
je 1 rote und gelbe Paprikaschote
10 Zweige Thymian
3 EL Olivenöl
1 EL Butter
Salz · Pfeffer
400 ml Geflügel- oder Kalbsfond (Glas)
200 g stückige Tomaten (Dose)
300 g Pappardelle (breite Bandnudeln)
evtl. etwas Parmesan

ZUBEREITUNG

1. Das Kaninchenfleisch von den Knochen lösen und in Stücke schneiden. Die Zwiebeln schälen und in feine Streifen schneiden. Knoblauch schälen und durchpressen. Die Paprikaschoten waschen, vierteln, putzen und in 2 cm große Stücke schneiden. Den Thymian waschen, die Blätter abzupfen und fein hacken.

2. Öl und Butter erhitzen, Fleisch bei starker Hitze 2 Min. scharf anbraten, salzen und pfeffern. Zwiebeln und Knoblauch 2–3 Min. mitdünsten. Thymian, Fond und Tomaten zufügen, alles offen bei schwacher Hitze 40–45 Min. schmoren. 10 Min. vor Ende der Garzeit Paprika zugeben und die Sauce salzen und pfeffern.

3. Die Nudeln in kochendem Salzwasser bissfest garen, abgießen und abtropfen lassen. Mit dem Ragout anrichten, nach Belieben mit Parmesan bestreuen.

Chinakohl-Nudel-Pfanne

asiatisches Pastaglück
30 Min.
pro Portion ca. 600 kcal
41 g Eiweiß · 15 g Fett · 77 g Kohlenhydrate

ZUTATEN FÜR 4 PORTIONEN

400 g chinesische Weizennudeln · Salz
500 g Schweinefilet
300 g Chinakohl
1 rote Paprikaschote
1 Bund Frühlingszwiebeln
1 walnussgroßes Stück Ingwer
4 EL Öl · Pfeffer
6 EL Gemüsebrühe
2–3 EL Sojasauce
2–3 EL süß-scharfe Chilisauce

ZUBEREITUNG

1. Die Nudeln in kochendem Salzwasser nach Packungsangabe garen, abschrecken und abtropfen lassen.

2. Das Fleisch trocken tupfen und in Streifen schneiden. Den Chinakohl putzen und in 2 cm breite Streifen schneiden. Paprikaschote waschen, putzen und in feine Streifen schneiden. Die Frühlingszwiebeln waschen, putzen und in dünne Ringe teilen. Ingwer schälen und würfeln.

3. Im Wok 2 EL Öl stark erhitzen, das Fleisch darin portionsweise 2–3 Min. anbraten, herausnehmen, salzen und pfeffern. Das restliche Öl im Wok erhitzen und darin Ingwer und Paprika 3 Min. anbraten. Chinakohl und Zwiebeln dazugeben und 1 Min. mitbraten.

4. Die Brühe angießen, die Nudeln und das Fleisch unterheben und 3 Min. unter Wenden garen. Mit Sojasauce, Salz, Pfeffer und Chilisauce würzen.

Kürbis-Ricotta-Cannelloni

vegetarisches Vergnügen
50 Min. + 35 Min. Backen
pro Portion ca. 755 kcal
34 g Eiweiß · 39 g Fett · 67 g Kohlenhydrate

ZUTATEN FÜR 4 PORTIONEN
300 g mehligkochende Kartoffeln
Salz · Pfeffer
250 g Ricotta
2 Eier
500 g Kürbis (z. B. Muskatkürbis)
3 EL Olivenöl
400 ml Gemüsefond (Glas) oder -brühe
6 EL gehackte Mandeln
20 Cannelloni
1 Zwiebel
1 Dose stückige Tomaten (400 g)
150 g geriebener Gouda

Und:
Fett für die Form

ZUBEREITUNG

1. Die Kartoffeln schälen, in Stücke schneiden und in kochendem Salzwasser 20–25 Min. garen. Abgießen und gut ausdampfen lassen. Kartoffeln zerstampfen und mit Salz und Pfeffer würzen. Ricotta und Eier unterrühren.

2. Den Kürbis schälen, entkernen und klein würfeln. 2 EL Olivenöl erhitzen, die Kürbiswürfel darin 2 Min. andünsten, salzen und pfeffern. 100 ml Fond oder Brühe angießen, bei halb geschlossenem Topf 15–20 Min. garen. In einem Sieb abtropfen und abkühlen lassen.

3. Kürbis mit einer Gabel zerdrücken und zusammen mit den Mandeln unter die Kartoffelmasse heben. Die Masse in einen Spritzbeutel mit großer Lochtülle füllen und in die Cannelloni spritzen. Die gefüllten Cannelloni in eine gefettete Gratinform (35 x 25 cm) legen. Den Backofen auf 180° vorheizen.

4. Für den Guss die Zwiebel schälen, in feine Würfel schneiden und im restlichen Öl glasig dünsten. Stückige Tomaten und restlichen Fond oder Brühe zugeben und aufkochen, dann salzen und pfeffern. Das Ganze über die Cannelloni gießen. Mit Käse bestreuen und im heißen Backofen (2. Schiene von unten, Umluft 160°) 30–35 Min. goldbraun überbacken.

Das schmeckt dazu Ein grüner Salat

Tuning-Tipp Die Kürbisfüllung mit 2 TL frisch gehackten Majoranblättchen würzen.

Fenchel – Gemüse und Gewürz
Fenchel hat ein anisartiges Aroma – die einen mögen es, die anderen lehnen es ab. Fenchel-Einsteiger sollten das knollige Gemüse mit sonnengereiften Tomaten, Paprika, Oliven und Früchten wie Orangen oder Birnen kombinieren. Auch mit Fisch, Fleisch (s. Seite 121) und Geflügel verträgt er sich gut. Wahre Fans knabbern ihr Lieblingsgemüse roh zu einem Stück Käse oder hobeln es in feine Streifen für einen Salat (s. Seite 73).

Die kleinen hellbraunen Fenchelsamen begegnen uns im Gewürzregal, im Teebeutel und im chinesischen Fünf-Gewürz-Pulver. Ihr süßlicher und ausgeprägt anisartiger Geschmack harmoniert mit würzigen Fisch- und Schweinefleischgerichten (s. Seite 162), passt in Suppen, Saucen, Brote, zu Gurken, Knoblauch und Zitrone.

HEISS AUS DEM OFEN: NUDELN UND GEMÜSE 121

Fenchel-Lasagne

ganz einfach | raffiniert
45 Min. + 35 Min. Backen
pro Portion ca. 820 kcal
43 g Eiweiß · 39 g Fett · 68 g Kohlenhydrate

ZUTATEN FÜR 4 PORTIONEN

600 g Fenchel
2 Zwiebeln
300 g gemischtes Hackfleisch
3 EL Olivenöl
Salz · Pfeffer
500 g passierte Tomaten (Tetrapak)
300 ml Hühner- oder Gemüsebrühe
400 ml Milch
3 EL heller Saucenbinder
125 g frisch geriebener Parmesan
250–275 g Lasagneblätter

Und:
Fett für die Form

ZUBEREITUNG

1. Den Fenchel putzen und in Streifen schneiden. Die Zwiebeln schälen und klein würfeln. Das Hackfleisch im heißen Öl unter Wenden braun braten. Das Gemüse 5 Min. mitbraten, dann mit Salz und Pfeffer würzen. Die passierten Tomaten und 125 ml von der Brühe zugießen und das Ganze 15 Min. schmoren.

2. In einem kleinen Topf die Milch mit der restlichen Brühe aufkochen, mit Saucenbinder andicken und mit Salz und Pfeffer würzen. Vom Herd nehmen und die Hälfte vom Parmesan einrühren.

3. Den Backofen auf 200° (Umluft 180°) vorheizen. Nudelblätter, Bolognese und Sauce abwechselnd mit dem restlichen Käse in eine rechteckige, gefettete Auflaufform schichten. Mit Käsesauce bedecken, den restlichen Käse aufstreuen. Im Backofen (Mitte) 30–35 Min. backen.

Überbackene Spinatnudeln

aromatisch mit Pilzen
35 Min. + 30 Min. Backen
pro Portion ca. 815 kcal
36 g Eiweiß · 49 g Fett · 59 g Kohlenhydrate

ZUTATEN FÜR 4 PORTIONEN

250 g Makkaroni · Salz
250 g Egerlinge (braune Champignons)
2 Schalotten
2 EL Butter
375 g aufgetauter TK-Blattspinat
Pfeffer
300 g Sahne
2 Eier
100 g geriebener Parmesan oder Grana padano
frisch geriebene Muskatnuss
200 g Mozzarella
1–2 EL Pinienkerne

Und:
Fett für die Form

ZUBEREITUNG

1. Die Nudeln in reichlich Salzwasser nach Packungsangabe bissfest kochen, abgießen und abtropfen lassen.

2. Pilze putzen und feinblättrig schneiden. Die Schalotten schälen, fein würfeln und in der Butter 2 Min. dünsten. Erst die Pilze 2–3 Min. dünsten, dann den Spinat 3 Min. mitdünsten. Salzen und pfeffern.

3. Den Backofen auf 200° vorheizen. Sahne, Eier und 50 g Käse vermischen, mit Salz, Pfeffer und Muskat würzen. Mozzarella in Scheiben schneiden.

4. Die Nudeln mit der Spinatmischung und dem Mozzarella in eine gefettete Auflaufform schichten. Die Eiersahne darüber gießen und das Ganze im Backofen (Mitte, Umluft 180°) 30 Min. überbacken. Nach 20 Min. restlichen Käse und die Pinienkerne aufstreuen.

Kartoffel-Sellerie-Stampf

fein zu Fisch
45 Min.
pro Portion ca. 240 kcal
5 g Eiweiß · 15 g Fett · 20 g Kohlenhydrate

ZUTATEN FÜR 4 PORTIONEN
600 g mehligkochende Kartoffeln
300 g Knollensellerie
8–10 Zweige Thymian
Salz
50 g gesalzene Macadamianüsse
1/2 Bund Petersilie
2 EL Butter
frisch geriebene Muskatnuss
150 ml Milch

ZUBEREITUNG

1. Die Kartoffeln und den Sellerie schälen, waschen und würfeln. Den Thymian waschen und trocken schütteln, die Blättchen abzupfen und hacken. Alles in einen Topf geben, mit Salzwasser bedecken, aufkochen und 20 Min. garen.

2. Inzwischen die Nüsse hacken. Die Petersilie waschen und trocken schütteln, die Blätter abzupfen und hacken. Die Butter in einer Pfanne zerlassen und die Nüsse darin goldbraun braten. Mit 1 Prise Salz und etwas Muskat würzen. Die Petersilie untermischen, warm halten.

3. In einem kleinen Topf die Milch erhitzen. Das Gemüse abgießen, kurz ausdampfen lassen und mit einem Kartoffelstampfer grob zerdrücken. Die Milch unterrühren und das Ganze mit Salz und Pfeffer abschmecken. Mit der Nussbutter beträufeln.

Kartoffel-Pastinaken-Puffer

Kinderliebling
45 Min.
pro Portion ca. 540 kcal
10 g Eiweiß · 38 g Fett · 40 g Kohlenhydrate

ZUTATEN FÜR 4 PORTIONEN
Für die Puffer:
600 g festkochende Kartoffeln
400 g Pastinaken
1 Zwiebel
2 Eier
2 EL Mehl
Salz · Pfeffer
frisch geriebene Muskatnuss
6 EL Öl
Für den Dip:
200 g Sahnejoghurt
150 g Crème fraîche
2 EL Kapern und
2 TL Kapernsud
Salz · Pfeffer

ZUBEREITUNG

1. Die Kartoffeln und Pastinaken schälen und auf einer groben Küchenreibe raspeln. Die Zwiebel schälen, fein würfeln und mit Eiern und Mehl unter die Gemüseraspel mischen. Die Masse kräftig mit Salz, Pfeffer und Muskat würzen.

2. In einer großen beschichteten Pfanne 2 EL Öl erhitzen. Mit einem Löffel für jeden Puffer 1 1/2 EL Kartoffelmasse hineingeben und mit dem Löffelrücken etwas flach drücken. 5–6 Puffer bei mittlerer Hitze 3–4 Min. braten und wenden. Die Puffer weitere 3–4 Min. braten. Die restliche Masse ebenso verarbeiten.

3. Inzwischen für den Dip Joghurt, Crème fraîche und Kapernsud miteinander verrühren. Die Kapern zerdrücken und unterheben, den Dip mit Salz und Pfeffer abschmecken. Zu den Puffern servieren.

KARTOFFELHITS AUS TOPF UND PFANNE 123

Bratkartoffeln mit Pilz-Gröstl

herzhaftes Vergnügen
50 Min.
pro Portion ca. 365 kcal
8 g Eiweiß · 29 g Fett · 19 g Kohlenhydrate

ZUTATEN FÜR 4 PORTIONEN

600 g festkochende Kartoffeln
Salz · 1 Zwiebel
1 Knoblauchzehe
125 g geräucherter Speck
400 g gemischte Pilze (z. B. Pfifferlinge, Austernpilze, Kräuterseitlinge)
3 EL Olivenöl
Pfeffer
1 TL getrockneter Thymian
1/2 TL getrockneter Rosmarin
100 g Kirschtomaten

ZUBEREITUNG

1. Die Kartoffeln waschen und in Salzwasser 20–25 Min. garen. Inzwischen Zwiebel und Knoblauch schälen und hacken, den Speck fein würfeln. Die Pilze putzen und grob zerteilen. Die Kartoffeln abgießen, pellen und in Scheiben schneiden.

2. Eine große beschichtete Pfanne ohne Fett erhitzen und den Speck darin bei mittlerer Hitze anbraten. Zwiebel zugeben, glasig dünsten und herausnehmen. Kartoffeln mit 1 EL Öl hineingeben und 4–5 Min. braten. Mit Salz, Pfeffer und Kräutern würzen. Die Speckmischung unterrühren.

3. Gleichzeitig in einer zweiten Pfanne das restliche Öl erhitzen, Pilze darin bei starker Hitze 2–3 Min. braten. Tomaten waschen, halbieren, mit den Pilzen zu den Kartoffeln geben. Alles salzen und pfeffern.

Tuning-Tipp 200 g Schmant mit 2 EL Schnittlauchröllchen vermischen, salzen und pfeffern, dazu reichen.

Maroni-Kartoffeln

ganz einfach
45 Min.
pro Portion ca. 335 kcal
5 g Eiweiß · 11 g Fett · 53 g Kohlenhydrate

ZUTATEN FÜR 4 PORTIONEN

600 g kleine festkochende Kartoffeln
Salz · 1 Zwiebel
400 g gegarte Maronen (ohne Schale, vakuumverpackt oder aus der Dose)
1/2 Bund Petersilie
3 EL Öl
1 EL Butter
Pfeffer
2 TL Ahornsirup

ZUBEREITUNG

1. Die Kartoffeln waschen und in Salzwasser gar kochen, abgießen, ausdampfen lassen und nach Belieben pellen, dann quer halbieren.

2. Inzwischen die Zwiebel schälen und in feine Würfel schneiden. Die Maroni aus der Folie nehmen und abtropfen lassen. Die Petersilie waschen und trocken schütteln, die Blätter abzupfen und hacken.

3. In einer großen beschichteten Pfanne das Öl erhitzen, die Kartoffeln darin bei mittlerer Hitze in 10 Min. goldbraun braten. Die Zwiebelwürfel und Maroni zusammen mit der Butter dazugeben und 3 Min. weiterbraten. Mit Salz, Pfeffer und Ahornsirup würzen. Vor dem Servieren die Petersilie daraufstreuen.

Dazu passt's Geflügelbraten, Entenbrust oder Wild

Puten-Nuggets mit Apfel-Meerrettich-Dip

Knusperstückchen für Kids
25 Min.
bei 6 Personen pro Portion ca. 355 kcal
29 g Eiweiß · 19 g Fett · 18 g Kohlenhydrate

ZUTATEN FÜR 4–6 PORTIONEN

Für die Nuggets:
100 g Mehl
1 Ei (Größe M)
130 ml Apfelschorle · Salz
600 g Putenschnitzel
1 EL Zitronensaft
Pfeffer
100 ml Öl zum Ausbacken

Für den Dip:
1 Stück frischer Meerrettich (1–2 cm)
1 kleiner, säuerlicher Apfel
2 Spritzer Zitronensaft
200 g Schmant
1 EL Schnittlauchröllchen
Salz · Pfeffer

ZUBEREITUNG

1. Für die Nuggets das Mehl in eine Schüssel sieben. Das Ei trennen. Das Eigelb mit der Apfelschorle und 1 Prise Salz zum Mehl geben. Alles glatt rühren und den Teig zugedeckt ruhen lassen.

2. Inzwischen die Putenschnitzel in mundgerechte Stücke schneiden, mit Zitronensaft beträufeln, salzen, pfeffern und ebenfalls etwas ruhen lassen.

3. Für den Dip den Meerrettich putzen, schälen und fein reiben (s. Tipp). Den Apfel schälen, vierteln, entkernen und dazureiben. Beides mit Zitronensaft beträufeln und mit dem Schmant glatt rühren. Den Dip mit Schnittlauch, Salz und Pfeffer würzen, abschmecken und bis zum Servieren kühl stellen.

4. Das Eiweiß steif schlagen und unter den Teig heben. Das Öl in einer großen Pfanne oder in zwei Pfannen erhitzen. Die Putenstückchen mit einer Gabel durch den Teig ziehen und sofort ins heiße Fett geben. Die Stücke je nach Dicke in 3–5 Min. von jeder Seite goldbraun braten. Auf Küchenpapier entfetten und mit dem Apfel-Meerrettich-Dip servieren.

Das schmeckt dazu Für Lorbeerkartoffeln Ofen auf 200° vorheizen. Eine Form mit Öl auspinseln, mit Salz, Pfeffer und 2–3 zerkrümelten Lorbeerblättern ausstreuen. 800 g neue Kartoffeln waschen, halbieren und mit der Schnittfläche nach unten in die Form setzen. Im Ofen (Mitte, Umluft 180°) 30 Min. garen.

Schärfe von der Stange
Meerrettich vorsichtig dosieren! Wenn Ihnen schon beim Reiben die Aromen in den Augen beißen, haben Sie ein scharfes Exemplar erwischt. Dann nur 1 TL Meerrettich unter den Dip rühren, für Kinder reicht oft schon 1 Messerspitze. Meerrettich hält – in Frischhaltefolie fest verpackt – im Gemüsefach des Kühlschrank mehrere Wochen. Die Schärfe lässt im Laufe der Zeit nach.

Für einen weniger scharfen Kinder-Dip
Wer keinen Meerrettich mag, mischt nur den geriebenen Apfel mit 1 Spritzer Zitronensaft unter den Schmant. Nun die Blättchen von 1/2 Kästchen Kresse abschneiden. 1 Stückchen Lauch (ca. 2 cm) fein hacken. 2 Sardellen abtropfen lassen und fein hacken. Alles mit 1 TL Kapern unter den Dip rühren.

GEFLÜGEL – GANZ UNKOMPLIZIERTER GENUSS 125

Entenkeulen vom Blech

Sonntagsessen aus Südfrankreich
1 Std.
pro Portion ca. 620 kcal
39 g Eiweiß · 39 g Fett · 26 g Kohlenhydrate

ZUTATEN FÜR 4 PORTIONEN

1 1/2 EL Olivenöl
4 Entenkeulen (à ca. 300 g)
650 g vorwiegend festkochende Kartoffeln
2 rote Zwiebeln
2–3 Zweige Rosmarin
1 EL flüssiger Honig
1 EL Zitronensaft
Salz · Pfeffer
1 Knoblauchzehe
3–4 EL schwarze Oliven

ZUBEREITUNG

1. Den Backofen auf 200° (Umluft 180°) vorheizen. Ein tiefes Blech mit 1/2 EL Öl auspinseln. Die Keulen mit der Haut nach oben auf das Blech legen und im Backofen (Mitte) 20 Min. garen.

2. Inzwischen Kartoffeln und Zwiebeln schälen und längs in Spalten schneiden. Rosmarin waschen und kleiner schneiden. Honig, Zitronensaft und restliches Öl mit 1 TL Salz und reichlich Pfeffer verrühren. Knoblauch schälen und dazupressen.

3. Nach 20 Min. die Entenkeulen mit der Hälfte der Marinade bepinseln. Kartoffeln, Rosmarin und Oliven neben die Keulen legen. Alles mit Salz und Pfeffer würzen und 15 Min. schmoren. Falls nötig, etwas Wasser angießen. Zwiebeln dazugeben und Keulen erneut bepinseln. Alles weitere 15 Min. im Ofen garen, bis die Entenkeulen knusprig und die Kartoffeln weich sind.

Hähnchenpfanne

leicht & lecker
30 Min.
pro Portion ca. 310 kcal
33 g Eiweiß · 17 g Fett · 8 g Kohlenhydrate

ZUTATEN FÜR 4 PORTIONEN

400 g Brokkoli
100 g Shiitake-Pilze
1 Handvoll kernlose grüne Weintrauben
4 kleine Hähnchenbrustfilets (à ca. 130 g)
1 1/2 EL Butter
Salz · Pfeffer
200 ml Hühnerbrühe
150 g Sahne
je 1 EL Saft und Schale von 1 Bio-Limette

ZUBEREITUNG

1. Den Brokkoli putzen, waschen und in sehr kleine Röschen teilen. Die Shiitake-Pilze mit einem feuchtem Tuch abreiben. Stiele abschneiden, Hüte in breite Streifen schneiden. Die Weintrauben waschen.

2. Filets evtl. halbieren. 1 EL Butter in einer Pfanne erhitzen. Filets darin auf jeder Seite je nach Dicke 3–5 Min. sanft braten, salzen, pfeffern und beiseitestellen.

3. Brokkoli und Pilze 3–4 Min. in restlicher Butter sanft anbraten. Brühe und Sahne angießen und in 3–5 Min. cremig einköcheln lassen. Weintrauben, Limettensaft und -schale unterrühren. Die Sauce mit Salz und Pfeffer abschmecken. Fleisch untermischen und kurz erhitzen. Hähnchenpfanne servieren, z. B. mit Rösti oder Naturreis.

RAGOUTS – RAFFINIERT UND GÄSTEFEIN 127

Rehragout mit Orange und Schalotten

wild & würzig
30 Min. + 1 1/2 Std. Schmoren
pro Portion ca. 300 kcal
42 g Eiweiß · 10 g Fett · 9 g Kohlenhydrate

ZUTATEN FÜR 4 PORTIONEN

200 g kleine Schalotten (10–12 Stück)
1 dicke, große Möhre
2 Zweige Thymian
1 Bio-Orange
Je 1 TL Pimentkörner, Wacholderbeeren und Gewürznelken
Salz · Pfeffer
ca. 3 EL Butterschmalz
750 g Rehgulasch
2–3 EL Orangenlikör (nach Belieben)
400 ml Wildfond (Glas)
2–3 EL Aceto balsamico

ZUBEREITUNG

1. Die Schalotten schälen, 2–3 Stück davon in sehr kleine Würfel schneiden. Die Möhre schälen und in etwas größere Würfel schneiden.

2. Die Thymianzweige waschen und trocken schütteln, die Blättchen abstreifen. Die Orange heiß abwaschen. Die Schale abreiben. Den Saft auspressen. Piment, Wacholder und Nelken in einem Mörser grob zerstoßen. Die Gewürze mit je 1 TL Orangenschale, Thymianblättchen, Salz und Pfeffer vermischen.

3. Etwas Butterschmalz in einem Schmortopf erhitzen. Die Möhren und die ganzen Schalotten unter Rühren darin in 3–4 Min. goldbraun anbraten, dann aus dem Topf nehmen und beiseitestellen.

4. Wieder etwas Butterschmalz im Topf erhitzen. Das Rehfleisch mit Küchenpapier trocken tupfen und in zwei Portionen im Butterschmalz scharf anbraten. Das Fleisch aus dem Topf nehmen und die Schalottenwürfel im restlichen Schmalz bräunen.

5. Das gesamte Fleisch in den Topf geben und mit der Hälfte der Würzmischung bestreuen. 200 ml Wildfond und den Orangensaft angießen und aufkochen. Das Fleisch zugedeckt bei schwacher Hitze 1 1/2 Std. schmoren lassen. Dabei restlichen Fond und – falls nötig – etwas Wasser angießen.

6. Die restliche Würzmischung sowie die Schalotten und Möhren zum Fleisch geben, alles aufkochen und 5–10 Min. offen sanft kochen lassen. Das Ragout nach Belieben mit Orangenlikör, mit Essig, Salz und Pfeffer abschmecken und mit dem restlichen Thymian und etwas Orangenschale bestreut servieren.

Das schmeckt dazu Für Südtiroler Speckknödelchen die Semmelknödel von Seite 110 zubereiten, unter den Teig aber zusätzlich 100 g fein gewürfelten Südtiroler Speck mischen.

Scharfes Lammragout

orientalisch gewürzt | braucht Zeit
30 Min. + 2 Std. Schmoren
pro Portion ca. 400 kcal
43 g Eiweiß · 15 g Fett · 24 g Kohlenhydrate

ZUTATEN FÜR 4 PORTIONEN

3 EL Olivenöl
750 g Lammfleisch (Keule; vom Metzger in 3–4 cm große Würfel schneiden lassen)
600 g festkochende Kartoffeln
2 Zwiebeln
Salz · Pfeffer
2 TL gemahlener Kreuzkümmel
1 TL gemahlener Koriander
1–2 getrocknete Chilischoten
1 Dose stückige Tomaten (400 g)
100 ml Fleischbrühe
je 1 rote und gelbe Paprikaschote

ZUBEREITUNG

1. Den Backofen auf 180° vorheizen. Eine ofenfeste Form mit Öl einfetten. Die Lammwürfel hineinlegen.

2. Die Kartoffeln schälen, in große Stücke schneiden und dazugeben. Die Zwiebeln schälen, in grobe Würfel schneiden und untermischen. Alles mit Salz, Pfeffer, Kreuzkümmel und Koriander würzen.

3. Die Chilischoten im Mörser oder mit den Fingern grob zerreiben und über die Kartoffelwürfel streuen. Die Tomatenwürfel darüber verteilen. Die Brühe dazugießen. Alles mit dem restlichen Olivenöl beträufeln.

4. Die Form mit Alufolie verschließen. Das Lammragout im heißen Backofen (Mitte, Umluft 160°) 1 1/2 Std. schmoren lassen.

5. Folie entfernen. Die Paprikaschoten waschen, putzen, in große Stücke schneiden und unter das Ragout mischen. Alles noch 20–30 Min. offen im Ofen weiterschmoren lassen. Heiß servieren.

Kalbsbrust mit Maroni-Füllung

geduldig geschmort
30 Min. + 3 1/2 Std. Schmoren
pro Portion ca. 580 kcal
26 g Eiweiß · 29 g Fett · 23 g Kohlenhydrate

ZUTATEN FÜR 6 PORTIONEN

1,5 kg Kalbsbrust (vom Metzger eine Tasche zum Füllen einschneiden lassen)
Salz · Pfeffer
200 g gegarte Maronen (ohne Schale, vakuumverpackt)
1 Bund Petersilie
100 g Weißbrot vom Vortag
100 ml lauwarme Milch
1 Ei · 1 Zwiebel
3 EL Butterschmalz
150 g gemischtes Hackfleisch
600 ml Hühnerbrühe

Und:
1 Schaschlikspieß

ZUBEREITUNG

1. Die Kalbsbrust waschen, mit Küchenpapier trocken tupfen, salzen und pfeffern.

2. Für die Füllung die Maronen grob hacken. Die Petersilie waschen, trocken schütteln und hacken. Das Weißbrot in Würfel schneiden, mit Milch übergießen und 5–10 Min. ziehen lassen. Das Ei und die Petersilie zugeben, alles kräftig mit Salz und Pfeffer würzen und zu einem Teig verkneten.

3. Den Backofen auf 150° (Umluft 130°) vorheizen. Die Zwiebel schälen, in feine Würfel schneiden und in 1 EL heißem Schmalz glasig dünsten. Die Maronen dazugeben und 1 Min. mitdünsten. Das Hackfleisch hinzufügen und alles unter die Knödelmasse mischen.

4. Die Kalbsbrust mit der Farce füllen und die offene Seite mit einem Schaschlikspieß verschließen.

5. In einem Bräter das restliche Schmalz erhitzen. Das Fleisch darin von allen Seiten 10 Min. anbraten. Mit 200 ml Brühe ablöschen. Im vorgeheizten Backofen (2. Schiene von unten) die Kalbsbrust 3–3 1/2 Std. schmoren, nach und nach die restliche Brühe dazugießen.

6. Den Braten aus dem Backofen nehmen und nach 10 Min. Ruhezeit in Scheiben schneiden. Den Bratensaft durch ein Sieb gießen und abschmecken.

Das schmeckt dazu Gebratene Kartoffelspalten und Salat

Maronen – einfach kernig

Esskastanien haben jetzt ihre heiße Zeit: Die braune Schale kreuzweise einritzen, die Früchte auf einem Blech im Ofen bei 250° (Umluft 220°) 15–20 Min. rösten, bis sie platzen. Sofort die »heißen Maroni« aus den braunen Schalen und Häuten lösen und aus der Hand knabbern. Oder als Füllung (Rezept rechts), Suppe, Sauce oder Beilage (s. Seite 173) zu Geflügelbraten oder Wildgerichten genießen. Auch als Nachspeise zubereitet sind sie der Hit.

Mit etwas Glück entdeckt man in der Gemüseabteilung etwas Praktisches: vorgegarte Esskastanien, geschält und in Folie eingeschweißt. Auch als Konserve in Dosen und Gläsern, süß, naturell oder als Püree findet man die süßlichen Nussfrüchte in gut sortierten Supermärkten.

DIE BESTEN SONNTAGSBRATEN 129

Majoran-Schweinebraten

mit Knusperkruste
30 Min. + 2 Std. 15 Min. Braten
pro Portion ca. 650 kcal
44 g Eiweiß · 45 g Fett · 14 g Kohlenhydrate

ZUTATEN FÜR 6 PORTIONEN

1,5 kg ausgelöste Schweineschulter mit Schwarte (vom Metzger rautenförmig einritzen lassen)
Salz · Pfeffer
2 EL Öl
750 ml Gemüsebrühe
750 g kleine Zwiebeln
2–3 säuerliche Äpfel (z. B. Boskop)
1 Bund Majoran

ZUBEREITUNG

1. Den Backofen auf 200° (Umluft 180°) vorheizen. Das Fleisch trocken tupfen, rundum kräftig mit Salz und Pfeffer einreiben und in einer Pfanne im Öl von allen Seiten anbraten. Mit der Schwarte nach unten in den Bräter legen. 125 ml Brühe zugießen. Im Ofen (2. Schiene von unten) 15 Min. schmoren.

2. Die Zwiebeln schälen und vierteln, die Hälfte um den Braten verteilen und 1 Std. garen. Nach und nach 400 ml Brühe angießen, dabei den Bratensatz ab und zu vom Boden lösen. Äpfel waschen, ungeschält vierteln und entkernen. Majoran waschen, Blätter abzupfen. Äpfel, Hälfte vom Majoran und restliche Zwiebeln zum Fleisch geben und dieses mit der Hautseite nach oben 1 Std. weitergaren. Öfters mit Brühe begießen. Braten 5–10 Min. ruhen lassen, mit restlichem Majoran bestreut servieren.

Kasselerbraten im Apfelsud

würzig-fein und saftig
40 Min. + 45 Min. Schmoren
pro Portion ca. 630 kcal
67 g Eiweiß · 28 g Fett · 27 g Kohlenhydrate

ZUTATEN FÜR 4 PORTIONEN

1,2 kg Kasselerrücken (ohne Knochen)
2 TL flüssiger Honig
2 TL körniger Senf
250 g Schalotten
250 g Möhren
500 g kleine festkochende Kartoffeln
2 EL Öl
125 ml ungezuckerter Apfelsaft
375 ml Fleischbrühe
2 TL Speisestärke
Salz · Pfeffer

ZUBEREITUNG

1. Das Fleisch waschen und mit Küchenpapier trocken tupfen. Honig und Senf verrühren, das Kasseler damit bestreichen. Die Schalotten schälen. Die Möhren putzen, schälen und schräg in 3 cm lange Stücke schneiden. Die Kartoffeln schälen.

2. Den Backofen auf 200° (Umluft 180°) vorheizen. Das Öl in einem Bräter erhitzen. Die Schalotten, Möhren und Kartoffeln darin unter Wenden 2–3 Min. anbraten. Apfelsaft und die Brühe dazugießen, aufkochen. Das Fleisch darauflegen und im vorgeheizten Backofen (2. Schiene von unten) 45 Min. garen.

3. Fleisch und Gemüse aus dem Backofen nehmen und warm halten. Den Bratenfond durch ein Sieb in einen Topf gießen. Die Stärke mit 3 EL kaltem Wasser glatt rühren, die Sauce damit binden, salzen und pfeffern. Mit dem Gemüse zum Braten reichen.

Wirsingrouladen mit Lachs

schmackhaftes Familiengericht
45 Min. + 35 Min. Garen
pro Portion ca. 510 kcal
30 g Eiweiß · 23 g Fett · 29 g Kohlenhydrate

ZUTATEN FÜR 4 PORTIONEN

8 große Wirsingblätter
Salz
1 Zwiebel
1 EL Öl
1 Bund Petersilie
100 g Frischkäse
1 Ei
2 EL Semmelbrösel
Pfeffer
500 g Lachsfilet (ohne Haut)
250 ml Hühnerbrühe
125 g Sahne
evtl. 1–2 EL Saucenbinder

ZUBEREITUNG

1. Die Wirsingblätter in zwei Portionen nacheinander in kochendem Salzwasser jeweils 3 Min. blanchieren, abschrecken und abtropfen lassen. Die mittlere Blattrippe jeweils keilförmig herausschneiden.

2. Inzwischen die Zwiebel schälen, in feine Würfel schneiden und im Öl glasig dünsten. Dann vom Herd nehmen.

3. Die Petersilie waschen, trocken schütteln und hacken. Mit Frischkäse, Ei und Semmelbröseln zu den Zwiebelwürfeln geben und untermischen. Salzen und pfeffern.

4. Den Backofen auf 180° (Umluft 160°) vorheizen. Das Lachsfilet waschen, mit Küchenpapier trocken tupfen und in acht gleich große Stücke schneiden. Die Wirsingblätter nebeneinanderlegen, die Käsemasse darauf verteilen und mit je 1 Lachsfilet belegen. Die Seiten einschlagen und die Wirsingblätter zu Rouladen aufrollen.

5. Die Rouladen in eine Gratinform setzen. Die Hühnerbrühe und die Sahne dazugießen. Die Rouladen im vorgeheizten Backofen (Mitte) 30–35 Min. garen. Die Rouladen herausnehmen. Die Sauce nach Belieben mit Saucenbinder andicken und zu den Rouladen reichen.

Das schmeckt dazu Kartoffelpüree

Tuning-Tipp Mit der Zwiebel noch 250 g gehackte Champignons dünsten.

Miesmuscheln: Harte Schale, weicher Kern

Miesmuscheln zählen zu den beliebtesten Meerestieren mit großer Klappe. Für sie gilt die »R-Regel«: Sie sollten nur in den Monaten mit r am Wortende gegessen werden, am besten sind sie von Ende September bis Februar. Bis zur Zubereitung müssen die Muscheln noch leben: die Schalen müssen fest geschlossen sein oder sich beim Draufklopfen schließen. Bleiben die Schalen offen, die Muschel unbedingt wegwerfen. Ebenso Muscheln, die sich beim Kochen nicht geöffnet haben.

Miesmuscheln lassen sich vielfältig zubereiten: Man kann sie klassisch im Weißwein-Knoblauch-Sud pochieren (s. Seite 131) oder aus der Schale lösen und im Risotto oder in einer Nudelsauce, z. B. mit Tomaten oder Sahne genießen.

FRISCHE FISCHE UND MUSCHELN 131

Muschel-Gemüse-Topf

Saisonhit
45 Min.
pro Portion ca. 130 kcal
11 g Eiweiß · 7 g Fett · 5 g Kohlenhydrate

ZUTATEN FÜR 4 PORTIONEN

2 kg Miesmuscheln
500 g Suppengemüse
1 Zwiebel
2 Knoblauchzehen
2 EL Olivenöl
1/2 Bund Petersilie
250 ml trockener Weißwein (ersatzweise Gemüsebrühe)
1/2 Bund Petersilie

ZUBEREITUNG

1. Die Muscheln gründlich waschen, dabei alle geöffneten Exemplare unbedingt aussortieren und wegwerfen. Das Suppengemüse putzen und waschen oder schälen und in feine Streifen schneiden.

2. Zwiebel und Knoblauch schälen und hacken. Das Olivenöl in einem großen Topf erhitzen und beides darin bei mittlerer Hitze glasig dünsten. Die Petersilie waschen und trocken schütteln. Gemüse in den Topf geben und 2–3 Min. mitdünsten.

3. Die Muscheln und 2 Stängel Petersilie zum Gemüse in den Topf geben und den Wein dazugießen. Aufkochen und zugedeckt bei mittlerer Hitze 10 Min. kochen lassen. Alle noch geschlossenen Muscheln aussortieren und wegwerfen. Die restliche Petersilie hacken und aufstreuen.

Das schmeckt dazu Stangenweißbrot

Doraden auf Kartoffel-Lauch-Bett

ideales Gästeessen
35 Min. + 35 Min. Garen
pro Portion ca. 645 kcal
52 g Eiweiß · 35 g Fett · 29 g Kohlenhydrate

ZUTATEN FÜR 4 PORTIONEN

800 g festkochende Kartoffeln
2 Lauchstangen (à 250–300 g)
1 Zwiebel
4 Knoblauchzehen
4 Doraden (à ca. 400 g; küchenfertig; ersatzweise Forellen)
Salz · Pfeffer
4 Zweige Rosmarin
100 ml Olivenöl
200 ml Hühnerfond (Glas)
150 g Kirschtomaten
Und:
Öl für das Backblech

ZUBEREITUNG

1. Die Kartoffeln gut waschen und mit Schale in 1/2 cm dicke Scheiben schneiden. Den Lauch putzen, waschen und in dünne Ringe schneiden. Die Zwiebel schälen, halbieren und längs in dünne Scheiben schneiden. Den Knoblauch schälen und fein hacken. Die Doraden waschen und trocken tupfen, die Haut beidseitig jeweils 2- bis 3-mal schräg einschneiden. Die Fische mit Salz und Pfeffer würzen und je 1 Rosmarinzweig hineinlegen.

2. Den Backofen auf 220° vorheizen. Kartoffeln, Lauch, Zwiebeln und Knoblauch auf einem geölten Backblech verteilen und die Doraden dazulegen. Olivenöl und Fond mit Salz und Pfeffer verrühren und über die Doraden gießen. Im Backofen (2. Schiene von unten, Umluft 200°) 35 Min. garen, 5 Min. vor Garzeitende die Tomaten dazugeben.

SÜSSES ZUM SATTESSEN 133

Apfel-Auflauf

preiswert
40 Min. + 45 Min. Backen
pro Portion ca. 805 kcal
16 g Eiweiß · 47 g Fett · 77 g Kohlenhydrate

ZUTATEN FÜR
4 PORTIONEN

4 Brötchen vom Vortag
75 g Butter · 1 EL Zucker
4 mittelgroße Äpfel
(z. B. Boskop)
1 Zitrone · 3 Eier
75 g Puderzucker
1 Päckchen
Vanillezucker
400 ml Milch
150 g Crème frâiche
50 g Mandelstifte
2 EL Rohrzucker
Und:
Backpapier

ZUBEREITUNG

1. Den Backofen auf 200° (Umluft 180°) vorheizen. Das Backblech mit Backpapier belegen. Die Brötchen in 1–2 cm dicke Scheiben schneiden und auf das Blech legen. 50 g Butter zerlassen. Eine Auflaufform mit etwas Butter ausstreichen. Die Brötchen mit der zerlassenen Butter beträufeln und mit dem Zucker bestreuen. Die Brotscheiben im Backofen (Mitte) in 5 Min. leicht bräunen lassen.

2. Die Zitrone auspressen. die Äpfel waschen, schälen und halbieren, das Kerngehäuse entfernen. Die Apfelhälften in 1 cm dicke Scheiben schneiden und sofort mit dem Zitronensaft vermischen. Die Brötchenscheiben und Apfelscheiben abwechselnd dachziegelartig in die Form schichten.

3. Die Eier mit Puderzucker, Vanillezucker, Milch und Crème fraîche verrühren und über die Apfel- und Brotscheiben gießen.

4. Den Auflauf im Backofen (Mitte) 30 Min. backen. Die Mandelstifte auf dem Auflauf verteilen und den Rohrzucker daraufstreuen. Die restliche Butter in Flöckchen daraufgeben. Den Auflauf in 10–15 Min. fertig backen.

Austausch-Tipp Sie können den Auflauf auch mit 6 Scheiben Toast machen.

Topfenknödel mit Holunder-Cranberry-Kompott

süße Hauptspeise
45 Min. + 10 Min. Ziehen
pro Portion ca. 525 kcal
20 g Eiweiß · 16 g Fett · 74 g Kohlenhydrate

ZUTATEN FÜR
4 PORTIONEN

Für die Knödel:
400 g Magerquark
4 Scheiben Toastbrot
50 g Butter
50 g Puderzucker
1 TL abgeriebene Schale
von 1 Bio-Zitrone
1 Ei · 1 Eigelb
Salz · 2 EL Zucker

Für das Kompott:
250 g Holunderbeeren
250 g Cranberrys
50 g Rohrzucker
400 ml Apfelsaft
2 Sternanis
3 Pimentkörner
2 TL Speisestärke

ZUBEREITUNG

1. Den Magerquark in ein Tuch geben und gut ausdrücken. Das Toastbrot entrinden, klein würfeln und im Blitzhacker oder mit den Händen fein zerbröseln. Butter mit Puderzucker, Zitronenschale, Ei und Eigelb cremig verrühren. Fein zerbröseltes Toastbrot und Quark unterrühren. Die Masse 30 Min. kühl stellen.

2. In einem großen Topf Wasser mit 1/2 TL Salz und dem Zucker zum Kochen bringen. Aus der Quarkmasse acht Knödel formen. Die Knödel knapp unter dem Siedepunkt in 10 Min. gar ziehen lassen.

3. Die Holunderbeeren von den Stielen abstreifen, waschen und auf einem Sieb abtropfen lassen. Die Cranberrys waschen. Den Rohrzucker in einem Topf schmelzen lassen, 300 ml Apfelsaft unter Rühren dazugießen. Sternanis und Pimentkörner dazugeben und das Ganze bei starker Hitze 5 Min. einköcheln lassen.

4. Die Speisestärke mit dem restlichen Apfelsaft verrühren und in die kochende Flüssigkeit rühren. Die Cranberrys und Holunderbeeren dazugeben und 6–8 Min. ziehen lassen. Die Knödel mit einem Schaumlöffel aus dem Wasser heben, abtropfen lassen und auf vier Teller verteilen. Mit dem Kompott anrichten.

Variante Topfen-Nugat-Knödel 500 g gut ausgedrückten Magerquark mit 1 Ei, 1 Eigelb, 2 EL Zucker, 1 Päckchen Vanillezucker und 5 EL Grieß verrühren. Topfenmasse im Kühlschrank 1 Std. ruhen lassen. 40 g Nuss-Nugat in acht Würfel schneiden. Aus dem Teig acht Knödel formen und mit dem Nugat füllen. 10 Min. kühl stellen. Inzwischen Wasser mit etwas Salz zum Kochen bringen. Die Knödel vorsichtig mit einem Schaumlöffel ins Wasser geben und 10 Min. ziehen lassen. Mit dem Schaumlöffel vorsichtig wieder herausnehmen. 3 EL Semmelbrösel mit 1 EL Puderzucker in einer Pfanne goldbraun rösten. Die Knödel vorsichtig darin wälzen.

Das schmeckt dazu Für ein Birnenkompott 4 Birnen schälen, vierteln, Kerngehäuse entfernen und die Viertel in schmale Spalten schneiden. 100 ml Apfelsaft mit 1 EL Honig und 1 Päckchen Vanillezucker aufkochen, Birnenspalten dazugeben und 2–3 Min. köcheln lassen.

Pflaumen-Trifle

gut vorzubereiten
40 Min. + 4 Std. Kühlen
bei 6 Portionen pro Portion ca. 760 kcal
12 g Eiweiß · 42 g Fett · 80 g Kohlenhydrate

ZUTATEN FÜR 4–6 PORTIONEN

500 g Pflaumen
50 g Zucker
250 ml roter Johannisbeersaft
1 Zimtstange
2 Gewürznelken
1 EL Vanillepuddingpulver
50 g Schokoraspel (Fertigprodukt)
250 g Mascarpone
250 g Quark
100 g Puderzucker
1 Päckchen Vanillezucker
250 g Sahne
2 dunkle Biskuitböden
(Fertigprodukt; 250 g)
40 g Zartbitterschokolade

1. Die Pflaumen waschen, längs vierteln und entsteinen. Den Zucker mit 150 ml Johannisbeersaft, Zimtstange und Nelken in einen Topf geben. Saft zum Kochen bringen und 5 Min. köcheln lassen. Die Pflaumen dazugeben.

2. Das Puddingpulver mit 50 ml Johannisbeersaft verrühren, unter das Kompott rühren und 3–4 Min. mitköcheln lassen. Die Schokoraspel unter das Kompott rühren und das Ganze abkühlen lassen.

3. Den Mascarpone mit Quark, Puderzucker und Vanillezucker cremig rühren. Die Sahne steif schlagen und unterheben.

4. Die Biskuitböden in Würfel schneiden und in eine Glasschüssel geben. Mit dem restlichen Johannisbeersaft beträufeln. Das abgekühlte Pflaumenkompott darauf verteilen. Auf das Kompott die Mascarponecreme geben und glatt streichen. Das Trifle mindestens 4 Std., am besten aber über Nacht, durchziehen lassen.

5. Vor dem Servieren die Zartbitterschokolade raspeln und auf das Trifle streuen.

Austausch-Tipp Falls Sie keinen Schoko-Biskuitboden bekommen haben, einfach schnell selbst einen backen. 3 Eier mit 90 g Zucker dickschaumig aufschlagen. 90 g Mehl mit 2 TL Kakaopulver mischen, über die Eiercreme sieben und locker vermischen. Den Teig in eine mit Backpapier ausgelegte Form geben und bei 180° ca. 20 Min. backen.

Trifle mit Preiselbeeren

3 Orangen auspressen. Den Saft mit 50 g Zucker und 1 Päckchen Vanillezucker aufkochen. 300 g Preiselbeeren aus dem Glas und 2 EL Himbeerkonfitüre dazugeben, das Ganze kurz aufkochen und 5 Min. köcheln lassen. 2 TL Speisestärke mit etwas Wasser verrühren, zu der Preiselbeermischung geben, kurz aufkochen lassen und kühl stellen. 150 g weiße Kuvertüre in einer Schüssel über dem heißen Wasserbad schmelzen lassen. 250 g Mascarpone mit 100 g Puderzucker verrühren, Kuvertüre unterrühren. 300 g Sahne steif schlagen und unterheben. 200 g Biskuit zerbröseln und in eine Schüssel geben. Mit 2 EL Kaffeelikör oder Fruchtsaft beträufeln. Vorbereitete Preiselbeeren und Sahnecreme schichtweise daraufgeben. Über Nacht kühl stellen.

SÜSSES MIT OBST UND SCHOKOLADE

Traubensülze mit Zabaione

Herbstfreuden
40 Min. + 2 Std. Kühlen
pro Portion ca. 335 kcal
5 g Eiweiß · 4 g Fett · 66 g Kohlenhydrate

ZUTATEN FÜR 4 PORTIONEN
200 g kleine grüne Weintrauben
200 g kleine blaue Weintrauben
6 Blatt Gelatine
350 ml heller Traubensaft oder Weißwein
75 g Puderzucker
2 frische Eigelb
60 g Zucker
100 ml Weißwein

Und:
4 Förmchen (à 150 ml Inhalt)

ZUBEREITUNG

1. Die Trauben waschen und abtropfen lassen. Die Gelatine in Wasser einweichen. Den Traubensaft mit Puderzucker bei mittlerer Hitze erhitzen. Die Trauben getrennt je 5 Min. in der Flüssigkeit ziehen lassen. Herausnehmen und abtropfen lassen. Abgetropfte Gelatine in der Flüssigkeit unter Rühren auflösen. Die Trauben in die Förmchen schichten. Mit der heißen Flüssigkeit begießen. Die Sülze zum Gelieren 2 Std. in den Kühlschrank stellen.

2. Für die Zabaione die Eigelbe mit Zucker und Wein in einer Metallschüssel verrühren. Die Eiermischung über einem heißen Wasserbad dickcremig aufschlagen. Die Zabaione in einem kalten Wasserbad abkühlen lassen und dabei immer wieder umrühren. Die Traubensülze mit einem Messer vorsichtig vom Rand lösen und auf Teller stürzen. Mit der Zabaione servieren.

Weiße Schoko-Panna-cotta

cremig-fein
30 Min. + 12 Std. Kühlen
pro Portion ca. 665 kcal
7 g Eiweiß · 41 g Fett · 65 g Kohlenhydrate

ZUTATEN FÜR 4 PORTIONEN
100 g weiße Schokolade
400 g Sahne
150 ml Milch
125 g Zucker
4 Blatt Gelatine
2 Quitten (ca. 300 g)
30 g kandierter Ingwer
250 ml frisch gepresster Orangensaft

Und:
4 Förmchen (à 150 ml Inhalt)

ZUBEREITUNG

1. Die Schokolade in Stücke brechen. Die Sahne mit Milch und 50 g Zucker in einen Topf geben. Langsam erhitzen, Schokolade dazugeben und bei ganz schwacher Hitze 15 Min. sanft köcheln lassen.

2. Die Gelatine einweichen, ausdrücken und in der Schokosahne auflösen. Die Förmchen mit kaltem Wasser ausspülen. Die Schokosahne einfüllen und im Kühlschrank über Nacht fest werden lassen.

3. Die Quitten abreiben, schälen, vierteln, Kerngehäuse entfernen. Fruchtfleisch klein würfeln. Ingwer klein würfeln. Restlichen Zucker in einem Topf schmelzen, Quitten und Ingwer dazugeben, unter Rühren bei mittlerer Hitze karamellisieren. Orangensaft nach und nach unterrühren. Obst in 20 Min. weich kochen, abkühlen lassen und pürieren. Panna cotta auf Teller stürzen und mit der Quittensauce servieren.

Halloween

Am Abend des 31. Oktober ziehen die Kinder wild verkleidet als **Gespenster, Hexen** oder **Monster** von Haus zu Haus mit Sprüchen wie »Gib uns Süßes, sonst gibt's Saures«. Danach kann die Halloweenparty mit **gruselig gutem Essen** beginnen.

Monster-Buletten

höllisch gut mit ganz viel Ketchup
45 Min.
pro Stück ca. 205 kcal
11 g Eiweiß · 16 g Fett · 5 g Kohlenhydrate

ZUTATEN FÜR 12 STÜCK

3 Scheiben Zwieback
1 Zwiebel
1 Bund Petersilie
1 EL Öl
600 g gemischtes Hackfleisch
1 Ei · 1 TL Senf
Salz · Pfeffer
Zimtpulver
1/2 TL Chilipulver
2 TL Speisestärke
3 EL Öl
12 Oliven mit Paprikafüllung
24–48 Pinienkerne (ersatzweise Mandelstifte)

ZUBEREITUNG

1. Den Zwieback kurz in Wasser einweichen und ausdrücken. Die Zwiebel schälen, halbieren und ganz fein hacken. Die Petersilie waschen und trocken schütteln, die Blätter abzupfen und fein hacken.

2. Das Öl in einer Pfanne erhitzen. Zwiebel und Petersilie darin bei mittlerer Hitze andünsten. Ausgedrückten Zwieback untermischen.

3. Das Hackfleisch in eine große Schüssel geben und mit der Zwiebackmischung sowie Ei und Senf zu einer glatten Masse verkneten. Mit Salz, Pfeffer, 1 kräftigen Prise Zimt und Chilipulver würzen.

4. Aus dem Teig 12 Buletten formen und etwas flach drücken. Nebeneinander in eine flache Schale legen. Die Speisestärke darübersieben. Die Buletten 15 Min. ruhen lassen.

5. Das Öl in einer großen Pfanne erhitzen. Die Buletten darin bei mittlerer Hitze auf jeder Seite in 4–5 Min. braun braten.

6. Für die Gesichter Oliven halbieren, je 2 halbierte Oliven als Augen mit etwas Senf eindrücken. Die Pinienkerne als Monsterzähne in die Buletten drücken. Die Buletten mit Salat- oder Kräuterblättern auf einer Platte anrichten. Kalt oder warm mit reichlich Ketchup servieren.

Servier-Tipp Noch gruseliger sehen die Monster-Buletten aus, wenn Sie sie auf Seetang servieren. Dazu 3–4 Nori-Seetangblätter (Asienladen) in 2–3 cm breite Streifen schneiden und auf ein Brett legen. Die Monsterbuletten darauf anrichten.

HALLOWEENPARTY 137

Gefüllte Kürbisse

vegetarisch
35 Min. + 35 Min. Backen
pro Portion ca. 475 kcal
15 g Eiweiß · 36 g Fett · 21 g Kohlenhydrate

ZUTATEN FÜR 4 PORTIONEN
2 kleine Hokkaidokürbisse (à 500–600 g)
2 Scheiben Toastbrot
4 EL Öl
50 g gehackte Haselnüsse
100 g Gorgonzola
200 g Frischkäse
1 Ei · Salz · Pfeffer
Zimtpulver
Cayennepfeffer
100 ml Apfel- oder Orangensaft

ZUBEREITUNG

1. Kürbisse waschen, unten flach schneiden und einen zackigen Deckel abschneiden. Kerne und Fasern herausschaben. Toastbrot klein würfeln. 2 EL Öl erhitzen, Brotwürfel bei mittlerer Hitze anbraten, Nüsse dazugeben, mitbraten, abkühlen lassen. Gorgonzola grob zerdrücken. Frischkäse und Ei verrühren. Gorgonzola und Brot-Nuss-Mischung unter den Frischkäse mischen. Mit Salz, Pfeffer und je 1 kräftigen Prise Zimt und Cayennepfeffer würzen. Masse in die Kürbisse füllen.

2. Den Backofen auf 180° vorheizen. Eine Form mit Öl ausstreichen. Die Kürbisse in die Form setzen, die Deckel dazulegen. Beides außen mit Öl bestreichen. Kürbisse im Ofen (Mitte, Umluft 160°) ca. 35 Min. backen. Nach 20 Min. den Saft angießen und die Deckel auflegen. Die Kürbisse schmecken warm oder kalt. Zum Servieren Kürbisse ohne Deckel halbieren.

Herzhafte Gespenster

ganz einfach
20 Min. + 20 Min. Ruhen + 25 Min. Backen
bei 12 Stück pro Stück ca. 250 kcal
7 g Eiweiß · 15 g Fett · 20 g Kohlenhydrate

ZUTATEN FÜR CA. 12 STÜCK

Für die Gespenster:
300 g Mehl (+ Mehl für die Arbeitsfläche)
1 Päckchen Trockenhefe · 150 ml Milch
4 EL neutrales Öl
1 Ei · Salz
50 g ungesalzene Erdnüsse
35 g frisch geriebener Appenzeller
12 halbierte schwarze Oliven (ohne Stein)

Für den Dip:
150 g Crème fraîche
1 TL Senf · 1 EL frisch gehackte Petersilie
50 g gemahlene, ungesalzene Erdnüsse
Salz · Chilipulver

ZUBEREITUNG

1. Mehl und Trockenhefe in einer Schüssel mischen. 125 ml Milch erwärmen und mit Öl, Ei und 1 TL Salz zum Mehl geben. Alles zu einem glatten Teig verkneten. Den Teig zugedeckt 20 Min. gehen lassen.

2. Die Erdnüsse grob hacken. Den Teig auf bemehlter Arbeitsfläche kurz durchkneten, Käse und Nüsse unterkneten. Den Teig ausrollen und mit einem scharfen Messer Gespensterformen ausschneiden.

3. Den Backofen auf 180° vorheizen. Ein Backblech mit Backpapier belegen, die Gespenster darauflegen und mit der restlichen Milch bestreichen, halbierte Oliven als Augen in den Teig drücken. Im Backofen (Mitte, Umluft 160°) in 20–25 Min. goldbraun backen. Für den Dip alle Zutaten vermischen. Die Gespenster aus dem Backofen holen und kurz abkühlen lassen. Den Dip dazu reichen.

Monster-Bowle

2 EL braunen Zucker mit dem Saft einer Zitrone in eine große Schüssel geben und kräftig miteinander verrühren. In einer zweiten Schüssel 750 ml Eistee mit 750 ml Orangensaft oder Pfirsichsaft und 2–3 Tropfen blauer Speisefarbe vermischen, anschließend unter die Zucker-Zitronensaft-Mischung rühren. Eiswürfel in einen Gefrierbeutel geben und mit dem Nudelholz crushen. Alle Zutaten in ein großes Glasgefäß füllen. Einige Weingummischlangen oder andere Tiere in die Bowle geben oder über den Rand des Gefäßes hängen.

Halloween-Kürbis

Leuchtender Mittelpunkt der Halloween-Party sind selbst geschnitzte Kürbisse. Von großen oder kleinen Kürbissen einen Deckel abschneiden und das Innere gut aushöhlen. Mit einem Filzstift zuerst Gesichter aufmalen, danach mit einem richtig scharfen Messer die Gesichter in die Schale ritzen. In jeden Kürbis ein Teelicht stellen und anzünden.
Glibberhände 1 Packung grüne oder rote Götterspeise nach Packungshinweis zubereiten. Die Flüssigkeit in Einweghandschuhe (Drogerie) gießen, diese zuknoten und das Ganze im Kühlschrank fest werden lassen. Handschuhe mit der Schere vorsichtig aufschneiden.

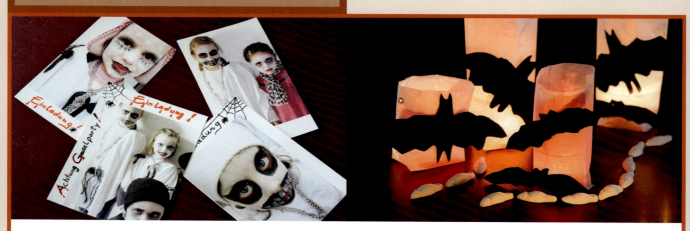

Einladungskarten Die Gesichter von Kindern oder Erwachsenen mit grässlichen Blutflecken und dunklen Augen bemalen und fotografieren. Die Fotos als Einladungskarten verschicken.

Gruselicht Fledermäuse oder Vampire mit Mund- und Nasenlöchern aus schwarzem Karton oder Filz ausschneiden, auf Brotzeittüten oder größere Papiertüten kleben. Bunte Teelichter in die Tüten stellen.

DEKO FÜR HALLOWEEN

Geisterspießchen & Monsterküsse 100 g weiße Kuvertüre in einer Schüssel über dem heißen Wasserbad schmelzen. Etwa 12 große weiße Marshmallows auf bunte Partyspieße stecken. Marshmallows in die Kuvertüre tauchen, die Spieße in einen Apfel stecken und trocknen lassen. 50 g dunkle Schokoladenglasur nach Packungsangabe schmelzen und mit einem Holzstäbchen Gesichter auf die Marshmallows malen. Auf die Schokoküsse mit weißer Zuckerschrift grüne Smarties als Augen aufkleben. Rote Gummischnüre als Haare und Mund aufkleben.

Mini-Gespenster 3 Eiweiß mit 1 Prise Salz und 150 g Zucker in eine Edelstahlschüssel geben. Einen passenden Topf ein Drittel hoch mit Wasser füllen. Eiweißmasse über dem heißen Wasserbad mit den Schneebesen des Handrührgerätes zu einer steifen, glänzenden Masse schlagen. Den Backofen auf 200° vorheizen. Backblech mit Backpapier belegen. Die Eiweißmasse in einen Einwegspritzbeutel füllen. Ein 1 cm großes Loch abschneiden. Kleine Gespenster auf das Backpapier spritzen. Zuckerperlen oder Cranberrys als Augen eindrücken. Backofen auf 80° zurückschalten, Gespenster im Backofen 2 Std. trocknen lassen.

Crazy Horror Cakes 1 Päckchen Mürbeteig (Kühltheke; fertig ausgerollt) auf die Arbeitsfläche geben und runde Plätzchen (8–10 cm Durchmesser) ausstechen. Plätzchen auf ein mit Backpapier belegtes Blech legen. Im Ofen bei 180° (Mitte, Umluft 160°) ca. 10 Min. backen. 250 g Puderzucker mit etwas Wasser verrühren und in zwei Schälchen füllen. Mit 1–2 Tropfen Speisefarbe grün und braun einfärben. Die Plätzchen damit bestreichen und mit Weingummifiguren (z. B. Horrormix von Haribo) verzieren oder die Plätzchen mit einem Spinnennetz aus Lakritzschnüren dekorieren.

Blutwurst 150 g Blockschokolade mit 2 EL Milch in einer Schüssel über dem heißen Wasserbad schmelzen. 2 EL Rosinen, 150 g gemahlene Haselnüsse, 2 EL Mandelstifte und 1 sehr frisches Ei unter die Schokolade mischen. Aus der Masse eine 6–8 cm dicke Rolle formen, in Puderzucker wälzen, in Frischhaltefolie wickeln und 2 Tage kühl stellen. Blutwurst in 2 cm dicke Scheiben schneiden und auf einer Platte anrichten.

Winter

Zeit zum Genießen! Kohlröschen, die der Kälte getrotzt haben, würziger Sellerie und dicke Steckrüben bringen jetzt **starke Aromen auf den Teller.** Für mildere Momente gibt's zarte Feldsalatblättchen, Möhren und Pastinaken. Getrocknete Kräuter und Gewürze zaubern uns Sonnenaroma ins Wintermenü. Und für raffinierte Frische sorgen Mango, Granatapfel und Orangen. **So lässt sich auch der Winter wunderbar aushalten.**

DIE HIGHLIGHTS IM WINTER

Chicorée

Das Lieblingsgemüse der Belgier und Niederländer stammt jetzt von heimischen Produzenten. Die Stauden wachsen unterirdisch. Chicorée schmeckt roh und gedünstet als Gemüse. Sein leicht bitterer Geschmack verträgt kräftige Partner. Die kalorienarmen Blätter versorgen uns mit wertvollen Vitaminen und Folsäure.

Feldsalat

Der beliebteste Grüne im Winter wird liebevoll auch Rapunzel, Nüssli- oder Vogerlsalat genannt. Die zarten Blättchen mit der leicht nussigen Note kommen selbst bei kritischen Essern gut an. Besonders aromatisch schmecken kleinblättrige Sorten.

Granatäpfel

Die scharlachroten Früchte bringen Sonne in die Winterküche. Sie stammen meist aus Mittelmeerländern. Ihre dicke Schale schützt sie, erschwert aber auch den Zugang zu den fleischig-saftigen, süß-herben Fruchtkernen. So knacken Sie den Vitamin-Tresor: Zuerst am Kelchansatz ein keilförmiges Stück herausschneiden. Dann den Granatapfel über eine Schüssel halten und auseinanderbrechen. Für Saucen den Granatapfel halbieren und wie eine Orange auspressen.

Knollensellerie

Ab in den Eintopf? Sellerie kann mehr! Mit Orange verfeinert schmeckt er im Salat, mit Erdnusskruste macht er dem Schnitzel Konkurrenz. Ätherische Öle sorgen für den kräftigen Geschmack. Die Knolle ist reich an Vitaminen und Vitalstoffen, die unser Immunsystem schützen und stärken.

Radicchio

Bringt Farbe in die Salatschüssel, dazu jede Menge Vitamine, Mineral- und Ballaststoffe. Die kleinen Köpfe schmecken pur, lassen sich aber auch gut mit anderen Wintersalaten mischen. Die Außenblätter sind manchmal besonders bitter. Beim Putzen probieren und eventuell entfernen.

Rosenkohl

Der kleinste aus der Kohlfamilie hat die meisten Nährstoffe zu bieten: jede Menge Vitamin C, B6 und K, darüber hinaus Eisen, Folsäure und wertvolle Pflanzenstoffe, die unsere Abwehrkräfte stärken können. Die Röschen vertragen Frost. Einmal geerntet machen sie jedoch schnell schlapp.

Rote Beten

Mit ihrem herb-intensiven Aroma avancierten die robusten Knollen zum Trendgemüse von Sterneköchen. Rote Beten schmecken roh und gekocht. Tragen Sie bei der Zubereitung am besten Küchenhandschuhe. Denn der tiefrote Saft haftet hartnäckig an den Fingern. Für die schnelle Küche vakuumverpackte Rote Beten kaufen.

Schwarzwurzeln

Überraschung: Unter ihrer schwarzen harten Schale bergen die Stangen nussig-milden Geschmack, der ihren Zweitnamen »Winterspargel« rechtfertigt. Allerdings: Das Schälen ist mühsam. Zudem enthält das vitamin- und mineralstoffreiche Fruchtfleisch einen milchigen Saft, der sich an der Luft braun verfärbt. Legen Sie frisch geschälte Stangen deshalb sofort in Essigwasser. Oder garen Sie Schwarzwurzeln mit der Schale.

Walnüsse

Kleine Kraftpakete: Bei geringem Wassergehalt haben die Kerne viel Fett, Vitamine, Eiweiß und Mineralstoffe zu bieten, allerdings auch 670 Kalorien pro 100 g.

Weitere Produkthits

➜ **Grünkohl** Klirrende Kälte macht ihm nichts aus, im Gegenteil: Der Robuste aus dem hohen Norden braucht Minusgrade, um sein volles Aroma zu entwickeln.

➜ **Weiß- und Rotkohl** Klassiker der Winterküche: unkompliziert, lange haltbar und im Wok genauso lecker wie im Eintopf.

➜ **Topinambur** Am einfachsten genießen Sie die Knolle mit dem erdigen Geschmack als Rohkost: Gut waschen und bürsten, mit Schale raffeln und in einer Joghurt-Zitronenmarinade servieren.

Jetzt außerdem gut und günstig

➜ **Gemüse** Avocado, Endiviensalat, Kartoffeln, Kürbis, Lauch, Möhren, Petersilienwurzeln, Winterrettich, Steckrüben, Wirsing, Zuckerhut

➜ **Obst** Ananas, Äpfel, Bananen, Birnen, Datteln, Grapefruits, Kiwis, Mandarinen, Mangos, Orangen, Papayas, Passionsfrüchte

PRODUKTHITS IM WINTER 143

Gulaschsuppe mit Paprika

herzhaft und wärmend
45 Min. + 1 Std. 15 Min. Garen

bei 6 Portionen pro Portion ca. 275 kcal
23 g Eiweiß · 12 g Fett · 16 g Kohlenhydrate

ZUTATEN FÜR 4–6 PORTIONEN
500 g Rinderschulter
2 große Zwiebeln
4 EL Öl · Salz · Pfeffer
2 EL Tomatenmark
je 1 EL edelsüßes und rosenscharfes Paprikapulver
1 1/4 l Fleischbrühe
300 ml Tomatensaft
je 2 rote und gelbe Paprikaschoten
500 g Kartoffeln

ZUBEREITUNG

1. Das Fleisch mit Küchenpapier trocken tupfen und in 1/2 cm große Würfel schneiden. Die Zwiebeln schälen und fein würfeln.

2. In einem Topf 3 EL Öl erhitzen und das Fleisch darin portionsweise bei starker Hitze je 2 Min. anbraten, salzen und pfeffern, herausnehmen.

3. Das restliche Öl erhitzen und die Zwiebeln bei mittlerer Hitze 3–4 Min. braten. Tomatenmark und beide Sorten Paprikapulver einrühren und kurz anrösten. Das Fleisch hinzufügen, Brühe und Tomatensaft angießen und zum Kochen bringen. Zugedeckt bei mittlerer Hitze 1 Std. 15 Min. garen.

4. Inzwischen die Paprikaschoten waschen, putzen, vierteln, entkernen und in kleine Würfel schneiden. Die Kartoffeln waschen, schälen und in Würfel schneiden. Die Kartoffel- und Paprikawürfel nach 1 Std. Garzeit in den Topf geben und bis zum Schluss mitgaren.

Tuning-Tipp 2 Knoblauchzehen, 1 TL abgeriebene Schale von 1 Bio-Zitrone und 2 TL Kümmelsamen mit 1/2 TL Salz hacken, diese Paste mit dem Fleisch zur Suppe geben.

Mehr draus machen Die Suppe lässt sich prima auch in einer größeren Menge vorbereiten und als Mitternachtssuppe bei einer Party servieren.

SUPPEN – MAL KRÄFTIG, MAL FEIN **145**

Topinambursuppe mit Speck

ideale Vorspeise
50 Min.
pro Portion ca. 285 kcal
6 g Eiweiß · 24 g Fett · 9 g Kohlenhydrate

ZUTATEN FÜR 4 PORTIONEN

400 g Topinambur
1 Kartoffel (ca. 100 g)
100 g Schalotten
2 EL Butter
400 ml Gemüsefond (Glas)
125 g Sahne
40 g Frühstücksspeck
Salz · Pfeffer
frisch geriebene Muskatnuss
1 TL Chiliflocken

ZUBEREITUNG

1. Den Topinambur und die Kartoffel schälen und grob zerteilen. Die Schalotten schälen und fein würfeln. Die Butter erhitzen und das Gemüse darin bei schwacher Hitze andünsten.

2. Fond und 150 ml Wasser dazugießen und das Gemüse halb zugedeckt bei mittlerer Hitze 20 Min. garen. Die Sahne zugießen und die Suppe weitere 10 Min. offen kochen lassen.

3. Inzwischen den Speck in 2 cm breite Stücke schneiden und in einer Pfanne ohne Fett knusprig ausbraten. Auf Küchenpapier entfetten.

4. Die Suppe pürieren und durch ein feines Sieb streichen. Mit Salz, Pfeffer und Muskat abschmecken. Die Suppe anrichten, mit den Speckstücken und den Chiliflocken bestreuen.

Topinambur – die fast vergessenen Knöllchen

Äußerlich ähneln die kleinen, bizarr wachsenden Knollen Kartoffeln, die Schale variiert in der Farbe von rosa, violett, rot bis gelb oder braun, das Fruchtfleisch ist stets hell. Der Geschmack geht eher in Richtung Artischocke, weshalb Topinambur auch Erdartischocke heißt. Die angenehm süßlichen Knollen sind von Oktober bis Mai erhältlich – auf Wochenmärkten, in Bioläden und gut sortierten Supermärkten. Genießen Sie Topinambur roh geraspelt mit Zitronensaft als Salat, gedünstet als Gemüse oder gekocht und püriert in der Suppe (s. links). Auch gut: paniert und ausgebacken oder als Gratin.

Endivie – die Vielfältige

Die Salatpflanze gibt es in zwei Varianten: die glatte Endivie, die auch Winterendivie oder Escariol heißt, und die krause Endivie, auch Frisée genannt. Typisch für beide ist ihr leicht bitterer Geschmack, den man durch kurzes Wässern oder Würzen mit Zucker ausgleichen kann. Endivie schmeckt als pikant angemachter Salat, z. B. mit Zwiebeln, Tomaten, Thunfisch, Speck, Käse, Apfel (s. Seite 151) oder Zitrusfrüchten, aber auch warm als Suppe (Rezept unten links) oder gedünstet und unter Nudeln oder Kartoffelpüree (s. Seite 159) gehoben. Probieren Sie es doch einfach mal aus!

Endiviensuppe

Salat mal als Gemüse
30 Min.
pro Portion ca. 250 kcal
5 g Eiweiß · 15 g Fett · 22 g Kohlenhydrate

ZUTATEN FÜR 4 PORTIONEN

400 g Endiviensalat
1 Lauchstange
1 EL + 2 TL Butter
2 EL Mehl
1 l Gemüsebrühe
100 g Crème fraîche
Salz · Pfeffer
1 EL flüssiger Honig
1–2 EL Balsamico bianco oder milder Weißweinessig
2 Scheiben Bauernbrot (ca. 100 g)

ZUBEREITUNG

1. Den Salat waschen, putzen und trocken schleudern, die Blätter in feine Streifen schneiden. Den Lauch putzen, waschen, in dünne Ringe schneiden und in einem Topf in 1 EL Butter 3 Min. andünsten. Den Salat bis auf 4 EL dazugeben und 1–2 Min. andünsten. Das Mehl darüber stäuben und kurz anschwitzen.

2. Die Brühe dazugießen, aufkochen und den Salat zugedeckt 5 Min. bei schwacher Hitze garen. Die Suppe pürieren, Crème fraîche einrühren, mit Salz, Pfeffer, Honig und Essig abschmecken. Nochmals kurz aufkochen lassen.

3. Das Brot in kleine Würfel schneiden und in einer Pfanne in 2 TL Butter 5 Min. braten. Die Suppe anrichten und mit je 1 EL Salatstreifen und Croûtons bestreuen.

Rindfleischbrühe mit Spätzle

ganz klar eine feine Sache
30 Min. + 2 1/2 Std. Garen
pro Portion ca. 245 kcal
23 g Eiweiß · 8 g Fett · 19 g Kohlenhydrate

ZUTATEN FÜR 6 PORTIONEN

750 g Tafelspitz
1 Bund Suppengrün
1 große Zwiebel
2 Lorbeerblätter
4 Gewürznelken
10 schwarze Pfefferkörner · Salz
200 g kleine Champignons
400 g Spätzle (Kühlregal)
Pfeffer
2 EL Schnittlauchröllchen

ZUBEREITUNG

1. Das Fleisch waschen. Das Suppengrün putzen, waschen und grob zerkleinern. Die Zwiebel mit den Lorbeerblättern und Nelken spicken. Alles in einen großen Topf geben, die Pfefferkörner und 1 EL Salz zufügen und 2 l Wasser dazugießen. Das Ganze aufkochen und die Brühe bei schwacher Hitze halb zugedeckt 2 1/2 Std. kochen lassen.

2. Die Pilze 20 Min. vor Ende der Garzeit putzen, abreiben und in feine Scheibchen schneiden. Das Fleisch herausnehmen, die Brühe durch ein feines Sieb gießen und erneut erhitzen.

3. Das Fleisch würfeln, mit den Pilzen und Spätzle in die Suppe geben und 2–3 Min. ziehen lassen. Mit Salz und Pfeffer abschmecken. Die Suppe anrichten, die Schnittlauchröllchen daraufstreuen.

Baeckeoffe

Elsässischer Klassiker
50 Min. + 12 Std. Marinieren
+ 2 1/2 Std. Garen
pro Portion ca. 525 kcal
42 g Eiweiß · 29 g Fett · 25 g Kohlenhydrate

ZUTATEN FÜR 6 PORTIONEN
je 400 g Schweinenacken,
Lammschulter und Rinderbug
3 Knoblauchzehen
250 g Zwiebeln
1 Kräutersträußchen (4 Zweige Thymian,
2 Lorbeerblätter, 4 Stängel Petersilie)
500 ml trockener Riesling (ersatzweise
100 ml Weißweinessig und 400 ml Fleischbrühe)
2 Lauchstangen
1 kg Kartoffeln
Salz · Pfeffer
3 EL Mehl (+ Mehl zum Ausrollen)

ZUBEREITUNG

1. Das Fleisch waschen, trocken tupfen und in ca. 3 cm große Würfel schneiden. Die Knoblauchzehen schälen und in dünne Scheiben schneiden. 1 Zwiebel schälen und in grobe Würfel schneiden.

2. Das Fleisch in eine große Schüssel legen und mit Knoblauch, Zwiebel und Kräutern bedecken. Mit dem Wein begießen. Zugedeckt über Nacht im Kühlschrank marinieren.

3. Am nächsten Tag die restlichen Zwiebeln schälen und in Würfel schneiden. Den Lauch waschen, putzen und in Scheiben schneiden. Die Kartoffeln schälen, waschen und in ca. 1/2 cm dicke Scheiben schneiden.

4. Den Backofen auf 200° vorheizen. Den Boden eines glasierten Tontopfs mit Deckel mit der Hälfte der Kartoffeln auslegen und diese mit Salz bestreuen. Das Fleisch mit Zwiebeln und Lauch mischen und darauflegen. Mit Salz und grob gemahlenem Pfeffer würzen. Die Marinade darübergießen. Mit den restlichen Kartoffelscheiben bedecken, salzen.

5. Aus dem Mehl und 3–4 TL lauwarmem Wasser einen Teig kneten, diesen auf der bemehlten Fläche zu einer Rolle formen und auf den Rand der Form legen. Den Deckel mit dem Teig festkleben.

6. Den Eintopf im Backofen (2. Schiene von unten, Umluft 180°) 2 1/2 Std. garen. Vor dem Servieren den Deckel abnehmen, dabei den Teig entfernen.

Beste Zeit für rote Rüben und grünen Kohl
Kein Grund, bei Rote Bete rot zu sehen: Einmalhandschuhe verhindern, dass die blutrote Farbe beim Vorbereiten in die Haut eindringt. Einmal gekocht und/oder geschält lässt sich mit der erdigen Wurzel vieles machen: man kann sie als Eintopf (s. Seite 147) oder Suppe kochen, dünsten, mit Essig, Zitrone, Obst, saurer Sahne kombiniert als Imbiss, Vorspeise oder Salat servieren. Oder backen Sie mal ganze Knollen im Salzteig (S. 152). Köstlich!

Grünkohl brilliert nach den ersten Frösten in geschmacklicher Höchstform: meist als deftiger Eintopf oder Auflauf, mit geräucherter Wurst, Speck, Schweinebauch oder Kasseler (s. Seite 147). Aber auch als Beilage mit Sahne verfeinert (s. Seite 153) ist er eine Kostprobe wert. Man kann ihn sogar roh als Salat genießen.

EINTÖPFE – WÄRMEND UND WOHLTUEND 147

Rote-Bete-Eintopf mit Ente

osteuropäisch inspiriert
1 Std.
pro Portion ca. 490 kcal
22 g Eiweiß · 32 g Fett · 28 g Kohlenhydrate

ZUTATEN FÜR
4 PORTIONEN

2 Entenkeulen
(à ca. 300 g)
Salz · Pfeffer
2 Zwiebeln
2 Knoblauchzehen
400 g Weißkohl
2 EL Öl
2 EL Tomatenmark
1 1/8 l Hühnerbrühe
3–4 Rote Beten
(ca. 400 g)
400 g vorwiegend
festkochende
Kartoffeln
3–4 EL Essig oder
Zitronensaft

ZUBEREITUNG

1. Die Haut von den Entenkeulen abziehen, Fleisch von den Knochen lösen und in 1/2 cm große Würfel schneiden. Mit Salz und Pfeffer würzen. Zwiebeln schälen und würfeln. Knoblauch schälen, fein hacken. Kohl putzen, in feine Streifen schneiden.

2. Das Öl in einem breiten Topf erhitzen, Fleisch, Zwiebeln, Knoblauch und Kohl darin bei schwacher Hitze 3–4 Min. andünsten. Das Tomatenmark zugeben und andünsten. Die Brühe angießen und zugedeckt bei mittlerer Hitze 20 Min. kochen.

3. Inzwischen Rote Bete und Kartoffeln schälen und in 2 cm große Würfel schneiden. Beides in den Topf geben, den Eintopf weitere 25–30 Min. garen. Salzen, pfeffern, mit Essig oder Zitronensaft abschmecken.

Tuning-Tipp Mit je 1 EL saurer Sahne und etwas grob gehacktem Dill servieren.

Grünkohl-Kasseler-Eintopf

Sattmacher mit fruchtiger Note
1 Std. 20 Min.
pro Portion ca. 405 kcal
27 g Eiweiß · 19 g Fett · 28 g Kohlenhydrate

ZUTATEN FÜR
4 PORTIONEN

800 g Grünkohl
(etwa 400 g geputzt)
2 kleine Zwiebeln
1 walnussgroßes
Stück Ingwer
400 g roh geräuchertes Kasseler
(ohne Knochen)
4 EL Öl
1 1/4 l Gemüsebrühe
400 g Süßkartoffeln
(ersatzweise
Kartoffeln)
1 roter, säuerlicher
Apfel (z. B. Boskop)
2 EL Saft und
abgeriebene Schale
von 1/2 Bio-Zitrone
Salz · Pfeffer

ZUBEREITUNG

1. Den Grünkohl vom Strunk befreien, die Blätter von den Rippen streifen, waschen, gut abtropfen lassen und klein hacken. Zwiebeln schälen und in Spalten schneiden. Den Ingwer schälen und in sehr feine Scheiben schneiden. Das Kasseler würfeln.

2. Das Öl in einem großen Topf erhitzen. Zwiebeln und Ingwer bei mittlerer Hitze andünsten. Den Grünkohl zugeben und 2–3 Min. unter Wenden andünsten. Kasseler zufügen und Brühe angießen. Alles zugedeckt bei mittlerer Hitze 30 Min. garen.

3. Inzwischen die Süßkartoffeln schälen und 2 cm groß würfeln. Nach 30 Min. zum Kohl geben. Alles 20 Min. kochen. Den Apfel waschen, vierteln, entkernen und in Spalten schneiden. Sofort mit 2 EL Zitronensaft beträufeln und kurz im Eintopf erhitzen. Alles mit Salz, Pfeffer und etwas Zitronenschale würzen.

Rote Bete mit Mozzarella

originelle Kombination
20 Min. + 1 Std. Garen
pro Portion ca. 330 kcal
15 g Eiweiß · 26 g Fett · 8 g Kohlenhydrate

ZUTATEN FÜR
4 PORTIONEN

3 Rote Beten
(ca. 400 g) · Salz
250 g Mozzarella
3 EL Balsamico bianco
oder milder
Weißweinessig
Pfeffer
4 EL Olivenöl
40 g Walnusskerne
1/2 Bund Schnittlauch

ZUBEREITUNG

1. Rote Beten waschen, ungeschält in Salzwasser 50–60 Min. garen, abgießen, pellen und wie den Mozzarella in dünne Scheiben schneiden. Abwechselnd überlappend auf einem großen Teller auslegen.

2. Für die Marinade Essig, Salz, Pfeffer und Öl zu einer cremigen Sauce verquirlen. Diese über die Rote Bete und den Mozzarella träufeln.

3. Die Walnüsse grob hacken. Den Schnittlauch waschen, trocken schütteln und in feine Röllchen schneiden, gehackte Nüsse und Schnittlauch über das Gericht streuen.

Speed-Tipp Frische Rote Bete durch bereits gekochte, in Folie eingeschweißte Rote Bete aus der Gemüseabteilung ersetzen.

Austausch-Tipp Für einen Schärfe-Kick statt der Walnüsse geraffelten frischen Meerrettich verwenden.

Meerrettich-Panna-cotta

super Vorspeise
45 Min. + 12 Std. Kühlen
pro Portion ca. 390 kcal
6 g Eiweiß · 37 g Fett · 7 g Kohlenhydrate

ZUTATEN FÜR
4 PORTIONEN

4 Blatt weiße Gelatine
300 g Sahne
200 ml Buttermilch
Salz · Pfeffer
2 EL Meerrettich (Glas)
1 kleiner Friséesalat
1 rote Spitzpaprika
2 EL Weißweinessig
5 EL Olivenöl

Und:
4 Förmchen
(à 150 ml Inhalt)

ZUBEREITUNG

1. Die Gelatine in kaltem Wasser einweichen. Sahne und Buttermilch mit Salz und Pfeffer aufkochen und offen bei schwacher Hitze 5 Min. kochen lassen.

2. Die Sahne vom Herd nehmen, die Gelatine ausdrücken und in der heißen Mischung auflösen. Den Meerrettich unterrühren. Die Masse in vier Förmchen gießen und mindestens 5 Std., am besten aber über Nacht, kalt stellen.

3. Den Friséesalat waschen, putzen und in mundgerechte Stücke zerpflücken. Spitzpaprika waschen, putzen und in sehr feine Würfel schneiden.

4. Essig, Salz, Pfeffer und Öl verrühren, die Paprikawürfel unterheben. Die Förmchen mit der Panna cotta kurz in heißes Wasser tauchen und auf Teller stürzen. Den Salat drum herum verteilen und beides mit der Paprika-Vinaigrette beträufeln.

KLEINE, FEINE GENÜSSE **149**

Thunfisch-Burger mit Senfsauce

macht was her
40 Min.
pro Portion ca. 670 kcal
32 g Eiweiß · 47 g Fett · 29 g Kohlenhydrate

ZUTATEN FÜR
4 PORTIONEN

500 g TK-Thunfischsteaks
Salz · Pfeffer
1/2 Radicchio (ca. 200 g)
2 EL Rotweinessig
2 EL + 2 TL Olivenöl
2 TL kleine Kapern
100 g Mayonnaise
1 EL körniger Senf
1 TL Honig
1 TL Zitronensaft
4 Mega-Hamburger-Brötchen

ZUBEREITUNG

1. Die Thunfischsteaks 20 Min. antauen lassen, kalt waschen, trocken tupfen, salzen und pfeffern.

2. Den Radicchio waschen, durchschneiden, vom Strunk befreien und die Hälften in feine Streifen schneiden. Mit Essig, Salz, Pfeffer und 2 EL Öl vermischen, die Kapern unterheben, 15 Min. marinieren.

3. Die Mayonnaise mit Senf und Honig verrühren und mit Salz, Pfeffer und Zitronensaft abschmecken. In einer Grillpfanne 2 TL Olivenöl erhitzen und die Thunfischsteaks bei mittlerer Hitze auf jeder Seite 3–5 Min. braten.

4. Die Brötchen aufschneiden, die Hälften 1–2 Min. mit der Schnittfläche nach unten toasten. Den Radicchiosalat auf die unteren Brötchenhälften geben. Jeweils ein Thunfischsteak daraufsetzen und die Senf-Mayonnaise darauf verteilen, zuletzt die oberen Brötchenhälften daraufsetzen.

Blini mit Avocadocreme

Dream-Team
30 Min. + 30 Min. Gehen
pro Portion ca. 435 kcal
16 g Eiweiß · 30 g Fett · 26 g Kohlenhydrate

ZUTATEN FÜR
6 PORTIONEN

125 g Buchweizenmehl
75 g Mehl
Salz · Zucker
1/2 Würfel frische Hefe (ca. 20 g)
1 Ei · 4 EL Öl
1 reife Avocado
150 g Frischkäse
2 EL Zitronensaft
Pfeffer
250 g Stremellachs (Kühlregal)

ZUBEREITUNG

1. Beide Mehlsorten mit 1/2 TL Salz, 1 Prise Zucker und der zerkrümelten Hefe vermischen. 275 ml lauwarmes Wasser und das Ei unterrühren und den Teig 30 Min. gehen lassen.

2. In einer beschichteten Pfanne 2 EL Öl erhitzen, 6 Portionen Teig – je 2 EL – hineingeben, etwas flach drücken und bei mittlerer Hitze auf jeder Seite in 2 Min. goldbraun backen. Den Vorgang mit dem übrigen Teig und Öl noch zweimal wiederholen. Die Blini im Backofen bei 80° (Umluft 60°) warm halten.

3. Die Avocado halbieren und entsteinen, eine Hälfte mit dem Frischkäse und 1 EL Zitronensaft pürieren, salzen und pfeffern. Die zweite Avocadohälfte in Spalten schneiden und mit dem übrigen Zitronensaft beträufeln. Den Lachs in Scheiben schneiden und mit Blini, Avocadocreme und -spalten anrichten.

Feldsalat mit Radicchio und Kartoffel-Croûtons

knackig-bunter Sattmacher
30 Min.
pro Portion ca. 260 kcal
4 g Eiweiß · 22 g Fett · 13 g Kohlenhydrate

ZUTATEN FÜR 4 PORTIONEN

100 g Feldsalat
1 kleiner Radicchio
1 zimmerwarmes, frisches
Eigelb (Größe M oder L)
1 gehäufter TL scharfer Senf
1 TL Balsamico bianco oder
milder Weißweinessig
7–8 EL zimmerwarmes Olivenöl
1 1/2 EL Naturjoghurt
Salz · Pfeffer
2 große festkochende Kartoffeln (ca. 300 g)
1 TL getrockneter Oregano

1. Den Feldsalat putzen, gründlich waschen und trocken schleudern. Vom Radicchio den Strunk abschneiden und die äußeren Blätter entfernen, die inneren Blättchen kleiner zupfen, waschen, trocken schleudern und mit dem Feldsalat mischen. Die Salatmischung auf vier Teller verteilen.

2. Für die Sauce das Eigelb verrühren. Senf und Essig unterrühren. 6–7 EL Öl nach und nach unterrühren, d. h. 1 EL Öl nach dem anderen unterschlagen, bis eine Mayonnaise entsteht. Die Mayonnaise mit Joghurt und 1–2 EL Wasser verrühren, mit Salz und Pfeffer würzen und über den Salat träufeln.

3. Für die Croûtons die Kartoffeln schälen und in Würfel schneiden. 1 EL Olivenöl in einer Pfanne erhitzen und darin die Kartoffelwürfel in 2–3 Min. braun anbraten, dann die Hitze herunterschalten. Die Würfel wenden und zugedeckt 5–7 Min. weiterbraten, zwischendurch noch mal wenden. Dann 2 Min. offen weiterbraten.

4. Die Kartoffelwürfel auf Küchenpapier entfetten, mit Salz und Oregano würzen und heiß auf den Salat geben.

Austausch-Tipp Statt Kartoffel-Croûtons schmeckt der Salat auch mit gebratenen Egerlingen. Dafür 150 g Egerlinge (braune Champignons) putzen und vierteln. 1 Schalotte und 1 Knoblauchzehe schälen und würfeln. Schalotten, Knoblauch und Pilze in 2 EL Olivenöl 4–5 Min. unter Rühren braten. Kräftig salzen und pfeffern, mit 1 EL gehackter Petersilie bestreuen und über den vorbereiteten Feldsalat geben.

Bitte nur ein bisschen bitter
Bittere Wintersalate wie Radicchio oder Endivie sind vielen ein Graus – vor allem Kindern. Sie schmecken Bitterstoffe besonders intensiv. Waschen Sie Endivie & Co. warm. Schneiden Sie die Blätter sehr fein und mischen Sie sie mit milderen Sorten, z. B. Feldsalat. Die winterfesten Köpfe bleiben in Tüten verpackt im Gemüsefach des Kühlschranks tage- bis wochenlang frisch.

Beim knallbitteren Zuckerhut helfen starke Aromen
1 Dose Thunfisch (in Öl) zerzupfen und mit Öl in einer Salatschüssel mit 1 EL Balsamico bianco, Salz und Pfeffer verrühren. 1 Schalotte schälen, fein würfeln und unterrühren. 1 kleinen Zuckerhut (ca. 150 g) in hauchfeine Streifen schneiden, waschen, trocken schütteln und untermischen. Salat mit Kapern bestreuen.

WINTERFESTE VITAMINE 151

Endivien-Möhren-Apfel-Salat

Vitamine für jeden Tag
30 Min.
pro Portion ca. 210 kcal
2 g Eiweiß · 18 g Fett · 11 g Kohlenhydrate

ZUTATEN FÜR 4 PORTIONEN

1/2 kleiner Endiviensalat
4 EL Apfelsaft
2 EL Zitronensaft
Zucker
Salz · Pfeffer
6 EL Sonnenblumenöl
2 dicke Möhren (ca. 250 g)
1 Apfel
2 EL Kernemischung (z. B. Kürbis-, Sonnenblumen- und Pinienkerne)

ZUBEREITUNG

1. Den Endiviensalat putzen, waschen und in feine Streifen schneiden, diese nochmals lauwarm waschen. Die Salatstreifen trocken schleudern und auf vier Teller verteilen.

2. Für das Dressing Apfel- und Zitronensaft mit je 1 Prise Zucker, Salz und Pfeffer verrühren. 5 EL Öl unterrühren.

3. Die Möhren schälen und grob raspeln oder in streichholzfeine Streifen schneiden. Den Apfel waschen, vierteln und entkernen. Die Viertel raspeln oder in Streifen schneiden. Möhren und Apfel mit gut der Hälfte des Dressings mischen. Restliches Dressing über den Endiviensalat träufeln, Möhren und Apfel darauf häufeln.

4. Die Kerne in einer Pfanne ohne Fett rösten, bis sie duften. Mit restlichem Öl verrühren und über den Salat streuen.

Selleriesalat

Klassiker neu aufgelegt
25 Min. + 2 Std. Marinieren
pro Portion ca. 175 kcal
3 g Eiweiß · 16 g Fett · 5 g Kohlenhydrate

ZUTATEN FÜR 4 PORTIONEN

1 kleine Knolle Sellerie (ca. 600 g)
1 Schalotte
1/2 Bio-Orange
200 ml Gemüsebrühe
5 EL Olivenöl
1/2 TL scharfer Senf
2 EL Balsamico bianco oder milder Weißweinessig
1 EL Schnittlauchröllchen
2 EL Haselnusskerne

ZUBEREITUNG

1. Den Sellerie putzen, schälen und in dünne Scheiben hobeln. Die Schalotte schälen und fein würfeln. Die Orange waschen. 1 TL Schale abreiben, den Saft auspressen.

2. Die Brühe aufkochen. Selleriescheiben darin zugedeckt in knapp 2 Min. bissfest garen. Den Sellerie abgießen und in eine Schüssel geben, dabei den Sud auffangen.

3. In einer Pfanne 1 EL Öl erhitzen. Die Schalotte 2–3 Min. andünsten. Selleriesud, Senf, 2 EL Orangensaft und Essig dazugeben. Alles über die Selleriescheiben gießen. 1/2 TL Orangenschale mit dem restlichen Öl und den Schnittlauchröllchen verrühren und untermischen. Den Salat 2 Std. ziehen lassen, dann nochmals abschmecken. Vor dem Servieren die Haselnusskerne kleiner hacken und in einer Pfanne ohne Fett rösten, bis sie duften. Mit der restlichen Orangenschale über den Salat streuen.

Rote Bete im Salzteig

ganz einfach | raffiniert
30 Min. + 1 Std. Backen
pro Portion ca. 385 kcal
14 g Eiweiß · 25 g Fett · 25 g Kohlenhydrate

ZUTATEN FÜR 4 PORTIONEN

6 Rote Beten (à ca. 200 g)
2 kg grobes Meersalz
2 Eiweiß
1 EL Koriandersamen
1–2 EL Öl
200 g Crème fraîche
200 g Magerquark
Salz · Pfeffer
1 EL Zitronensaft
50 g frischer Meerrettich

ZUBEREITUNG

1. Den Backofen auf 200° (Umluft 180°) vorheizen. Rote Beten gründlich waschen und bürsten, die Wurzeln abschneiden, die Knollen trocken tupfen.

2. Salz, Eiweiße, 125 ml Wasser und zerdrückten Koriander mischen. Ein Drittel der Salzmasse etwa 2 cm hoch in eine ofenfeste Form füllen. Rote Beten leicht hineindrücken, mit Öl bestreichen und mit der restlichen Salzmasse einhüllen. Im Backofen (Mitte) 1 Std. backen.

3. Inzwischen für die Sauce die Crème fraîche mit Quark, Salz, Pfeffer und dem Zitronensaft verrühren. Den Meerrettich schälen, fein raspeln und unterheben.

4. Die Salzkruste aufbrechen. Rote Beten in Spalten schneiden und mit der Sauce servieren.

Dazu passt's Tafelspitz oder Rumpsteak

Schwarzwurzeln in Orangenbutter

feine Beilage
35 Min.
pro Portion ca. 265 kcal
3 g Eiweiß · 22 g Fett · 14 g Kohlenhydrate

ZUTATEN FÜR 4 PORTIONEN

800 g Schwarzwurzeln
Salz · 3 EL Essig
1 Bio-Orange
2 gestrichene EL Zucker
2 EL Zitronensaft
100 g eiskalte Butter
Pfeffer

ZUBEREITUNG

1. Die Schwarzwurzeln unter kaltem Wasser schrubben, schälen und in kochendem Salzwasser mit Essig bei mittlerer Hitze 10 Min. garen. Das Gemüse abgießen, abtropfen lassen und schräg in 4–5 cm lange Abschnitte schneiden.

2. Die Orange heiß waschen und abtrocknen, die Schale mit einem Zestenschneider in feinen Streifen abziehen und den Saft auspressen.

3. Den Zucker in einen kleinen Topf häufen und bei mittlerer Hitze goldbraun karamellisieren lassen. Orangen- und Zitronensaft dazugießen und in 5 Min. auf etwa 125 ml einkochen lassen. Die Butter in Stückchen unter die Sauce schlagen und die Orangenschalenstreifen unterziehen. Mit Salz und Pfeffer würzen, die Schwarzwurzeln darin schwenken.

Dazu passt's Kalbsschnitzel oder Schweinemedaillons

BUNTE GEMÜSEBEGLEITER 153

Ananas-Sauerkraut

fruchtig verfeinert
45 Min.
pro Portion ca. 210 kcal
3 g Eiweiß · 10 g Fett · 23 g Kohlenhydrate

ZUTATEN FÜR
4 PORTIONEN

2 große Zwiebeln
2 Knoblauchzehen
4 EL Öl
1 EL brauner Zucker
500 g Sauerkraut
400 ml Gemüsebrühe
Salz · Pfeffer
750 g Ananas

ZUBEREITUNG

1. Die Zwiebeln schälen und würfeln. Den Knoblauch schälen und fein hacken.

2. Das Öl in einem Topf erhitzen, Zwiebeln und Knoblauch darin bei mittlerer Hitze glasig dünsten. Den Zucker zugeben, das Sauerkraut klein zupfen, hinzufügen und 1 Min. andünsten. Die Brühe angießen, salzen und pfeffern. Bei mittlerer Hitze offen 20 Min. garen.

3. Inzwischen die Ananas putzen, schälen, vom Strunk befreien und in Stücke schneiden. Die Ananasstücke unter das Kraut heben und alles weitere 5 Min. kochen.

Dazu passt's Hähnchenkeulen, Kasseler, Fasan und Kartoffelpüree

Tuning-Tipp Das Kraut mit 2 TL Currypulver abschmecken.

Grünkohl in Senfsahne

ein herzhafter Genuss
45 Min.
pro Portion ca. 270 kcal
8 g Eiweiß · 21 g Fett · 10 g Kohlenhydrate

ZUTATEN FÜR
4 PORTIONEN

1 kg frischer Grünkohl
(ca. 500 g geputzt)
Salz · 1 Zwiebel
2 EL Butter
125 ml Fleischbrühe
200 g Sahne
Pfeffer
2 EL körniger Senf
1–2 EL heller
Saucenbinder

ZUBEREITUNG

1. Den Grünkohl putzen, den Strunk entfernen, die Blätter von den harten Blattrippen befreien, gut waschen, abtropfen lassen und grob hacken.

2. Reichlich Salzwasser aufkochen und den Grünkohl darin bei starker Hitze 3 Min. offen kochen lassen. Abgießen, abschrecken und gut abtropfen lassen. Die Zwiebel schälen und fein hacken.

3. Die Butter in einem breiten Topf zerlassen, Zwiebel glasig dünsten. Den Grünkohl 2 Min. mitdünsten. Brühe und Sahne einrühren und alles zugedeckt bei mittlerer Hitze 10 Min. dünsten.

4. Den Grünkohl mit Salz und Pfeffer abschmecken, Senf und Saucenbinder unterrühren.

Dazu passt's Kurzgebratenes Fleisch, z. B. Schweinefilet oder Fischfilet

Sellerie mit Erdnusskruste

Veggie-Schnitzel-Version
1 Std.
pro Portion ca. 750 kcal
22 g Eiweiß · 51 g Fett · 52 g Kohlenhydrate

ZUTATEN FÜR 4 PORTIONEN
1 große oder 2 kleine
Knollen Sellerie (ca. 800 g)
Salz · 2 EL + 2 TL Zitronensaft
Pfeffer
120 g Mehl
3 Eier
100 g ungesalzene, geschälte Erdnüsse
100 g Semmelbrösel
125 ml Öl
200 g Naturjoghurt
150 g Salatmayonnaise
1–2 EL süß-scharfe Chilisauce oder
Tomatenketchup

ZUBEREITUNG

1. Den Sellerie putzen, schälen, halbieren und in 1 cm dicke Scheiben schneiden. 1 l Wasser mit Salz und 2 EL Zitronensaft aufkochen und den Sellerie darin 12 Min. garen, dann abgießen, gut abtropfen lassen und trocken tupfen. Salzen und pfeffern.

2. Das Mehl auf einen Teller geben, die Eier mit Salz und Pfeffer auf einem zweiten Teller verquirlen. Die Erdnüsse hacken und mit den Semmelbröseln auf einem dritten Teller vermischen. Die Selleriescheiben erst im Mehl, dann in den Eiern und zuletzt in der Erdnussmischung wenden.

3. In einer großen Pfanne das Öl erhitzen. Die Selleriescheiben darin portionsweise in 3–4 Min. auf jeder Seite goldbraun braten. Kurz auf Küchenpapier entfetten und im Backofen bei 80° (Umluft 60°) warm halten, bis alle »Schnitzel« fertig sind.

4. Für den Dip Joghurt, Mayonnaise, Chilisauce oder Ketchup mit 2 TL Zitronensaft verrühren und salzen. Den Dip zu den Sellerie-Schnitzeln servieren.

Das schmeckt dazu Eisbergsalat mit einer Vinaigrette

Austausch-Tipp Auf gleiche Art zubereitet laufen auch Steckrüben oder Kohlrabi den traditionellen Schnitzeln den Rang ab. Wetten dass…?

Sellerie: mal dick und rund, mal lang und schlank
Beide zählen zur selben Familie: Der Knollensellerie ist neben Lauch und Möhre der Dritte im Bund des klassischen Suppengrüns für Suppen und Eintöpf und überrascht im Knödelteig (s. Seite 173). Er macht sich prima als Röst- oder Wurzelgemüse für Schmorgerichte (s. Seite 163), als Püree mit Kartoffeln und paniert als Schnitzel (Rezept rechts). Für Rohkostsalate immer sehr fein raspeln und sofort mit Zitronensaft beträufeln.

Stauden- oder Stangensellerie schmeckt roh mit Dip oder als Salatzutat ebenso gut wie gekocht, gedünstet oder gebraten, z. B. mit Käse- oder Tomatensauce. Er harmoniert mit Möhren, Champignons und Tomaten, mit Äpfeln, Ananas und Nüssen. Der typische Selleriegeschmack fällt bei ihm etwas milder aus.

IN DER HAUPTSACHE GEMÜSE 155

Winter-Ratatouille

unbedingt probieren!
45 Min.
pro Portion ca. 210 kcal
4 g Eiweiß · 11 g Fett · 20 g Kohlenhydrate

ZUTATEN FÜR
4 PORTIONEN

500 g Rosenkohl · Salz
2 Gemüsezwiebeln
200 g Möhren
200 g Staudensellerie
4 EL Olivenöl
Pfeffer
400 g stückige Tomaten (Dose)
250 ml kräftige Gemüsebrühe
1–2 TL Kräuter der Provence

ZUBEREITUNG

1. Rosenkohl waschen und putzen, die Strünke kreuzweise einschneiden. Rosenkohl in kochendem Salzwasser 10 Min. garen, abgießen und abtropfen lassen.

2. Inzwischen die Gemüsezwiebeln schälen, vierteln und quer in fingerdicke Streifen schneiden. Die Möhren putzen, schälen und schräg in ca. 1/2 cm dünne Scheiben schneiden. Den Staudensellerie putzen, waschen und in ca. 2 cm große Stücke teilen.

3. Das Öl in einem Schmortopf erhitzen, Zwiebeln darin glasig braten. Möhren und Sellerie zugeben, 3 Min. bei mittlerer Hitze dünsten, salzen und pfeffern. Tomaten, Brühe und Kräuter untermischen. Alles zugedeckt bei schwacher Hitze 10 Min. kochen lassen. Rosenkohl zugeben und alles weitere 10 Min. garen.

Pilz-Frittata mit Lauch

Kinderliebling
40 Min.
pro Portion ca. 390 kcal
23 g Eiweiß · 30 g Fett · 5 g Kohlenhydrate

ZUTATEN FÜR
4 PORTIONEN

2 Zwiebeln
2 Knoblauchzehen
1 Lauchstange
1 große rote Paprikaschote
je 150 g Champignons und Egerlinge
8 Eier
125 ml Milch
Salz · Pfeffer
1/2 Bund Thymian
4–5 EL Olivenöl
60 g geriebener Gouda

ZUBEREITUNG

1. Die Zwiebeln schälen, vierteln und in Streifen schneiden. Den Knoblauch schälen und fein hacken. Den Lauch waschen, putzen und in feine Ringe schneiden. Die Paprikaschote waschen, vierteln, putzen und quer in Streifen schneiden. Die Pilze putzen, abreiben, halbieren oder vierteln.

2. Die Eier mit Milch, Salz und Pfeffer verquirlen. Den Thymian waschen, trocken schütteln die Blättchen von den Stielen zupfen und unter die Eiermilch rühren.

3. Das Öl in einer großen beschichteten Pfanne erhitzen. Zwiebeln und Knoblauch darin glasig dünsten. Paprikastreifen und Lauch dazugeben und 2–3 Min. andünsten. Die Pilze dazugeben und kurz mitdünsten. Die Eiermilch darübergießen. Zugedeckt bei schwacher Hitze 10 Min. stocken lassen. Nach 5 Min. den Käse aufstreuen und die Frittata fertig backen.

Spaghetti mit Steckrüben-Bolognese

Klassiker mal neu
40 Min.

pro Portion ca. 670 kcal
33 g Eiweiß · 22 g Fett · 85 g Kohlenhydrate

ZUTATEN FÜR 4 PORTIONEN
500 g Steckrüben
2 Zwiebeln
2 EL Öl
300 g gemischtes Hackfleisch
2 EL Tomatenmark
250 ml Fleischbrühe
400 g Spaghetti · Salz
200 g kleine Champignons
500 g stückige Tomaten (Tetrapak)
Pfeffer

ZUBEREITUNG

1. Die Steckrüben putzen, schälen und in feine Würfel schneiden. Die Zwiebeln schälen und hacken.

2. Das Öl in einem großen Topf erhitzen und das Hackfleisch darin unter Rühren krümelig anbraten. Die Zwiebeln dazugeben und glasig dünsten. Das Tomatenmark einrühren und kurz andünsten. Die Steckrübenwürfel hinzufügen, die Brühe dazugießen, aufkochen und alles zugedeckt bei schwacher Hitze 10 Min. schmoren lassen.

3. Inzwischen die Nudeln nach Packungsangabe in reichlich kochendem Salzwasser garen.

4. Die Champignons putzen, abreiben und in dünne Scheiben schneiden. Mit den Tomatenstücken zum Hackfleisch geben und alles weitere 10 Min. schmoren.

5. Die Sauce mit Salz und Pfeffer abschmecken. Die Nudeln abgießen, kurz abtropfen lassen und mit der Sauce anrichten.

Tuning-Tipp 2 TL zerstoßene Fenchel- oder Koriandersamen mit den Zwiebeln andünsten. Sie unterstreichen den feinherben Geschmack der Steckrübe.

Sauerkrautnudeln

herzhaft und sättigend
30 Min.
pro Portion ca. 720 kcal
17 g Eiweiß · 40 g Fett · 70 g Kohlenhydrate

**ZUTATEN FÜR
4 PORTIONEN**

300 g Farfalle · Salz
2 Zwiebeln
je 1 rote und gelbe
Paprikaschote
500 g Sauerkraut
(Dose oder Beutel)
150 g durchwachsene
Speckwürfel
(Kühlregal)
1 EL Öl
125 ml Apfelsaft
125 ml Gemüsebrühe
1–2 TL getrockneter
Majoran
Pfeffer
200 g Schmant

ZUBEREITUNG

1. Die Nudeln nach Packungsangabe in reichlich Salzwasser bissfest kochen. Inzwischen die Zwiebeln schälen und fein würfeln. Die Paprikaschoten waschen, putzen und in Rauten schneiden. Das Sauerkraut abtropfen lassen und gut ausdrücken.

2. Den Speck in einer großen Pfanne knusprig ausbraten, dann herausheben. Die Zwiebeln mit dem Öl in die Pfanne geben und glasig dünsten. Die Paprikarauten zufügen und 3–4 Min. mitbraten. Sauerkraut, Apfelsaft, Brühe und Majoran untermischen. Offen bei schwacher Hitze 5 Min. dünsten.

3. Die Nudeln abgießen, abtropfen lassen und mit Speck und Gemüse mischen. Das Ganze mit Salz und Pfeffer abschmecken. Den Schmant dazu servieren.

Sauerkraut ist Powerkraut – natürlich gut!
Gönnen Sie sich öfter das mildsauer vergorene Kohlgemüse – Ihr Körper wird es Ihnen danken, steckt in dem gesunden Kraut doch ein wahres Kraftpaket an Vitaminen, Mineral- und Ballaststoffen. Es entsteht, wenn gehobelter Weißkohl gesalzen und in Gärbehältern unter Druck gesetzt wird. Nach wenigen Tagen setzt die Milchsäuregärung ein und verleiht dem Kraut seinen typisch sauren Geschmack und seine Haltbarkeit. Im Winter wird Sauerkraut frisch in vielen Metzgereien angeboten: möglichst bald essen, da es nachgärt. Vorgekocht aus Konserve, Glas oder Folienbeutel bekommen Sie es das ganze Jahr über.

Knackig und angenehm würzig im Geschmack, passt frisches Sauerkraut bestens in die Winterküche: Es harmoniert sehr gut mit Fisch, magerem Geflügel, Gemüse, Früchten wie Ananas und Äpfeln, mit Kräutern und Kartoffeln. Dabei ist es nicht nur gedünstet als Beilage (s. Seite 153) zu Fleisch, Geflügel oder Würstchen ein Hit, sondern auch roh im Salat, für Gratin oder Auflauf. Suppen und Snacks lassen sich ebenso daraus zaubern wie Krautnudeln (Rezept links) oder ein deftiger Quiche-Belag. Lassen Sie sich anregen!

Zitronennudeln mit Krebsen

auch für Gäste
30 Min.
pro Portion ca. 710 kcal
28 g Eiweiß · 27 g Fett · 87 g Kohlenhydrate

**ZUTATEN FÜR
4 PORTIONEN**

400 g Tagliatelle · Salz
1 Bio-Zitrone
200 g TK-Erbsen
2 Lauchstangen
2 Knoblauchzehen
2 EL Olivenöl
300 ml Gemüsebrühe
250 g Sahne
250 g geschälte
Flusskrebse oder
Crevetten (vakuum-
verpackt; Kühlregal)
Pfeffer

ZUBEREITUNG

1. Die Nudeln nach Packungsangabe in Salzwasser bissfest garen. Inzwischen die Zitrone heiß waschen und abtrocknen, die Schale mit einem Zestenschneider in feinen Streifen abziehen und eine Zitronenhälfte auspressen.

2. Die Erbsen antauen lassen. Den Lauch putzen, waschen und in schräg in Ringe schneiden. Den Knoblauch schälen und fein hacken.

3. Für die Sauce das Olivenöl in einer großen Pfanne erhitzen. Lauch, Knoblauch und Erbsen darin 2–3 Min. andünsten. Zitronenschale, Brühe und Sahne dazugeben, 5 Min. bei mittlerer Hitze cremig einkochen lassen.

4. Zitronensaft und Krebse oder Crevetten untermischen. Salzen, pfeffern. Nudeln abgießen, abtropfen lassen und unterheben.

Penne mit Mango-Curry-Sauce

Anti-Fernweh-Pasta
35 Min.
pro Portion ca. 615 kcal
38 g Eiweiß · 9 g Fett · 97 g Kohlenhydrate

**ZUTATEN FÜR
4 PORTIONEN**

2 Hähnchenbrustfilets
(à ca. 200 g)
1 Bund Frühlings-
zwiebeln
1 große reife
Mango (ca. 500 g)
400 g Penne
Salz
2 EL Butterschmalz
Pfeffer
1 EL scharfes
Currypulver
4 TL Mehl
250 ml Hühnerbrühe
400 g ungesüßte
Kokosmilch (Dose)
4 TL Zitronensaft

ZUBEREITUNG

1. Die Hähnchenfilets in ca. 1,5 cm große Würfel schneiden. Die Frühlingszwiebeln waschen und putzen, das Weiße und Hellgrüne getrennt in feine Ringe schneiden. Mango schälen, das Fruchtfleisch würfeln.

2. Die Nudeln nach Packungsangabe in Salzwasser bissfest garen. Inzwischen das Schmalz in einer Pfanne erhitzen und das Fleisch darin 2–3 Min. anbraten, salzen und pfeffern.

3. Das Weiße der Zwiebeln, Curry und Mehl zum Fleisch geben und anschwitzen. Mit Brühe und Kokosmilch ablöschen, die Sauce bei schwacher Hitze 5 Min. kochen lassen. Mit Salz, Pfeffer und Zitronensaft würzen. Die Mangowürfel in der Sauce erwärmen.

4. Die Nudeln abgießen, abtropfen lassen und mit Sauce und Zwiebelgrün anrichten.

Kartoffeltaler auf Rahmspinat

Raffiniertes aus dem Vorrat
45 Min.
pro Portion ca. 745 kcal
17 g Eiweiß · 42 g Fett · 74 g Kohlenhydrate

ZUTATEN FÜR 4 PORTIONEN

750 g Kartoffelkloßteig halb und halb (Kühlregal)
2 EL Mehl
2 Eier
50 g geriebener Gouda
Salz · Pfeffer
frisch geriebene Muskatnuss
6 EL Öl
1 Zwiebel
150 ml Gemüsebrühe
200 g Crème fraîche
600 g TK-Blattspinat

ZUBEREITUNG

1. Den Knödelteig mit Mehl, Eiern, Gouda, Salz, Pfeffer und Muskat gut verkneten. Aus der Masse mit angefeuchteten Händen 12 Taler formen.

2. In einer beschichteten Pfanne 4 EL Öl erhitzen und die Kartoffeltaler darin in zwei Portionen bei mittlerer Hitze von jeder Seite in 5 Min. goldbraun braten.

3. Inzwischen die Zwiebel schälen, fein würfeln und im restlichen Öl in einem Topf glasig dünsten. Brühe und Crème fraîche unterrühren. Den Spinat dazugeben, aufkochen und zugedeckt bei schwacher Hitze in 10 Min. auftauen lassen. Ab und zu umrühren. Den Spinat mit Salz, Pfeffer und Muskat würzen.

4. Die Kartoffeltaler mit der Spinatsauce servieren.

Das schmeckt dazu Geräucherter Lachs oder gebratene Speckscheiben

Ofenkartoffeln mit Rohkost

ganz einfach und supergesund
30 Min. + 1 1/2 Std. Backen
pro Portion ca. 485 kcal
13 g Eiweiß · 24 g Fett · 54 g Kohlenhydrate

ZUTATEN FÜR 4 PORTIONEN

4 vorwiegend festkochende Kartoffeln (à 250–300 g)
250 g Quark
100 g Crème fraîche
Salz · Pfeffer
3–4 EL Schnittlauchröllchen
400 g Möhren
200 g schwarzer Winterrettich
1 roter Apfel (ca. 200 g)
2 EL Zitronensaft
2 TL flüssiger Honig
3 EL Öl

Und:
Öl zum Einfetten
Alufolie

ZUBEREITUNG

1. Den Backofen auf 220° (Umluft 200°) vorheizen. Die Kartoffeln waschen, gründlich abbürsten und einzeln in je ein Stück geölte Alufolie wickeln. Im Backofen (Mitte) 1 1/2 Std. backen.

2. Inzwischen Quark, Crème fraîche und 3 EL Wasser cremig rühren, mit Salz und Pfeffer würzen. Die Schnittlauchröllchen untermischen.

3. Möhren und Rettich putzen, schälen und raspeln. Den Apfel waschen, vierteln, entkernen und raspeln. Alles mit Salz durchkneten und 15 Min. ziehen lassen, dann leicht ausdrücken und mit Zitronensaft, Honig, Salz, Pfeffer und Öl anmachen.

4. Die Kartoffeln aus dem Ofen nehmen und die Folie öffnen. Die Kartoffeln kreuzweise einschneiden und auseinanderdrücken, Quark und nach Belieben etwas Rohkost daraufgeben. Die restliche Rohkost dazu reichen.

KARTOFFELGERICHTE FÜR JEDEN TAG 159

Walnuss-Bratkartoffeln

mit mediterranem Touch
40 Min.
pro Portion ca. 485 kcal
17 g Eiweiß · 34 g Fett · 29 g Kohlenhydrate

ZUTATEN FÜR 4 PORTIONEN

800 g festkochende Kartoffeln · Salz
2 rote Zwiebeln
2 Knoblauchzehen
2 Zweige Rosmarin
100 g Walnusskerne
2 Tomaten
1/2 Bund Petersilie
4 EL Olivenöl
Pfeffer
200 g Feta (Schafkäse)

ZUBEREITUNG

1. Die Kartoffeln waschen und mit Schale in Salzwasser knapp gar kochen. Abgießen, pellen und in etwa 1/2 cm dicke Scheiben schneiden und abkühlen lassen.

2. Inzwischen die Zwiebeln schälen und klein würfeln. Knoblauch schälen und in feine Scheiben schneiden. Die Rosmarinnadeln abzupfen und hacken. Die Nüsse grob hacken. Die Tomaten waschen, vierteln, von Stielansatz und Kernen befreien und würfeln. Die Petersilie waschen und trocken schütteln, die Blätter abzupfen und hacken.

3. Das Öl in einer großen Pfanne erhitzen und die Kartoffeln darin bei mittlerer Hitze in 6 Min. auf beiden Seiten goldbraun braten. Zwiebeln, Knoblauch, Rosmarin und Nüsse hinzufügen und 2–3 Min. mitbraten. Tomaten und Petersilie untermengen, salzen und pfeffern. Den Feta zerbröckeln und aufstreuen.

Endivien-Kartoffel-Püree

grün-gelbes Kraftpaket
40 Min.
pro Portion ca. 235 kcal
6 g Eiweiß · 11 g Fett · 25 g Kohlenhydrate

ZUTATEN FÜR 4 PORTIONEN

800 g mehligkochende Kartoffeln · Salz
350 g Endiviensalat
1 Zwiebel
2 EL Öl
2 EL Butter
200 ml Milch
Pfeffer
frisch geriebene Muskatnuss

ZUBEREITUNG

1. Die Kartoffeln schälen, waschen, in Stücke schneiden und in Salzwasser 20 Min. kochen. Inzwischen den Endiviensalat putzen, waschen, trocken schleudern und in feine Streifen schneiden.

2. Die Zwiebel schälen und klein würfeln. Öl und Butter in einer großen Pfanne erhitzen und die Zwiebel darin glasig dünsten. Den Endiviensalat dazugeben und in 1–2 Min. bei mittlerer Hitze zusammenfallen lassen.

3. Die Kartoffeln abgießen und kurz ausdampfen lassen, dann zerdrücken. Die Milch aufkochen und mit den Quirlen des Handrührgeräts unter das Püree schlagen. Die Endivien-Mischung unterheben und das Ganze mit Salz, Pfeffer und Muskat abschmecken.

Dazu passt's Gebratener Fisch, wachsweiche oder pochierte Eier

Wurzel-Wok mit Entenbrust

wunderbare Aromavielfalt
40 Min.
pro Portion ca. 540 kcal
26 g Eiweiß · 41 g Fett · 17 g Kohlenhydrate

ZUTATEN FÜR 4 PORTIONEN
2 Entenbrustfilets (à ca. 300 g)
200 g Möhren
250 g Steckrüben
2 kleine Petersilienwurzeln
2 zarte Lauchstangen
1 großes Stück Ingwer (ca. 40 g)
1 rote Chilischote
250 ml Entenfond (Glas)
oder Hühnerbrühe
3–4 EL Sojasauce
1 1/2 TL Speisestärke
Salz · Pfeffer

ZUBEREITUNG

1. Die Entenbrüste waschen und trocken tupfen. Die Haut abziehen, 50 g Haut fein würfeln. Das Fleisch in dünne Scheiben schneiden.

2. Die Möhren schälen, längs halbieren und schräg in dünne Scheiben schneiden. Die Steckrüben und Petersilienwurzeln putzen, schälen und in Stifte schneiden.

3. Den Lauch putzen und waschen, die weißen und hellgrünen Teile in schmale Ringe schneiden. Den Ingwer schälen und fein hacken. Die Chilischote waschen, putzen und klein würfeln.

4. Den Wok stark erhitzen und die gewürfelte Entenhaut in 5–7 Min. bei mittlerer Hitze auslassen. Fond, Sojasauce und Speisestärke verrühren. Die Grieben aus dem Wok heben und auf Küchenpapier entfetten. Das Entenfett bis auf 2 TL in ein Gefäß abgießen.

5. Das Fleisch im verbliebenen Entenfett portionsweise unter Wenden bei starker Hitze in 4 Min. knusprig braten. Aus dem Wok nehmen, salzen, pfeffern und warm stellen.

6. 1 EL Entenfett im Wok erhitzen und Gemüse, Ingwer und Chiliwürfel 3–4 Min. unter Rühren anbraten. Das Entenfleisch wieder in den Wok geben, die Würzsauce zugießen, alles gut mischen und 2–3 Min. bei mittlerer Hitze kochen lassen. Mit den Grieben bestreuen.

Tuning-Tipp Das Wokgericht noch mit Koriander toppen. Koriandergrün waschen, trocken schütteln, die Blättchen abzupfen und darüberstreuen.

Frischer Ingwer – die Winter-Wunderwurzel

Ingwer schmeckt zitronig-frisch, dabei beißend scharf. Er sollte möglichst frisch verwendet werden (nicht getrocknet oder eingelegt). Im Gemüsefach des Kühlschranks hält sich die knollige Wurzel wochenlang. Bei Bedarf ein Stück abbrechen, dünn schälen, dann raspeln, reiben oder klein schneiden. Ingwer enthält ätherische Öle, die bei Erkältungen helfen sollen. Dazu ein Stückchen frisch knabbern oder einen Tee zubereiten: 2–3 Scheiben Ingwer in Wasser aufkochen, 30 Min. ziehen lassen und mit Honig süßen.

Ingwer gehört in die asiatische Küche wie die Zwiebel in unsere. Er bringt Schärfe und Pep an viele Wokgerichte (Rezept rechts), in Salate, Suppen (s. Seite 104) und Gemüse (s. Seite 33). Auch Currys und Fisch (s. Seite 51) verleiht er eine spannende Würze.

NEUE IDEEN FÜR STEAK UND FILET 161

Rumpsteak mit Meerrettichkruste

ein starkes Stück
40 Min.
pro Portion ca. 415 kcal
17 g Eiweiß · 18 g Fett · 15 g Kohlenhydrate

ZUTATEN FÜR 4 PORTIONEN

4 Rumpsteaks (à 200 g)
Salz · Pfeffer
8 TL Meerrettich (Glas)
1/2 Bund Petersilie
1 EL gehackter Thymian
75 g Semmelbrösel
3 EL Butterschmalz

ZUBEREITUNG

1. Die Steaks trocken tupfen, den Fettrand mehrfach einschneiden. Auf beiden Seiten salzen, pfeffern und mit dem Meerrettich bestreichen.

2. Die Petersilie waschen und trocken schütteln, die Blätter abzupfen und fein hacken. Mit dem Thymian und den Semmelbröseln mischen. Die Steaks in den Bröseln wenden, dabei die Brösel gut andrücken.

3. Die Hälfte vom Butterschmalz in einer beschichteten Pfanne erhitzen. Zwei Steaks darin bei mittlerer Hitze von jeder Seite 2–3 Min. braten, herausnehmen und warm halten. Dann die restlichen beiden Steaks mit dem restlichen Schmalz braten.

Das schmeckt dazu Rote Bete im Salzteig (s. Seite 152)

Schweinemedaillons Stroganoff

Sonntagsessen
45 Min.
pro Portion ca. 525 kcal
43 g Eiweiß · 35 g Fett · 8 g Kohlenhydrate

ZUTATEN FÜR 4 PORTIONEN

700 g Schweinefilet
je 200 g Champignons und Egerlinge
150 g Gewürzgurken
150 g Perlzwiebeln (Glas)
2 EL Öl
Salz · Pfeffer
1 EL Butter
2 EL Tomatenmark
125 ml Gemüsebrühe
300 g Sahne
2 TL scharfer Senf

ZUBEREITUNG

1. Das Schweinefilet trocken tupfen, in 12 Stücke schneiden und diese flach drücken. Die Pilze putzen, abreiben und halbieren. Die Gurken in Streifen schneiden. Die Perlzwiebeln abgießen und gut abtropfen lassen.

2. Das Öl in einer großen Pfanne erhitzen. Das Fleisch darin auf jeder Seite 3–4 Min. bei starker Hitze braten, herausnehmen. Salzen und pfeffern, warm halten.

3. Die Pilze mit der Butter in die Pfanne geben, unter Rühren 3 Min. braten. Tomatenmark einrühren, mit Brühe ablöschen. Sahne dazugießen, aufkochen, 5 Min. einkochen lassen. Salzen und pfeffern, Senf einrühren. Fleisch, Gurken und Zwiebeln in die Sauce geben, kurz heiß werden lassen.

Das schmeckt dazu Nudeln oder Schupfnudeln und ein grüner Salat

Fenchelwürziger Schweinebraten

herrlich aromatisch
30 Min. + 2 1/2 Std. Garen
pro Portion ca. 420 kcal
56 g Eiweiß · 20 g Fett · 5 g Kohlenhydrate

ZUTATEN FÜR 4 PORTIONEN

2 EL getrockneter Rosmarin
1 TL Fenchelsamen
1/2 TL frisch geriebene Muskatnuss
1/2 TL schwarze Pfefferkörner
1 TL grobes Meersalz
2 Knoblauchzehen
2 1/2 EL Olivenöl
1 Bund Suppengrün
1 kg Schweinebraten ohne Schwarte (z. B. Halsgrat)
200 ml Weißwein (ersatzweise Fleischbrühe)

ZUBEREITUNG

1. Den Backofen auf 180° vorheizen. Den Rosmarin im Mörser mit Fenchel, Muskat, Pfefferkörnern und Salz zerstoßen. Den Knoblauch schälen und dazupressen. Alles mit 2 EL Olivenöl zu einer Paste verrühren. Das Fleisch rundherum damit einreiben. Das Suppengrün waschen, putzen, evtl. schälen und grob zerkleinern.

2. Restliches Öl in einem ofenfesten Bräter erhitzen. Das Fleisch darin bei mittlerer Hitze 3–4 Min. rundherum sanft anbraten. Das Suppengrün kurz mitbraten. Den Wein angießen. Den Bräter in den heißen Ofen (Mitte, Umluft 160°) schieben. Den Braten ca. 2 1/2 Std. garen, dabei mindestens einmal wenden. Falls nötig, etwas Wasser angießen.

3. Den gegarten Braten aus dem Ofen nehmen, in Alufolie wickeln und noch kurz im abgeschalteten Backofen bei geöffneter Ofentür ruhen lassen. Inzwischen die Sauce durch ein Sieb passieren und evtl. auf dem Herd noch etwas einkochen lassen. Braten in dünne Scheiben schneiden, mit der Sauce beträufeln und servieren.

Das schmeckt dazu Für Rosmarinkartoffeln 750 g festkochende Kartoffeln kochen, pellen und abkühlen lassen. Kartoffeln längs in Spalten schneiden und in 2–3 EL Olivenöl in ca. 5 Min. goldbraun braten. Mit Rosmarin, Salz und Pfeffer würzen.
Zum Fenchelaroma schmeckt auch Süßkartoffelstampf: etwa 750 g Süßkartoffeln gründlich schälen, würfeln und in leichter Gemüsebrühe zugedeckt in ca. 20 Min. weich kochen. Die Würfel mit einem Kartoffelstampfer zerdrücken und dabei nach Belieben etwas Sahne untermischen, mit Salz und Pfeffer abschmecken.

Tuning-Tipps Für noch mehr Aroma das Fleisch mit der Gewürzpaste einreiben und 3–4 Std. marinieren. Im Sommer frischen Rosmarin verwenden.

FLEISCHESLUST – SANFT GESCHMORTE KLASSIKER 163

Geschmorter Ochsenschwanz

lässt sich super vorbereiten | preiswert
45 Min. + mind. 3 Std. Schmoren
Bei 6 Portionen pro Portion ca. 505 kcal
51 g Eiweiß · 29 g Fett · 11 g Kohlenhydrate

ZUTATEN FÜR 4–6 PORTIONEN

2–3 Gemüsezwiebeln (ca. 750 g)
2 Knoblauchzehen
1 Stück Knollensellerie (ca. 150 g)
1 EL Olivenöl
1 Ochsenschwanz (ca. 1400 g; vom Metzger in 5 cm breite Stücke sägen lassen)
500 ml Rindfleischbrühe
1 EL getrockneter Thymian
Salz · Pfeffer
2–3 EL getrocknete Steinpilze
200 ml Holundersaft

ZUBEREITUNG

1. Gemüsezwiebeln, Knoblauch und Sellerie schälen und klein würfeln. Das Olivenöl in einem großen Schmortopf erhitzen. Die Ochsenschwanzstücke darin von allen Seiten ca. 5 Min. sanft anbraten, dann aus dem Topf nehmen. Die Gemüsewürfel in den Topf geben und bei starker Hitze bräunen lassen.

2. Das Fleisch auf das Gemüse setzen. 250 ml Brühe angießen und zum Kochen bringen. Dann die Hitze reduzieren. Fleisch und Gemüse mit Thymian, Salz und Pfeffer bestreuen und zugedeckt 1 Std. bei schwacher bis mittlerer Hitze schmoren lassen.

3. Übrige Brühe, Pilze und Holundersaft dazugeben. Fleisch und Gemüse bei schwacher Hitze zugedeckt noch gut 2 Std. weiterschmoren lassen, dabei ab und zu wenden. Falls nötig, etwas Wasser angießen.

4. Die Ochsenschwanzstücke aus der Sauce fischen. Das Fleisch mit einem spitzen Messer und einer Gabel vom Knochen lösen. Die Sauce grob pürieren und nach Belieben durch ein Sieb passieren.

5. Die Sauce mit Salz und Pfeffer abschmecken und erneut mit dem Fleisch erhitzen.

Das schmeckt dazu Al dente gekochte Pappardelle oder andere breite Bandnudeln

Tuning-Tipp Ragout zum Schluss mit 1 Schuss Portwein aromatisieren und mit Sellerie-Gremolata bestreuen: Dafür 50 g Knollensellerie in winzige Würfel schneiden, in 1 EL Olivenöl in 1–2 Min. knapp bissfest dünsten, mit Salz und Pfeffer würzen und mit 2 EL fein gehackter Petersilie sowie 1 EL abgeriebener Bio-Zitronenschale verrühren.
Haben Sie eine kleine Sellerieknolle mit frischem Grün gekauft? Dann können Sie statt Petersilie auch ein paar schöne Blättchen unter die Gremolata mischen.

Info Mit seinem herb-frischen Geschmack macht der dunkle Holundersaft die Sauce herrlich aromatisch und gibt ihr eine schöne Farbe. Sie bekommen ihn in größeren Supermärkten, im Reformhaus und im Bio-Laden. Saftreste mit Orangensaft mischen und als Aperitif servieren – ein gesunder Vitamincocktail!

Rotbarsch-Schwarzwurzel-Gratin

Konkurrenz für den Sonntagsbraten
50 Min. + 20 Min. Überbacken
pro Portion ca. 455 kcal
43 g Eiweiß · 20 g Fett · 11 g Kohlenhydrate

ZUTATEN FÜR 4 PORTIONEN
750 g Schwarzwurzeln
3 EL Essig · Salz
400 g kleine Möhren · Pfeffer
4 Rotbarschfilets (à ca. 175 g)
2 EL Zitronensaft
2 Eigelb · 1 EL scharfer Senf
100 g Sahne
100 ml Apfelsaft
100 g geriebener Emmentaler

Und:
Fett für die Form

ZUBEREITUNG

1. Die Schwarzwurzeln unter fließend kaltem Wasser gut schrubben, schälen und die Enden abschneiden (am besten mit Gummihandschuhen arbeiten). Die Stangen schräg in 1 cm lange Stücke schneiden und sofort in einen Topf mit 1 l Wasser und Essig legen. Salz zufügen, aufkochen und bei mittlerer Hitze in 10 Min. garen.

2. Inzwischen die Möhren putzen, schälen und in Scheiben schneiden. Diese zu den Schwarzwurzeln geben, das Wasser erneut aufkochen und die Möhren 5 Min. mitkochen. Das Gemüse in ein Sieb abgießen und abtropfen lassen.

3. Den Backofen auf 200° (Umluft 180°) vorheizen. Eine große Gratinform einfetten, das Gemüse hineingeben, salzen und pfeffern. Die Fischfilets waschen, mit Küchenpapier trocken tupfen und beidseitig mit Salz, Pfeffer und Zitronensaft würzen. Die Filets auf das Gemüse legen.

4. In einer hitzefesten Schüssel Eigelbe, Senf, Sahne und Apfelsaft verrühren und über einem heißen Wasserbad schaumig schlagen. Die Sauce salzen und pfeffern und den Käse unterheben. Die Sauce über den Fisch geben. Das Gericht im Backofen (Mitte) in 20 Min. goldbraun gratinieren.

Das schmeckt dazu Salzkartoffeln mit Petersilie

Austausch-Tipp Sie müssen nicht ein Jahr auf den »Winterspargel« warten – auch im Mai mit frischem Spargel schmeckt das Gratin ausgezeichnet. Oder Sie nehmen Schwarzwurzeln aus dem Glas.

Dunkle Wurzeln aus dem Untergrund
Schwarzwurzeln erleben ein Comeback. Kein Wunder, denn ihr zartwürziges Aroma und die weiche, markige Struktur des Fruchtfleischs lassen viel Spielraum für Kreationen: Die Stangen schmecken mit Sauce Hollandaise oder Butter (s. Seite 152) als Gemüsebeilage, als Ragout in weißer Sauce, als Salat, in Suppen, mit Käse überbacken (Rezept rechts), paniert oder gebraten.

Winterrettich, der schwarzhäutige Vertreter der Rettichfamilie, hat weißes Fruchtfleisch, das beißend scharf sein kann. In hauchdünne Scheiben geschnitten, schmeckt es roh auf einem Butter- oder Käsebrot; grob geraspelt gibt es Salatsaucen eine besondere Note und gebraten (s. Seite 165) oder gedünstet überrascht es mit sanfter Schärfe.

FEINER FISCH & MEERESFRÜCHTE 165

Rettich-Chili-Garnelen

Curry-Fisch mit Apfel-Wirsing

chinesisch | leicht und knackig
35 Min.
pro Portion ca. 235 kcal
17 g Eiweiß · 15 g Fett · 8 g Kohlenhydrate

fruchtig-würzige Kombination
50 Min.
pro Portion ca. 365 kcal
33 g Eiweiß · 17 g Fett · 20 g Kohlenhydrate

ZUTATEN FÜR 4 PORTIONEN

300 g rohe TK-Garnelen (ohne Schale)
1 Winterrettich (ca. 500 g)
2 kleine rote Paprikaschoten
1 Bund Frühlingszwiebeln
2 rote Chilischoten
2 Knoblauchzehen
125 ml Gemüsebrühe
6 EL Sojasauce
2 TL Sesamöl
4 EL Öl
Salz · Pfeffer

ZUBEREITUNG

1. Die Garnelen auftauen lassen. Rettich schälen, vierteln und in dünne Scheiben schneiden. Die Paprikaschoten waschen, halbieren, putzen und in feine Streifen schneiden. Die Frühlingszwiebeln waschen, putzen und in feine Ringe schneiden. Die Chilis waschen und putzen, Knoblauch schälen, beides fein hacken. Die Brühe mit Sojasauce und Sesamöl verrühren.

2. In einem Wok 2 EL Öl erhitzen, Garnelen 2–3 Min. unter Rühren braten, herausnehmen. Restliches Öl erhitzen, darin Rettich, Paprika, Zwiebeln, Chilis und Knoblauch in zwei Portionen je 4 Min. unter Rühren braten. Alles Gemüse in den Wok geben, Sauce und Garnelen zufügen, 2–3 Min. bei mittlerer Hitze dünsten. Salzen und pfeffern.

Tuning-Tipp Vor dem Servieren 1 EL geröstete Sesamsamen und 1/2 Bund abgezupfte Korianderblättchen aufstreuen.

ZUTATEN FÜR 4 PORTIONEN

700 g Wirsing
1 Zwiebel
2 kleine rote Äpfel
4 EL Zitronensaft
4 EL Öl
375 ml Gemüsebrühe
Salz · Pfeffer
600 g Seelachs- oder Kabeljaufilet
4 EL Mehl
1 EL Currypulver
4 EL Crème fraîche

ZUBEREITUNG

1. Wirsing putzen und in 1–2 cm breite Streifen schneiden. Die Zwiebel schälen und würfeln. Die Äpfel waschen, vierteln, entkernen, in Spalten schneiden und sofort mit 2 EL Zitronensaft beträufeln.

2. In einem Topf 2 EL Öl erhitzen und die Zwiebeln darin glasig dünsten. Den Wirsing und die Äpfel zugeben und 2 Min. mitdünsten. Die Brühe angießen, salzen und pfeffern. Alles zugedeckt bei schwacher Hitze 15–20 Min. schmoren.

3. Inzwischen den Fisch waschen, trocken tupfen und mit dem restlichen Zitronensaft beträufeln. Das Mehl mit Salz und Curry mischen, Fischfilets darin wenden. Restliches Öl in einer großen beschichteten Pfanne erhitzen, den Fisch auf jeder Seite in 3–4 Min. goldbraun braten. Crème fraîche unter das Gemüse rühren, salzen und pfeffern. Zum Curry-Fisch servieren.

SÜSSE HAUPTSPEISEN **167**

Bratäpfel mit Pumpernickel-Dattel-Füllung

raffiniert
30 Min. + 30 Min. Backen
pro Portion ca. 335 kcal
5 g Eiweiß · 15 g Fett · 45 g Kohlenhydrate

**ZUTATEN FÜR
6 PORTIONEN**

2 Scheiben
Pumpernickel
6 getrocknete Datteln
200 ml Apfelsaft
1 EL Puderzucker
50 g gehackte Mandeln
100 g Marzipan · 1 Ei
6 gleich große Äpfel
(z. B. Boskop)
40 g Butter

ZUBEREITUNG

1. Für die Füllung den Pumpernickel und die Datteln in kleine Würfel schneiden. Mit 3 EL Apfelsaft vermischen und 10 Min. ziehen lassen. Den Puderzucker mit den Mandeln vermischen und kurz anrösten. Abkühlen lassen und zu der Pumpernickelmasse geben. Das Marzipan auf der Rohkostreibe grob reiben und mit dem Ei zur Pumpernickelmasse geben. Alles gut vermischen.

2. Den Backofen auf 200° vorheizen. Die Äpfel waschen, jeweils einen Deckel abschneiden und mit einem Apfelausstecher das Kerngehäuse entfernen. Eine Auflaufform mit 20 g Butter ausstreichen.

3. Die Äpfel nebeneinander in die Form setzen und mit der Pumpernickelmasse füllen. Den Deckel aufsetzen. Die restliche Butter in Flöckchen schneiden und die Äpfel damit belegen. Im Backofen (Mitte, Umluft 180°) 20–30 Min. backen. Nach 10 Min. mit dem restlichen Apfelsaft begießen. Die Bratäpfel warm servieren.

Das schmeckt dazu Selbst gemachte Vanillesauce: Dafür 1 Vanilleschote längs aufschneiden, das Mark herauskratzen und mit 400 ml Milch und 2 EL Zucker in einen Topf geben. Milch zum Kochen bringen. 1 Päckchen Vanillesaucenpulver mit 2–3 EL Sahne glatt rühren, zu der Vanillemilch geben und alles unter Rühren aufkochen lassen. Sauce abkühlen lassen, dabei ab und zu umrühren. 150 g Sahne steif schlagen und unter die Vanillesauce rühren.

Variante Bratäpfel mit Dominosteinen 6 aromatische Äpfel (z. B. Cox Orange) waschen, Deckel abschneiden. Mit dem Apfelausstecher leicht aushöhlen. 12 Dominosteine grob hacken. Die Äpfel damit füllen, Deckel auflegen. Eine Auflaufform mit Butter ausstreichen. Die Äpfel hineinsetzen und im Ofen bei 200° (Mitte, Umluft 180°) 20–30 Min. backen. Nach 10 Min. 150 ml Weißwein oder Apfelsaft angießen. Bratäpfel mit Vanillesauce servieren.

Mohnravioli mit Pflaumensauce

Süßes für kalte Wintertage
55 Min.
pro Portion ca. 895 kcal
21 g Eiweiß · 40 g Fett · 111 g Kohlenhydrate

**ZUTATEN FÜR
4 PORTIONEN**

Für die Ravioli:
300 g Mehl (+ Mehl für
die Arbeitsfläche)
1/2 TL Salz · 3 Eier

Für die Füllung:
100 g gemahlene
Haselnüsse
1 Bio-Orange
250 g Mohnback
(Backregal)

Für die Pflaumensauce:
300 g Pflaumen
2 EL Rohrzucker
200 ml Kirschsaft
1/2 Zimtstange

Und:
50 g Butter
Zimtzucker aus
3 EL Zucker und
1/2 TL Zimtpulver

ZUBEREITUNG

1. Das Mehl auf die Arbeitsplatte sieben und in die Mitte eine Mulde drücken. Salz und Eier hineingeben und alles rasch zu einem glatten Teig verkneten. Wenn nötig, 1–2 EL lauwarmes Wasser hinzufügen. Den Teig zu einer Kugel formen, in einen Frischhaltebeutel geben und ruhen lassen.

2. Für die Füllung die Haselnüsse in einer Pfanne ohne Fett rösten. Abkühlen lassen. Die Orange heiß waschen und trocken reiben, 1 TL Schale abreiben. Das Mohnback mit Orangenschale und Nüssen vermischen.

3. Die Teigkugel halbieren. Eine Hälfte mit einem Teigroller auf der leicht bemehlten Arbeitsfläche etwa 2 mm dünn ausrollen.

4. Je einen schwach gehäuften TL Füllung in Abständen von etwa 4 cm auf die eine Hälfte des ausgerollten Nudelteigs geben und die andere Hälfte darüberschlagen. Mit einem Ausstecher (etwa 4 cm Ø) Kreise ausstechen. Die Ränder mit Wasser leicht andrücken. Mit der zweiten Teigportion genauso verfahren. Die fertigen Ravioli kurz trocknen lassen.

5. Für die Sauce die Pflaumen waschen, halbieren und entsteinen. Den Zucker in einem Topf schmelzen lassen. Den Kirschsaft dazugeben und rühren, bis sich der Zucker gelöst hat. Zimtstange und Pflaumen dazugeben und 8–10 Min. sanft kochen lassen. Die Zimtstange entfernen.

6. Die Pflaumenmischung pürieren und abkühlen lassen. Reichlich Wasser in einem großen Topf zum Kochen bringen. Die Mohnravioli darin in ca. 4 Min. gar ziehen lassen.

7. Die Butter schmelzen und die Ravioli darin schwenken. Die Sauce auf Teller verteilen, die Ravioli auf die Sauce setzen und mit Zimtzucker bestreuen.

Variante Mohnravioli mit Zimtbröseln 100 g Löffelbiskuits fein zerbröseln. 50 g Butter mit 50 g Zucker in einer Pfanne schmelzen lassen. 1/4 TL Zimtpulver und zerbröselte Löffelbiskuits dazugeben und unter Rühren goldbraun braten. Die fertigen Mohnravioli damit bestreuen. Etwas Pflaumensauce auf die Teller geben oder die restliche Sauce extra dazu reichen.

Orangenparfait mit Granatapfelsauce

Feines für Gäste
40 Min. + 12 Std. Kühlen
bei 8 Portionen pro Portion ca. 245 kcal
3 g Eiweiß · 12 g Fett · 30 g Kohlenhydrate

ZUTATEN FÜR 6–8 PORTIONEN

Für das Parfait:
1 Zitrone
1 Bio-Orange
250 ml frisch gepresster Orangensaft
1 EL Honig
2 Eigelb · 1 Ei (beides sehr frisch)
80 g Zucker
250 g Sahne

Für die Granatapfelsauce:
2 Granatäpfel
125 ml Cranberrysaft
1 TL Vanillesaucenpulver
50 g Puderzucker

Und:
1 Kastenform (750 ml Inhalt)
oder 6 Förmchen (à 150 ml)

ZUBEREITUNG

1. Die Zitrone auspressen. Die Bio-Orange heiß waschen und abtrocknen, die Schale abreiben, den Saft auspressen. Saft und Schale mit Zitronensaft, Orangensaft und Honig in einem Topf ca. 5 Min. leise kochen, dann abkühlen lassen. Die Form oder die Förmchen kalt ausspülen und in das Gefrierfach stellen.

2. Die Eigelbe und das Ei mit dem Zucker in eine hitzefeste Schüssel geben und über einem heißen Wasserbad dickschaumig aufschlagen. Den Orangensud nach und nach einrühren. Die Masse in einen Topf mit kaltem Wasser stellen. Die Creme unter gelegentlichem Rühren abkühlen lassen.

3. Die Sahne steif schlagen, die Orangencreme nach und nach unterrühren. Das Parfait in die Kastenform oder die Förmchen geben, mit Frischhaltefolie zudecken und über Nacht gefrieren lassen.

4. Für die Sauce die Granatäpfel halbieren und vorsichtig auspressen. 1 EL Kerne beiseitelegen. Den Saft mit dem Saucenpulver verrühren. Den Cranberrysaft mit dem Puderzucker aufkochen, den Granatapfelsaft dazugeben und rühren, bis die Sauce leicht dicklich wird. Die Kerne von den weißen Häutchen befreien und in die Sauce geben.

5. Parfait in Scheiben schneiden bzw. stürzen, auf Teller geben und mit der Sauce umgießen.

Schokoladenfondue: Schokospaß für die Familie
Gerade in der Winterzeit sollten Sie sich und Ihren Lieben diese besondere Freude ab und zu machen. Die Früchte für das Schokoladenfondue können Sie beliebig variieren. Fein sind Exoten wie Sternfrucht, Physalis und Orangen. Sehr gut schmecken auch getrocknete Datteln, Feigen und Aprikosen. Auch Nüsse eignen sich, z. B. Walnusskerne und Pecannusskerne. Kinder lieben natürlich Marshmallows und Gummibärchen.

Weißes Schoko-Kokos-Fondue
Probieren Sie auch mal ein Schoko-Kokos-Fondue mit weißer Schokolade: 150 ml cremige Kokosmilch mit 150 g Sahne erhitzen. 300 g weiße Schokolade grob hacken, dazugeben und bei schwacher Hitze schmelzen.

DESSERTS UND SCHOKOFONDUE 169

Schokoladenpudding

wie zu Großmutters Zeiten
20 Min.
pro Portion ca. 490 kcal
11 g Eiweiß · 23 g Fett · 54 g Kohlenhydrate

ZUTATEN FÜR 4 PORTIONEN

150 g Block- oder Zartbitterschokolade
2 frische Eier
75 g Zucker
1 Päckchen Vanillezucker
500 ml Milch
50 g Speisestärke
30 g Zartbitterkuvertüre

ZUBEREITUNG

1. Die Schokolade in Stücke brechen. Die Eier trennen, die Eiweiße beiseitestellen. Die Eigelbe mit 50 g Zucker und dem Vanillezucker mit den Schneebesen des Handrührgeräts cremig aufschlagen.

2. 100 ml Milch mit der Speisestärke glatt rühren. Die restliche Milch erhitzen und die Schokolade darin schmelzen lassen. Die angerührte Speisestärke einrühren und weiterrühren, bis die Masse dicklich wird. Den Pudding vom Herd nehmen und die Eigelbcreme unterrühren.

3. Die Eiweiße mit dem restlichen Zucker nicht zu steif schlagen und locker unter den Pudding rühren.

4. Den Schokopudding in eine Schale oder vier Dessertgläser füllen. Die Kuvertüre mit einem scharfen Messer in Späne schneiden und auf den Schokopudding streuen.

Schokofondue mit Früchten

zum Dahinschmelzen
30 Min.
pro Portion ca. 885 kcal
12 g Eiweiß · 60 g Fett · 74 g Kohlenhydrate

ZUTATEN FÜR 4 PORTIONEN

1 kg gemischte Früchte (z. B. Bananen, Kiwis, Mandarinen)
300 g Zartbitterschokolade
200 g Sahne
1 Prise Kardamompulver
je 40 g gehackte Pistazien und Haselnüsse
4 EL Kokosflocken

Und:
Holzspieße

ZUBEREITUNG

1. Die Bananen schälen und in ca. 2 cm dicke Scheiben schneiden. Die Kiwis schälen und in Würfel schneiden. Die Mandarinen schälen und in Schnitze teilen. Die Früchte abwechselnd auf Holzspieße stecken.

2. Die Schokolade in Stücke brechen. Die Sahne mit dem Kardamom erwärmen, die Schokolade dazugeben und bei schwacher Hitze unter Rühren schmelzen lassen. Alles in einen Fonduetopf füllen und auf ein Stövchen mit kleiner Flamme stellen.

3. Bei Tisch die Fruchtspieße in die heiße Schokolade tauchen. Mit Pistazien, Haselnüssen oder Kokosflocken bestreuen und genießen.

Meraner Nüsse

nussig-süß
30 Min.
bei 30 Stück pro Stück ca. 95 kcal
1 g Eiweiß · 6 g Fett · 9 g Kohlenhydrate

ZUTATEN FÜR CA. 30 STÜCK

1 Bio-Orange
50 g Puderzucker
150 g Rohmarzipan
60 Walnusskerne (ca. 250 g)
100 g Zucker

Und: Backpapier

ZUBEREITUNG

1. Die Bio-Orange heiß waschen und abtrocknen, 1 TL Schale abreiben. Den Puderzucker mit Marzipan und Orangenschale verkneten. Die Mischung zu einer etwa 2 cm dicken Rolle formen und die Rolle in 30 Stücke schneiden.

2. Je 1 Stück Marzipanmasse zwischen 2 Walnusshälften geben und diese leicht zusammendrücken. Den Zucker mit 250 ml Wasser in einem Topf mit schwerem Boden aufkochen und unter Rühren in ca. 10 Min. sirupartig einkochen lassen.

3. Ein Stück Backpapier auf die Arbeitsfläche legen. Darauf ein Kuchengitter stellen. Die gefüllten Nüsse mithilfe einer Pralinengabel oder zwei normalen Gabeln in den Sirup tauchen und auf dem Gitter trocknen lassen.

Tuning-Tipp Das Marzipan zusätzlich mit 1/2 TL Orangenblütenwasser (Apotheke) aromatisieren.

Weiße Schoko-Crisps

himmlisch lecker
30 Min. + 3 Std. Kühlen
bei 30 Stück pro Stück ca. 80 kcal
2 g Eiweiß · 5 g Fett · 7 g Kohlenhydrate

ZUTATEN FÜR CA. 30 STÜCK

150 g Mandelstifte
2 EL Puderzucker
50 g getrocknete Apfelringe
25 g Cornflakes
200 g weiße Kuvertüre

Und: Backpapier

ZUBEREITUNG

1. Die Mandelstifte mit Puderzucker vermischen und in einer Pfanne leicht anrösten. Abkühlen lassen. Apfelringe in kleine Würfel schneiden. Cornflakes zerbröseln.

2. Die Kuvertüre grob hacken und in einer hitzefesten Schüssel über einem heißen Wasserbad schmelzen. Die Apfelwürfel, Cornflakes und Mandelstifte dazugeben und mit der Kuvertüre vermischen.

3. Ein Backblech mit Backpapier auslegen. Von der Schokomasse mithilfe von zwei Teelöffeln Häufchen auf das Backblech setzen. Mindestens 3 Std. kühl stellen.

Variante Für Schokoquadrate die Schoko-Mandel-Masse auf einem mit Backpapier ausgelegten Blech zu einer quadratischen Platte formen. Erstarren lassen und in Quadrate schneiden. Kühl aufbewahren.

PRALINEN UND KONFEKT 171

Gefüllte Datteln

supereinfach
25 Min.
bei 30 Stück pro Stück ca. 60 kcal
1 g Eiweiß · 3 g Fett · 7 g Kohlenhydrate

ZUTATEN FÜR
CA. 30 STÜCK

30 getrocknete
Datteln (ca. 250 g)
1 Bio-Limette
oder Bio-Zitrone
40 g Kürbiskerne
50 g weiche Butter
50 g Puderzucker
50 g Kokosflocken

ZUBEREITUNG

1. Die Datteln entsteinen. Die Limette heiß waschen und abtrocknen. 1 TL Schale abreiben, 1 EL Saft auspressen. 30 Kürbiskerne beiseitelegen. Restliche Kürbiskerne fein mahlen.

2. Die Butter mit Puderzucker und Limettensaft glatt rühren. Gemahlene Kürbiskerne, Limettenschale und Kokosflocken unterkneten. Aus der Masse 30 kleine Kugeln formen.

3. Die Datteln mit den Kugeln füllen und leicht zusammendrücken. Jeweils zwei bis drei Kürbiskerne in die Füllung stecken. Die Datteln mit Frischhaltefolie abdecken und bis zum Verspeisen kühl stellen.

Austausch-Tipp 150 g Marzipan mit 50 g Puderzucker verkneten. 50 g gemahlene Pistazien und 1 EL Limettensaft unterkneten. 30 Kugeln formen, die Datteln damit füllen.

Quittenkonfekt

einfach köstlich
30 Min. + 50 Min. Kochen
+ 2 Tage Trocknen
bei 75 Stück pro Stück ca. 60 kcal
0 g Eiweiß · <1 g Fett · 15 g Kohlenhydrate

ZUTATEN FÜR
CA. 75 STÜCK

2 kg Quitten
1 kg Zucker
1 Bio-Orange

Und:
Backpapier und Öl
für das Blech
grober Zucker zum
Bestreuen

ZUBEREITUNG

1. Die Quitten mit einem Tuch gründlich abreiben. Die Stiele und Blütenansätze entfernen. Die Früchte vierteln und in einem Topf mit Wasser bedeckt ca. 50 Min. kochen lassen.

2. Quitten in ein Sieb abgießen und abtropfen lassen, dann durch das Sieb streichen. 1 kg Mark abwiegen und mit dem Zucker in einen Topf geben. Orange heiß waschen, abtrocknen, 1 EL Schale abreiben, Saft auspressen. Saft und Schale zum Quittenmark geben und unter Rühren kochen, bis sich die Masse vom Topfboden löst.

3. Ein Backblech mit Backpapier belegen und mit Öl bestreichen. Die Quittenmasse 1 cm dick aufstreichen und ca. 2 Tage trocknen lassen, einmal wenden, sobald die Oberfläche trocken ist. Quittenbrot in Würfel oder Rauten schneiden und mit Zucker bestreuen.

Weihnachtsmenü

Verführerisch duftet der **knusprige Gänsebraten** auf der großen Tafel. Gönnen Sie sich den **Luxus zum Jahresausklang.** Dazu Rosenkohl und Klöße. Vorweg ein Süppchen oder Salat und ein feines Dessert aus Eis oder Exoten als Finale.

Gans mit Apfelfüllung

traditionell
45 Min. + 3 3/4 Std. Gar- und Bratzeit
bei 8 Portionen pro Portion ca. 915 kcal
62 g Eiweiß · 66 g Fett · 12 g Kohlenhydrate

ZUTATEN FÜR 6–8 PORTIONEN
1 küchenfertige Gans (ca. 4,5 kg)
Salz · Pfeffer
4 kleine säuerliche Äpfel (z. B. Boskop)
4–6 Stängel Beifuß
1 Bund Suppengrün
2–3 EL dunkler Saucenbinder

Und:
kleine Holzspieße und Küchengarn

ZUBEREITUNG

1. Die Gans waschen und trocken tupfen, innen und außen mit Salz und Pfeffer einreiben. Den Backofen auf 200° vorheizen.

2. Die Äpfel waschen, die Kerngehäuse ausstechen, die Früchte mit je 1–2 Stängeln Beifuß füllen und in die Bauchöffnung der Gans stecken. Die Öffnung mit Holzspießen und Küchengarn verschließen.

3. Die Gans in den Bräter legen, mit 500 ml kochendem Wasser überbrühen und zugedeckt im Backofen (2. Schiene von unten, Umluft 180°) 1 1/2 Std. garen.

4. Die Gans herausnehmen und den Sud durch ein Sieb gießen. Das Suppengrün waschen, putzen, grob zerteilen und in der Fettpfanne des Backofens verteilen, die Gans darauflegen.

5. Den Backofen auf 180° (Umluft 160°) herunterschalten und die Gans weitere 2 Std. braten. Den Sud vorsichtig in einen Topf abgießen und dabei das Fett zurücklassen. Die Gans während des Bratens regelmäßig mit dem Bratensaft begießen.

6. Den Backofen auf 250° (Umluft 220°) aufheizen. Die Gans in 15–20 Min. knusprig braten. Die Gans aus dem Ofen nehmen, den Bratensatz in der Fettpfanne mit 250 ml Wasser loskochen, durch ein Sieb in einen Topf gießen und aufkochen. Mit Saucenbinder andicken, salzen und pfeffern. Die Gans tranchieren und mit der Sauce servieren.

Das schmeckt dazu Rosenkohl-Maroni-Gemüse (s. Seite 173) oder Rotkohl-Birnen-Gemüse (s. Seite 112) und Kartoffelklöße mit Suppengrün (s. Seite 173)

FESTLICHES WEIHNACHTSESSEN 173

Rosenkohl-Maroni-Gemüse

ganz einfach lecker
45 Min.
pro Portion ca. 240 kcal
2 g Eiweiß · 7 g Fett · 34 g Kohlenhydrate

ZUTATEN FÜR 6 PORTIONEN

1,2 kg Rosenkohl · Salz
1 kleine Zwiebel
400 g gegarte Maronen (ohne Schale, vakuumverpackt)
4 EL Butter
Pfeffer
1/2 TL Zucker

ZUBEREITUNG

1. Den Rosenkohl putzen, die Strünke kreuzweise einschneiden. Reichlich Salzwasser aufkochen und den Rosenkohl darin in 10 Min. bissfest kochen.

2. Inzwischen die Zwiebel schälen und in feine Würfel schneiden. Die Maronen aus der Packung lösen. Den Rosenkohl abgießen und gut abtropfen lassen.

3. Die Butter in einer großen Pfanne erhitzen und die Zwiebelwürfel darin glasig dünsten. Rosenkohl und Maronen dazugeben und bei mittlerer Hitze 5 Min. unter Wenden braten. Dann mit Salz, Pfeffer und Zucker abschmecken.

Tuning-Tipp 1/2 Bund Petersilie waschen, trocken schütteln, hacken und auf das Gemüse streuen.

Kartoffelklöße mit Suppengrün

Klassiker im neuen Gewand
50 Min.
pro Portion ca. 375 kcal
9 g Eiweiß · 1 g Fett · 82 g Kohlenhydrate

ZUTATEN FÜR 6 PORTIONEN

1,2 kg Kartoffelknödelteig »halb und halb« (Kühlregal)
2 Bund Suppengrün
Salz · 1 Brötchen vom Vortag
1 TL Butter
Pfeffer
frisch geriebene Muskatnuss

ZUBEREITUNG

1. Den Kartoffelteig zerpflücken. Das Suppengrün waschen, putzen und in winzige Würfel schneiden (die Petersilie anderweitig verwenden). Suppengrün in kochendem Salzwasser 1–2 Min. garen, abgießen, abschrecken und gut abtropfen lassen.

2. Das Brötchen klein würfeln und in der Butter knusprig anbraten. In einem großen, breiten Topf reichlich Salzwasser zum Kochen bringen.

3. Den Knödelteig mit dem Suppengrün verkneten und mit Salz, Pfeffer und Muskat abschmecken. Mit angefeuchteten Händen 12 gleich große Klöße formen und in die Mitte je 2–3 Brotwürfel drücken.

4. Die Klöße in das kochende Salzwasser legen und bei schwacher Hitze 20 Min. ziehen lassen.

Wärmend und gesund

▶ **Apfel-Ingwer-Punsch** Für 4 Gläser 2 Äpfel (z. B. Elstar) waschen, vierteln, entkernen und klein würfeln. Mit 2 EL Zitronensaft beträufeln. 750 ml Apfelsaft mit 250 ml weißem Traubensaft, 2 EL Honig und 4 Scheiben Ingwer erhitzen. Apfelwürfel dazugeben, alles 5 Min. kochen lassen. In vier hitzebeständige Gläser füllen.

▶ **Heiße Minze** Für 4 Gläser 3 Beutel Pfefferminztee mit 750 ml kochend heißem Wasser übergießen, 3 Min. ziehen lassen. Beutel entfernen. 1 Bio-Limette in Spalten, 4 Stängel Minze und 8 Zuckerwürfel in einem Topf mit 250 ml kochendem Wasser überbrühen. Tee dazugießen, 5 Min. ziehen lassen. In Punschgläser füllen (Bild links).

Hausgemachter Glühwein

Für 4 Gläser 12 Stück Würfelzucker in einen Topf geben, mit 1 l trockenem Rotwein übergießen. Je 4 Gewürznelken und Pimentkörner, 2 Zimtstangen, 4 Sternanis und 1 TL Koriandersamen in einen Teebeutel geben, zubinden. Wein mit dem Teebeutel langsam erhitzen, aber nicht kochen lassen. 1 Bio-Orange heiß waschen, abtrocknen und in 1/2–1 cm dicke Scheiben schneiden. Zum Wein geben, alles zugedeckt bei schwacher Hitze 15 Min. ziehen lassen. Teebeutel entfernen. Glühwein in Punschgläser oder Tassen gießen. Mit je 1 Zimtstange zum Umrühren servieren. Tipp: Für Kinder und Autofahrer den Rotwein durch roten Trauben- oder Kirschsaft ersetzen.

Goldene Sternstunden Eine Deko, die den Tisch verzaubert. Gelingt ganz leicht mit Holographie-Selbstklebe-Folie: große und kleine Sterne ausschneiden und auf die Tischdecke kleben.

Hübsch dekorierte Kerzen schaffen Weihnachtsstimmung: Gläser mal mit weißem, mal mit braunem Kandiszucker füllen, Teelichter daraufbetten. Um die Gläser herum Tannenzweige oder Efeu legen.

Bouillon mit Eierstich-Sternen Für 6 Portionen 3 Eier mit 150 ml heißer Milch verquirlen und mit Salz und frisch geriebener Muskatnuss würzen. In eine flache hitzefeste Schüssel geben und in einem Topf mit heißem Wasser zugedeckt bei mittlerer Hitze 20–30 Min. stocken lassen. Den Eierstich aus der Form lösen und abkühlen lassen. Daraus kleine und große Sterne ausstechen. 1 l Fleischbrühe erhitzen. Die Eierstichsterne darin erwärmen. Nach Belieben 1 Bund Schnittlauch in feinste Röllchen schneiden und aufstreuen.

Croûtons-Sterne auf Salat Für 6 Portionen aus 4 Scheiben Toastbrot mit großen und kleinen Ausstechern Sterne ausstechen (die Toastreste anderweitig verwenden). In einer Pfanne 2 TL Butter zerlassen und die Toaststerne darin in 5 Min. goldbraun braten, 1 Knoblauchzehe dazupressen. Die Croûtons herausnehmen. 1 Granatapfel halbieren, die Kerne aus einer Hälfte herauslösen, den Saft auffangen. Die andere Hälfte auspressen. 6 EL Granatapfelsaft mit 1 EL flüssigem Honig, 3 EL Rotweinessig, Salz, Pfeffer und 3 EL Olivenöl zu einer Vinaigrette verrühren. 250 g Feldsalat und einige Blätter Friséesalat waschen, putzen, trocken schleudern. Auf Tellern anrichten, mit der Vinaigrette beträufeln, Granatapfelkerne und Croûtons-Sterne darauf verteilen.

Exoten-Sterne mit Glanz Für 6 Portionen 2 Karambolen und 12 Kumquats waschen, quer in dünne Scheiben schneiden. 1 reife Mango und 1 Papaya schälen, putzen und in 1/2 cm dünne Scheiben schneiden. Mit einem Ausstecher Mango- und Papaya-Sterne ausstechen (Reste anderweitig verwenden). Früchte auf Tellern anrichten. 6 Blatt weiße Gelatine kalt einweichen. 375 ml trockenen Sekt oder weißen Traubensaft, 125 ml Wasser, 2 EL Limettensaft und 2 EL Zucker erhitzen. Gelatine ausdrücken, in der Sekt- oder Saftmischung auflösen, über die Früchte gießen. Im Kühlschrank erstarren lassen. Mit je 1 EL Crème fraîche anrichten.

Zimt-Vanilleeis-Sterne Für 6 Portionen 1 Wiener Biskuitboden (Ø 26 cm) in eine Springform legen. 500 g Vanille-Eiscreme 10 Min. antauen lassen, dann mit dem Pürierstab aufmixen. Auf den Biskuitboden streichen, für 2–4 Std. einfrieren. Inzwischen 3–4 reife Sharonfrüchte waschen und ohne Blütenansatz in Spalten schneiden. Mit 2 EL Zitronensaft und 1 EL Honig beträufeln. Aus dem Eiskuchen 18 Vanilleeis-Sterne (Ø ca. 5 cm) ausstechen und fein mit Zimtpulver bestäuben. Je 3 Vanille-Eissterne mit einigen Sharonfrüchten anrichten. Sofort servieren.

Raclette mit Gemüse

winterlicher Grillspaß
45 Min.
pro Portion ca. 770 kcal
56 g Eiweiß · 45 g Fett · 33 g Kohlenhydrate

ZUTATEN FÜR 4 PORTIONEN

1 kg kleine mehligkochende Kartoffeln (z. B. Bintje oder Primura) · Salz
600 g Raclette-Käse
150 g Kirschtomaten
1 gelbe Paprikaschote
200 g Brokkoli
100 g Möhren
1 dünne Lauchstange
je 1/2 Bund Petersilie und Schnittlauch
250 g Rinderfilet
200 g rohe, aufgetaute TK-Garnelen (ungeschält)
Pfeffer

ZUBEREITUNG

1. Die Kartoffeln gründlich waschen und in Salzwasser zugedeckt bei mittlerer Hitze in 30 Min. weich kochen.

2. Inzwischen den Käse in Scheiben schneiden und auf einer Platte anrichten. Die Tomaten waschen und halbieren. Die Paprikaschote waschen, putzen und in sehr kleine Würfel schneiden.

3. Den Brokkoli waschen, putzen und in kleine Röschen teilen, die Stiele schälen und in 1 cm dicke Scheiben schneiden. In kochendem Salzwasser 3 Min. blanchieren, abgießen, abschrecken und abtropfen lassen.

4. Die Möhren schälen, den Lauch waschen und putzen, beides in sehr feine Scheiben bzw. Ringe schneiden. Die Kräuter waschen und trocken schütteln, die Blätter abzupfen und hacken.

5. Das Filet trocken tupfen und quer zur Faser in dünne Scheiben schneiden. Die Garnelen waschen, aus der Schale lösen und trocken tupfen.

6. Das Raclettegerät vorheizen. Alle Zutaten in Schälchen auf den Tisch stellen. Die Kartoffeln abgießen und ungeschält zu Tisch bringen. Auf der Abdeckplatte des Raclettegerätes warm halten.

7. Gemüse, Fleisch, Garnelen und Kräuter nach Belieben in die Raclettepfännchen legen, leicht salzen und pfeffern. Mit einer Scheibe Käse belegen. Im Raclettegerät in etwa 10 Min. goldbraun braten.

Austausch-Tipp Das Fleisch durch Deftiges wie Räucherspeck, Schinken, Salami oder Bündner Fleisch ersetzen, die Garnelen durch Fischfilet aller Art.

Das schmeckt dazu Saures oder eingelegtes Gemüse wie Cornichons, Mixed Pickles, Maiskölbchen, Oliven und Chilischoten. Außerdem Sahne zum Verfeinern und Gewürze wie Cayennepfeffer, Muskatnuss, gemahlener Kreuzkümmel.

Käsefondue

nach Schweizer Art
30 Min.
bei 6 Personen pro Portion ca. 605 kcal
35 g Eiweiß · 33 g Fett · 43 g Kohlenhydrate

ZUTATEN FÜR 4–6 PORTIONEN

300 g Greyerzer
300 g Schweizer Emmentaler
500 g Brot (z. B. Weißbrot, Baguette oder/und Bauernbrot)
1 Knoblauchzehe (zum Ausreiben)
400 ml Geflügel- oder Gemüsefond (Glas)
4 TL Speisestärke
2 EL Zitronensaft
schwarzer Pfeffer
frisch geriebene Muskatnuss

ZUBEREITUNG

1. Den Käse entrinden und reiben. Das Brot in mundgerechte Würfel schneiden. Die Knoblauchzehe halbieren und den Fonduetopf (Caquelon aus Keramik) – ersatzweise einen normalen Topf oder eine feuerfeste Glas- oder Keramikform – gut damit ausreiben.

2. Den Fond mit der Speisestärke verrühren, in den Topf gießen und langsam aufkochen. Nach und nach den Käse dazugeben und mit Bewegungen in Form einer Acht unterrühren. Köcheln, bis eine glatte Masse entstanden ist. Mit Zitronensaft, Pfeffer und Muskat abschmecken.

3. Das Käsefondue auf einem Rechaud zu Tisch bringen und bei schwacher Hitze heiß halten. Brotwürfel auf Fonduegabeln stecken und durch den Käse ziehen.

Das schmeckt dazu Mixed Pickles, Preiselbeeren und ein gemischter Blattsalat mit Vinaigrette. Als Getränk passt am besten schwarzer Tee.

GLOSSAR

Gewürze und Zutaten aus aller Welt peppen Kohl und Kopfsalat auf. Sie machen die Jahreszeitenküche noch spannender und abwechslungsreicher. Hier finden Sie Infos und Tipps, wo Sie was am besten bekommen und wie Sie Ungewöhnliches ersetzen können.

ACETO BALSAMICO Nur der echte darf sich »Aceto balsamico tradizionale« nennen und stammt aus der Gegend um Modena. Er wird vor allem aus Trebbiano-Traubenmost gewonnen und ist ein reines Naturprodukt. Viele Jahre reift der aromatische Essig in Holzfässern – je länger, desto edler und teurer. Echten »Tradizionale« erkennen Sie an der tiefschwarzen Farbe, am hocharomatischen Geschmack, an der sirupartigen Konsistenz und vor allem am Preis. Bei günstigerem »Aceto balsamico« aus dem Supermarktregal handelt es sich meist um eine Essig-Traubensaft-Mischung, die mit Zuckercouleur dunkel gefärbt wird. Dieser Balsamessig kann auch gut schmecken. Bessere Sorten enthalten ein wenig Balsamico Tradizionale. Balsamico bianco wird immer aus Traubenmostkonzentrat, Wein und Konservierungsstoffen gemacht. Er schmeckt milder als der dunkle.

AHORNSIRUP Die indianischen Ureinwohner Nordamerikas kochten wohl als erste den Saft des Zucker-Ahornbaums zu herb-aromatischem Sirup ein. Heute ist der gold- bis tiefbraune Ahornsirup, der bis zu zwei Dritteln Zucker enthält, auch in europäischen Küchen sehr beliebt. Er gibt pikanten Gerichten, Kuchen und Desserts nicht nur aromatische Süße, sondern auch Farbe. Früh geernteter Saft ist hell und säurearm. Der daraus gekochte Sirup schmeckt mild und passt am besten zu Eis, Joghurt und Obstsalat. Sirup aus später gewonnenem Saft ist dunkler und kräftig-aromatisch – perfekt zum Kochen und für pikante Gerichte. Sie bekommen Ahornsirup in größeren Supermärkten, im Bioladen und Reformhaus. Als Ersatz kann flüssiger Honig dienen.

AJVAR Lieblingswürze auf dem Balkan. Die pikante rote Paste besteht traditionell nur aus gerösteten Paprikaschoten, Salz und Pfeffer. Heute wird sie meist auch mit Auberginen, Tomaten oder Chilischoten zubereitet und mit Zitronensaft, Essig und anderen Gewürzen abgeschmeckt. Ajvar im Glas finden Sie – in milder und schärferer Version – in fast jedem Supermarkt, auf jeden Fall beim türkischen Feinkosthändler. Unser Tipp: Bereiten Sie Ajvar selber zu. So schmeckt die Paste besonders fruchtig und frisch. Und Sie können sie ganz nach Geschmack mit Chili aufpeppen. Ein Rezept finden Sie auf Seite 69.

CAYENNEPFEFFER Das rote Pulver bringt Feuer in die Jahreszeiten-Küche. Es zählt zu den schärfsten Gewürzen überhaupt. Cayennepfeffer hat nichts mit schwarzem Pfeffer zu tun, sondern besteht aus fein vermahlenen, getrockneten Chilischoten. Dosieren Sie den Scharfmacher vorsichtig und nie als Prise mit den Fingern! Die Schärfe dringt in die Haut ein und lässt sich nur schwer wegwaschen.

CHILIPULVER UND -FLOCKEN/ SCHROT Unter diesen Namen landen ebenfalls fein gemahlene bzw. grob geschrotete getrocknete Chilischoten im Gewürzregal der Supermärkte. Im Gegensatz zu Cayennepfeffer wird Chilipulver jedoch häufig noch mit anderen Gewürzen vermischt, z. B. mit Oregano, Koriander, Kreuzkümmel oder Salz. Und auch Chiliflocken, die im türkischen Lebensmittelgeschäft »Pul biber« heißen, werden manchmal mit anderen Gewürzen aromatisiert. Lesen Sie das Etikett.

CHILISAUCE Damit schmecken ostasiatische Köche ihre Speisen gern ab. Die süß-scharfe Sauce wird aus Chilischoten, Zucker, Salz, Essig und anderen Gewürzen gemacht. Sie finden Sie in Asienläden und in jedem größeren Supermarkt, es gibt sie auch in einer sauerscharfen Variante. Große Auswahl bieten Asienläden. Tipp: Stellen Sie die Flasche zum individuellen Nachwürzen einfach mit auf den Tisch.

CHILISCHOTEN Die kleinen, scharfen Schwestern der Gemüsepaprika heißen auch Pfefferschoten, Peperoni oder Peperoncini. Als Faustregel gilt: Je kleiner, desto schärfer. Doch auch große, dicke Chilischoten können es in sich haben, wenn sie voll ausgereift und knallrot sind. Wer nur dezente Schärfe mag, entfernt Kerne und Trennwände aus den Schoten. Denn darin steckt am meisten Capsaicin, der Stoff, der fürs Feuer verantwortlich ist. Kinder dürfen beim Zubereiten der Schoten nicht helfen. Denn die Schärfe haftet hartnäckig an den Fingern. Nach getaner Arbeit auf jeden Fall gründlich Hände waschen und nicht in den Augen reiben. Übrigens: Capsaicin ist nicht wasserlöslich. Deshalb löschen Joghurt, Brot oder Kokosmilch das Chili-Feuer besser als Wasser. Statt frischer Chilischoten können Sie auch getrocknete verwenden. Oder das Gericht mit Cayennepfeffer abschmecken.

CURRYPASTE Auf thailändischen Märkten finden Sie die Würzmischung in allen Farben und Geschmacksrichtungen – von mild-scharf bis hot. Wichtigste Zutat sind immer Chilischoten. Sie werden mit Galgant, Ingwerwurzel, Schalotten, Zitronengras oder anderen Gewürzen und Kräutern fein zerstoßen und vermischt. Bei uns bekommen Sie in Asienläden und großen Supermärkten vor allem die rote Thai-Currypaste, die zu den meisten asiatisch inspirierten Gerichten gut passt. Für Geflügel können Sie gut die gelbe Paste verwenden. Sie erhält durch Kurkuma ihre leuchtende Farbe. Vorsicht: Die kräutergrüne Currypaste kann höllisch scharf schmecken! Als Ersatz dienen Currypulver und frische Chilischoten. Vakuumverpackte Currypaste in eine dicht schließende Dose umfüllen. So bleibt sie im Kühlschrank bis zu 6 Monate aromatisch.

GEWÜRZE UND ZUTATEN VON A BIS Z

CURRYPULVER Gemahlene Gelbwurzel, Kurkuma, sorgt im scharf-aromatischen Gewürzmix für die leuchtende Farbe. Chili und schwarzer Pfeffer sind für die Schärfe verantwortlich. Daneben stecken oft Koriander, Kardamom, Gewürznelken, Muskatnuss, Kreuzkümmel oder auch Senfsamen im Currypulver. Madras- und Ceylon-Curry schmecken besonders scharf, englische Mischungen sind in der Regel milder. Es lohnt sich, für Currypulver etwas mehr Geld auszugeben. Billiges Curry enthält oft zu viel Kurkuma und hat deshalb einen erdigen Geschmack. Manchmal ist es sogar mit Hülsenfruchtmehl, Stärke oder Dextrose gestreckt. Bei Currypulver aus dem Bio-Laden können Sie sicher sein, dass die Gewürze nicht mit Schadstoffen belastet oder bestrahlt sind. Kaufen Sie nur kleine Mengen, das Aroma verfliegt schnell.

FENCHELSAMEN schmecken würzig-süß, ein wenig nach Anis. Vor allem italienische und indische Köche schätzen das feine Aroma. Deshalb können Sie Fenchelsamen im Asienladen und beim Italiener günstig kaufen. Die Fenchelpflanze gehört wie Kümmel zur Familie der Doldenblütler. Und wie Kümmel machen auch Fenchelsamen Speisen nicht nur aromatischer, sondern auch bekömmlicher. Denn sie kurbeln die Verdauung an, erfrischen den Atem und wirken gegen Blähungen. Nebenbei wirken sie auch krampflösend bei Husten.

FISCHSAUCE Wie Sojasauce eine beliebte Allround-Würzflüssigkeit in China und Südostasien. Die rotbraune, klare Sauce wird aus fermentierten Sardellen, Salz, Zucker, Gewürzen und Wasser hergestellt. Sie schmeckt würzig-salzig und riecht intensiv. Keine Sorge: Beim Kochen verliert sich der Geruch. Im Asienladen gibt's Flaschen in jeder Größe und in verschiedenen Qualitäten, im Supermarkt meist nur eine Sorte. Thailändische Fischsauce heißt auch Naam plaah, vietnamesische Nuoc mam. Ersatzweise können Sie Sojasauce mit etwas Sardellenpaste mischen. Generell Fischsauce zunächst vorsichtig dosieren und vor allem mit zusätzlichem Salz sparen. Lieber nochmal nachwürzen.

GETROCKNETE TOMATEN Sie bringen konzentrierte Würze in Suppen, Salate und Saucen – Sonnenaroma pur. In Öl eingelegte getrocknete Tomaten gibt's in fast jedem Supermarkt und in guter

Qualität beim Italiener. Sie sind allerdings nicht billig. Unser Tipp: Getrocknete Tomaten preiswert kaufen (beim Gemüsehändler, Italiener oder Discounter) und selbst einlegen. Für 100 g getrocknete Tomaten 1 l Wasser mit 2 EL Weißweinessig und nach Belieben 100 ml Weißwein aufkochen. Die Tomaten 5 Min. darin ziehen, dann in einem Sieb sehr gut abtropfen lassen. Tomaten nach Belieben mit 1 EL Kapern, Knoblauchscheibchen und getrockneten Kräutern in ein Glas mit Schraubverschluss geben, mit Olivenöl übergießen und mindestens 1 Tag marinieren. Schmecken auch als Antipasti!

INGWER Bevorzugen Sie junge Ingwerwurzeln, die ein milderes Aroma als ältere Knollen liefern. Sie fühlen sich fest an, haben eine hauchdünne, straffe Haut und hellgelbes, saftiges Fleisch. Junger, frischer Ingwer lässt sich sogar durch die Knoblauchpresse drücken. → Seite 160.

KAPERN Die kleinen, grünen Früchte, die wir Kapern nennen, sind die eingelegten Blütenknospen des echten Kapernstrauchs. Sie werden unreif gepflückt und sind roh ungenießbar. In einem salzigen Essigbad tanken sie ihre typische Würze. Am feinsten schmecken die kleinsten Kapern, die Nonpareilles, die auch am teuersten sind.

KNOBLAUCH Das ätherische Öl Allicin macht ihn so unverwechselbar in Geschmack und Duft. Erntefrische Knollen gibt es vor allem im Hochsommer. Sie haben pralle, saftige Zehen und leicht feuchte, rosafarbene Haut. Getrockneten Knoblauch bekommen Sie rund ums Jahr – in rosa und weiß. Er sollte fest und ohne grüne Triebe oder braune Flecken sein. Gegen die »Knofelfahne« ist kaum ein Kraut gewachsen. Denn die dafür verantwortlichen Schwefelverbindungen werden im Blut gelöst und über die Haut »ausgeatmet«. Am besten Petersilienblättchen oder Gewürznelken kauen. (Knoblauch aufbewahren → Seite 18).

KOKOSMILCH Damit ist nicht die Flüssigkeit im Inneren der Kokosnuss gemeint, sondern eine aus Kokosnussfleisch und Wasser hergestellte Flüssigkeit. Sie hat eine sahnige Konsistenz, enthält aber kein Cholesterin und weniger Fett und Kalorien als Kuhmilch. Kokosmilch bekommen Sie mittlerweile in fast jedem Supermarkt und in großer Auswahl in Asienläden. Bevorzugen Sie ungesüßte Kokosmilch ohne Konservierungsstoffe (siehe Etikett). Dose vor dem Öffnen kräftig schütteln. So kann sich das Kokosfett, das als dicke Schicht auf der Oberfläche schwimmt, wieder mit der Flüssigkeit verbinden.

KORIANDERSAMEN UND -GRÜN Die Samenfrüchte sehen wie Pfefferkörner aus. Sie haben einen süßlich-aromatischen Geschmack mit leicht scharfer Note. Für volles Aroma ganze Koriandersamen in einer Pfanne ohne Fett anrösten, dann selbst mahlen. Koriandergrün, das frische Kraut der Korianderpflanze, wird auch Cilantro oder »asiatische Petersilie« genannt. Es schmeckt mild-pfeffrig und hat einen markanten Geruch. Koriandergrün nicht lange mitkochen, sondern klein geschnitten erst zum Schluss über die Speisen streuen.

KREUZKÜMMEL Die scharf-bitteren Gewürzsamen aus der orientalischen Küche sind mit unserem Kümmel zwar sehr weitläufig verwandt und sehen ihm auch ähnlich. Sie schmecken und riechen aber ganz anders und viel intensiver. Kreuzkümmel enthält ätherisches Öl, das schnell verfliegt. Gemahlenen Kreuzkümmel deshalb nur in kleinen Mengen kaufen. Im Supermarkt-Gewürzregal finden Sie ihn unter dem Namen Cumin. Ganze Samen bleiben länger aromatisch. Kreuzkümmel lindert Magen- und Darmprobleme und macht Speisen bekömmlicher.

> *Licht, Luft und Wärme sind Aromenkiller. Deshalb Gewürze dunkel und gut verschlossen aufbewahren – so behalten sie ihren Geschmack. Gut geeignet sind dicht schließende Metalldosen oder dunkle Gläschen mit Schraubverschluss aus der Apotheke. Stellen Sie Gläser mit Gewürzen keinesfalls neben den Herd.*

MUNGOBOHNENSPROSSEN Frischekick für jede Jahreszeit. Botanisch korrekt heißen sie Keimlinge. Frisch können Sie sie mittlerweile rund ums Jahr beim Gemüsehändler, in Bio- und Asienläden sowie in großen Supermärkten kaufen. Achten Sie darauf, dass sie weder braune noch faule Stellen haben. Die vitamin- und mineralstoffreichen Mungobohnensprossen dürfen Sie roh genießen – am besten gleich nach dem Einkauf. Notfalls bleiben sie – in Folie verpackt – 2 Tage im Kühlschrank frisch. Ersatzweise können Sie andere frische Sprossen, z. B. Alfalfa, verwenden. Frische Keimlinge der gelben Sojabohne oder der dunklen Azukibohne vor dem Genuss blanchieren. Sie enthalten einen giftigen Stoff. Gesundheitsplus: In Mungobohnensprossen stecken reichlich Vitamine (B_1 und B_2, C und E) sowie reichlich Mineral- und Ballaststoffe. Sie sind eine wichtige Zutat in der vegetarischen Ernährung.

OLIVEN Frisch vom Baum schmecken sie bitter. Erst durch Waschen, Einweichen und Einlegen werden sie zur kleinen Delikatesse. Ihre Farbe hängt vom Erntezeitpunkt ab: Grüne Oliven wurden unreif gepflückt, die weichen, pechschwarzen vollreif. Oliven aus Griechenland schmecken meistens herber als spanische. Besonders würzig sind Oliven aus Ligurien. Auch die Art des Einlegens beeinflusst den Geschmack. Spanische Oliven nehmen meist ein Bad in einfacher Salzlake. Dann werden sie entsteint und mit Paprika, Sardellen oder Mandeln gefüllt. Italienische Oliven marinieren häufig in einer kräuterwürzigen Essig-Öl-Mischung. In der Türkei und in Griechenland werden schwarze Früchte vorm Einlegen getrocknet. Deshalb sehen Sie schrumpelig aus. Achten Sie bei schwarzen Oliven im Glas aufs Etikett. Steht Farbstoff oder Eisen-II-Glukonat auf der Zutatenliste? Dann stecken nicht schwarze, vollreife, sondern hellere, schwarz gefärbte Früchte im Glas.

PARMESAN Mindestens 12 Monate muss der extraharte Rohmilchkäse reifen, der original aus der Stadt Parma in der Emilia-Romagna stammt – Zeit genug, um sein kräftig-würziges Aroma zu entwickeln. Ofengerichten verleiht er aufgestreut eine Knusperkruste. Pesto, Pasta und Pizza-Muffins bekommen durch ihn würzig-salziges Aroma. Die Herstellung von original Parmigiano Reggiano wird streng überwacht. Der Käse trägt ein eingebranntes Gütesiegel am Rindenrand. Streng kontrolliert wird auch der preiswertere Grana Padano, den Käsereien in der Po-Ebene ebenfalls aus Rohmilch erzeugen. Seine Mindestreifezeit beträgt 9 Monate. Wichtig: Parmesan und Grana Padano immer am Stück kaufen und nach Bedarf frisch reiben. Geriebener Käse aus der Tüte schmeckt fad und manchmal seifig.

PAPRIKAPULVER Nein, das Pulver wird nicht aus rotem Gemüsepaprika gewonnen, sondern aus den getrockneten und gemahlenen Schoten des speziellen Gewürzpaprikas. Vorsichtige kaufen das sehr milde Delikatess-Paprikapulver, ein wenig würziger und schärfer schmeckt das edelsüße, feurig-aromatisch das rosenscharfe. Vorsicht! Paprikapulver nie mit Zwiebeln oder Fleisch scharf anbraten. Mit seinem natürlichen Zuckergehalt brennt es in heißem Fett schnell an und bekommt dann einen unangenehm bitteren Nachgeschmack.

PFEFFER Lange Zeit gehörte er zu den kostbarsten Gewürzen überhaupt. Nur die reichen Leute, die »Pfeffersäcke«, konnten ihn sich leisten. Heute ist er auch in der kleinsten Kochnische zu finden. Grüner Pfeffer wird unreif gepflückt, vakuumgetrocknet oder in Salzlake eingelegt: ein frischer Scharfmacher mit fruchtiger Note. Auch schwarze Körner werden grün geerntet, dann fermentiert und langsam getrocknet. So erhalten sie ihre kräftig-aromatische Schärfe. Weiße Pfefferkörner dürfen am Strauch ausreifen. Dann werden sie eingeweicht und von der äußeren Hülle getrennt. Sie schmecken einfach scharf, weniger aromatisch. Ob weiß oder schwarz, generell gilt: Gemahlener Pfeffer verliert schnell an Aroma. Deshalb grundsätzlich ganze Körner kaufen und im Mörser grob zerstoßen oder mit der Pfeffermühle frisch mahlen. Ganze Pfefferkörner können Sie – vor Sonnenlicht und Feuchtigkeit geschützt – problemlos 2–3 Jahre aufheben.

SAFRAN Gut 100 000 Blüten müssen geerntet und per Hand gezupft werden, um 1 kg der bitter-würzigen, markant duftenden Fäden zu erhalten. Deshalb ist Safran so teuer. Zum Glück benötigen Sie nur 1 Messerspitze des kostbaren

GLOSSAR DER ZUTATEN VON A BIS Z

Gewürzes, um Gerichte zu aromatisieren und gelb zu färben. Safranpulver wird häufig verfälscht und mit billigerem Kurkuma vermischt. Kaufen Sie deshalb am besten die feinen Fäden. So öffnet sich ihr Aroma optimal: Fäden zuerst in einem Mörser zerstoßen und dann in wenig warmem Wasser einweichen, bevor Sie sie zu den Speisen geben.

SESAMÖL Fernöstliche Köche benutzen das dunkle Öl aus geschrotetem und gerösteten Sesam tropfenweise – wie ein kostbares Gewürz. Es verleiht Speisen ein intensiv nussiges Aroma. Zum Anbraten ist es nicht geeignet. Es verträgt keine hohen Temperaturen. Helles Sesamöl, das aus ungeschrotetem Sesam gewonnen wird, schmeckt milder. Beide Ölsorten bekommen Sie in Asien- und Bioläden, im Reformhaus und in größeren Supermärkten. Sesamöl enthält reichlich wertvolle, mehrfach ungesättigte Fettsäuren.

SOJASAUCE In einem aufwendigen Herstellungsprozess wird die Allroundwürze der ostasiatischen Küche gebraut – traditionell aus fermentierten Sojabohnen, Meersalz, Wasser und geröstetem Weizen. Chinesische Saucen sind meist dunkel und sehr intensiv. Japanische Saucen schmecken feiner und werden traditionell hergestellt. Helle Sojasauce ist meistens eine weniger stark konzentrierte Version der dunklen. Kaufen Sie keine Saucen, die im Schnellverfahren hergestellt wurden.

Hinweis darauf gibt die Zutatenliste: wenn beispielsweise Karamell, künstliche Aromen oder Zucker genannt werden, Sauce lieber nicht kaufen. Gute Qualität – meist aus Japan – finden Sie in Supermärkten, Bioläden und Reformhäusern, dort auch unter den japanischen Namen Tamari oder Shoyu. Am besten Gerichte erst kurz vorm Servieren mit Sojasauce abschmecken und verfeinern. Beim Mitkochen können Aromen verloren gehen. Sojasauce schmeckt frisch am besten. Wer sie nur selten benutzt, kauft besser kleine Flaschen. Sojasaucen enthalten bis zu 20 Prozent Salz. Deshalb sparsam salzen.

TOFU Dafür werden Sojabohnen eingeweicht, püriert, gekocht und gefiltert. Mit seinem hohen Eiweiß- und Kalziumgehalt gehört Tofu in vielen Ländern Asiens zu den Grundnahrungsmitteln. In Asien- und Bioläden finden Sie das Sojaprodukt in großer Auswahl: frische, fermentierte, geräucherte, gesalzene oder ungesalzene Variationen von schnittfest bis weich (Seidentofu). Da Tofu kaum Eigengeschmack besitzt, braucht er kräftige Würze. Kombinieren Sie ihn aber nicht mit Milchprodukten, das schmeckt nicht. Haben Sie die Folienverpackung einmal geöffnet, lässt er sich noch ca. 1 Woche mit Wasser bedeckt im Kühlschrank aufbewahren. Das Wasser täglich wechseln.

TOMATEN → getrocknete Tomaten

VANILLE Die langen schwarzen Schoten sind die fermentierten Samenkapseln einer Orchidee aus Süd- und Mittelamerika. Gleich nach dem Trocknen werden sie in Glasröhrchen verpackt, um sie vor weiterem Austrocknen zu schützen. Das Kultivieren erfordert viel Handarbeit. Deshalb zählt Vanille mit Safran zu den teuersten Gewürzen der Welt. Zu den besten Sorten gehört die Bourbon-Vanille, die von der kleinen Insel Bourbon (heute Réunion) stammt. Bourbon-Vanillezucker enthält das schwarze Mark der Vanilleschote. Zucker, der mit dem künstlich hergestellten Aromastoff Vanillin aromatisiert wurde, muss sich Vanillinzucker nennen. Haben Sie für ein Rezept nur eine halbe Schote gebraucht? Dann machen Sie mit der übrigen Hälfte selbst Vanillezucker: dafür die halbe Schote auskratzen. Das Mark mit ca. 50 g Puderzucker oder Vollrohrzucker vermischen, mit der ausge-

kratzten Schote in ein Glas mit Schraubverschluss geben und einige Tage ziehen lassen.

ZITRONENGRAS Die Stängel verpassen Fleisch- und Gemüsegerichten eine zitronenfrische, leicht scharfe Note, schmecken aber nicht sauer. Denn das schilfartige dicke Gras hat mit Zitronen nichts zu tun. Es verdankt seinen Namen dem zitrusfrischen Duft und den in ihm enthaltenen ätherischen Ölen. Für die Zubereitung lose Blätter entfernen, Stängel kürzen, Wurzelansatz abschneiden. Das dicke untere Ende zerdrücken und im Ganzen mitgaren oder fein hacken. Frisches Zitronengras bekommen Sie beim Gemüsehändler und im Asienladen. Nehmen Sie die Stängel mit, wenn sie mal beim Discounter oder im Supermarkt preiswert angeboten werden. Sie müssen sie nicht gleich verwenden, sondern können sie problemlos einfrieren. Ersatz: abgeriebene Schale von Bio-Zitronen oder -Limetten.

ZITRUSFRÜCHTE Frisch, fein-säuerlich und aromatisch: So schmecken Spezialitäten, die Sie mit Saft und Schale von Zitrusfrüchten würzen. Wenn Sie nur den Saft verwenden wollen, können Sie Orangen, Limetten oder Zitronen in jedem Supermarkt kaufen. Brauchen Sie aber die abgeriebene Schale für Sauce, Curry oder Smoothie, so wählen Sie besser Bio-Früchte. Denn nur dann können Sie sicher sein, dass die Schale unbehandelt ist. Immer gilt: Früchte zuerst heiß abwaschen, abtrocknen, dann die Schale abreiben oder hauchdünn (mit dem Sparschäler) abschälen und in feine Streifchen schneiden.

SACH- UND REZEPTREGISTER

Wichtige *Sachbegriffe* (kursiv gedruckt) und alle Rezepte in alphabetischer Reihenfolge.
Die Rezepte finden Sie außerdem auch unter ihren jeweiligen **Hauptzutaten**.

Aceto balsamico (Glossar) 178
Ahornsirup (Glossar) 178
Ajvar
   Fruchtiges Ajvar 69
   Glossar 178
Ananas-Sauerkraut 153
Apfel
   Apfel-Auflauf 133
   Apfel-Ingwer-Punsch 174
   Bratäpfel mit Pumpernickel-
     Dattel-Füllung 167
   Curry-Fisch mit Apfel-Wirsing 165
   Endivien-Möhren-Apfel-Salat 151
   Gans mit Apfelfüllung 172
   Lauch-Apfel-Flammkuchen 115
   Puten-Nuggets mit Apfel-
     Meerrettich-Dip 124
   Warenkunde 102
Aprikosen
   Aprikosenkonfitüre 94
   Aprikosen-Smoothie 65
   Joghurttörtchen mit Aprikosen 91
   Lammpfanne mit Aprikosen 87
   Warenkunde 62
Artischocken
   Artischocken essen (Info) 70
   Artischocken mit zwei Saucen 71
Asiatische Forellen 51
Aubergine
   Gegrillte Antipasti 71
   Provenzalische Nudelpfanne 78
Ausgebackene Rosen 99
Avocado
   Blini mit Avocadocreme 149
   Erdbeer-Avocado-Tiramisu
     (Variante) 56
   Hähnchen-Avocado-Salat 36

Baiser: Rhabarber-Tarte mit Baiser 53
Banane
   Aprikosen-Smoothie 65
   Pink Power 25

Bärlauch
   Bärlauch-Frikadellen 45
   Bärlauch-Obatzter 26
   Bärlauch-Pesto (Minirezept) 32
   Bärlauchsalat mit Rotbarsch 37
Beeren
   Beerengugelhupf (Minirezept) 90
   Rote Grütze mit Vanillecreme 90
   Warenkunde 62
Bio-Gemüse und Bio-Obst 16
Birnen
   Birnen-Bohnen-Speck-Salat 109
   Birnenkompott (Minirezept) 133
   Rotkohl-Birnen-Gemüse 112
Blattsalat
   Blattsalate fürs Büfett (Info) 74
   Herbstlicher Blattsalat mit Feigen 108
Blini mit Avocadocreme 149
Blumenkohl
   Blumenkohlsuppe mit Salbei 76
   Kräuterblumenkohl 40
Blumige Rohkostplatte 99
Blutorangen-Papaya-Drink 24
Blutwurst 139
Bohnen
   Birnen-Bohnen-Speck-Salat 109
   Bohnen, grüne (Warenkunde) 62
   Gemüsesuppe mit Klößchen 76
   Nudeln mit Frühlingsgemüse 42
Bouillon mit Eierstich-Sternen 175
Bratäpfel mit Dominosteinen
   (Variante) 167
Bratäpfel mit Pumpernickel-
   Dattel-Füllung 167
Bratkartoffeln mit Pilz-Gröstel 123
Brokkoli
   Gemüseplatte mit Zitronensauce 81
   Hähnchenpfanne 125
   Nudeln mit Frühlingsgemüse 42
Brombeeren: Drei-Frucht-Konfitüre 95
Brunnenkresse: Spargel mit
   Brunnenkresse-Hollandaise 38
Bruschetta mit Tomaten 66
Bulgursalat mit Spinat 37
Bunte Gemüse-Quiche 117

Bunte Grillspieße mit Rindfleisch 84
Bunter Mai-Salat 34
Bunter Sommersalat 72

Cayennepfeffer (Glossar) 178
Champignons
   Frischer Eiersalat 29
   Gegrillte Antipasti 71
   Löwenzahnsalat mit Speckpilzen 35
   Schweinemedaillons Stroganoff 161
Chicorée
   Hähnchen-Avocado-Salat 36
   Warenkunde 142
*Chilipulver und Chiliflocken
   (Glossar)* 178
Chilisauce (Glossar) 178
Chilischoten (Glossar) 178
Chinakohl
   Chinakohl-Möhren-Gemüse 83
   Chinakohlnudeln mit Lachssahne 43
   Chinakohl-Nudel-Pfanne 119
Chorizo-Mais-Pizza 115
Couscous: Gefüllte Tomaten 81
Cranberrys: Topfenknödel mit
   Holunder-Cranberry-Sauce 133
Crazy Horror Cake 139
Croûtons-Sterne auf Salat 175
Curry-Fisch mit Apfel-Wirsing 165
Currypaste (Glossar) 178
Currypulver
   Glossar 179
   Möhrencremesuppe mit Curry 31
   Penne mit Mango-Curry-Sauce 157

Datteln
   Bratäpfel mit Pumpernickel-
     Dattel-Füllung 167
   Gefüllte Datteln 171
Doraden auf Kartoffel-Lauch-Bett 131
Drei-Frucht-Konfitüre 95

SACH- UND REZEPTREGISTER

E

Egerlinge
Hähnchen im Päckchen 87
Kartoffel-Egerling-Salat 109
Schweinemedaillons Stroganoff 161
Eier
Eier auf Gurkensauce 29
Frischer Eiersalat 29
Info 28
Einkaufsknigge Obst und Gemüse 16
Endivie
Endivien-Kartoffel-Püree 159
Endivien-Möhren-Apfel-Salat 151
Endiviensuppe 145
Info 145
Ente
Entenkeulen vom Blech 125
Rote-Bete-Eintopf mit Ente 147
Wurzel-Wok mit Entenbrust 160
Erbsen
Frischer Eiersalat 29
Gefüllte Tomaten 81
Gemüsesuppe mit Klößchen 76
Grünes Risotto 39
Erdbeeren
Erdbeer-Avocado-Tiramisu (Variante) 56
Erdbeercreme mit weißer Schokolade 54
Erdbeer-Mousse (Variante) 54
Erdbeer-Orangen-Aufstrich 27
Erdbeer-Parfait (Variante) 54
Erdbeer-Softeis 92
Erdbeer-Tiramisu 56
Grießflammeri mit Erdbeer-Rhabarber-Kompott 55
Kopfsalat mit Erdbeeren 72
Pink Power 25
Erdnüsse
Erdnuss-Aufstrich 27
Herzhafte Gespenster 137
Sellerie mit Erdnusskruste 154
Exoten-Sterne mit Glanz 175

F

Feigen: Herbstlicher Blattsalat mit Feigen 108
Feldsalat
Feldsalat mit Radicchio und Kartoffel-Croûtons 150
Info 109
Warenkunde 142
Fenchel
Fenchelcremesuppe mit Zander 104
Fenchel-Lasagne 121
Fenchelrohkost mit Melone 73
Info 109
Fenchelwürziger Schweinebraten 162
Feta
Bulgursalat mit Spinat 37
Pennette mit geschmolzenen Tomaten 79
Walnuss-Bratkartoffeln 159
Fisch grillen (Info) 88
Fisch kaufen (Info) 48
Fischfilet
Curry-Fisch mit Apfel-Wirsing 165
Fischfilet mit Tomaten-Kräuter-Kruste 49
Fisch-Gemüse-Topf 33
Fischröllchen auf Sahnegemüse 89
Fischsauce (Glossar) 179
Flusskrebse: Zitronennudeln mit Krebsen 157
Forellen: Asiatische Forellen 51
Freilandanbau 16
Frischer Eiersalat 29
Fruchtiges Ajvar 69
Frühkartoffeln (Warenkunde) 22
Frühkartoffeln mit Radieschenquark 39
Frühlingsfrischer Wurstsalat 36
Frühlingsgemüse (Minirezept) 47
Frühlings-Wok 33

G

Gans mit Apfelfüllung 172
Garnelen
Knusper-Garnelen mit Aïoli-Creme 48
Raclette mit Gemüse 177
Rettich-Chili-Garnelen 165
Gazpacho mit Croûtons 77
Gebackene Holunderblüten 52
Gebackene Kürbisspalten 113
Gedünstetes Frühlingsgemüse 40
Gefüllte Datteln 171
Gefüllte Kürbisse 137
Gefüllte Tomaten 81
Gegrillte Antipasti 71
Gegrillte Hähnchenbrust mit Zitronenaroma 85
Gegrillte Makrele mit Gurken-Melonen-Salsa 88
Geisterspießchen 139
Gemüse einlegen (Mini-Rezept) 19
Gemüse und Obst vorbereiten 17
Gemüseplatte mit Zitronensauce 81
Gemüsesuppe mit Klößchen 76
Geschmorter Ochsenschwanz 163
Glasierte Herbstrübchen 113
Granatapfel
Orangenparfait mit Granatapfelsauce 168
Warenkunde 142
Graupen: Paprika-Graupen-Eintopf 107
Grießflammeri mit Beerensauce (Variante) 55
Grießflammeri mit Erdbeer-Rhabarber-Kompott 55
Grießflammeri mit Sirupfrüchten (Variante) 55
Grüne Bohnen mit Knoblauch 83
Grüne Spargel-Limetten-Suppe 31
Grüner Spargel-Hähnchen-Wok 45
Grünes Risotto 39
Grünkohl
Grünkohl in Senfsahne 153
Grünkohl-Kasseler-Eintopf 147
Info 146
Warenkunde 142
Gulaschsuppe mit Paprika 144
Gurke
Eier auf Gurkensauce 29
Gegrillte Makrele mit Gurken-Melonen-Salsa 88
Warenkunde 62

H

Hackfleisch
Bärlauch-Frikadellen 45
Fenchel-Lasagne 121
Hackbällchen mit Tomatendip 96
Kalbsbrust mit Maroni-Füllung 128
Monster-Buletten 136
Spaghetti mit Steckrüben-Bolognese 156
Hähnchen
Gegrillte Hähnchenbrust mit Zitronenaroma 85
Grüner Spargel-Hähnchen-Wok 45
Hähnchen im Päckchen 87

Hähnchen-Avocado-Salat 36
Hähnchen-Ciabatta 67
Hähnchenpfanne 125
Penne mit Mango-Curry-Sauce 157
Halloween-Kürbis schnitzen 138
Haselnüsse: Möhren-Spaghetti
mit Nuss-Pesto 118
Hausgemachter Glühwein 174

Heidelbeeren
Drei-Frucht-Konfitüre 95
Heidelbeer-Vanille-Kaltschale 77
Pfifferlingragout mit
Heidelbeeren 110
Heiße Minze 174
Herbstlicher Blattsalat mit Feigen 108

Herbstrübchen
Bunte Gemüse-Quiche 117
Glasierte Herbstrübchen 113
Herzhafte Gespenster 137

Himbeeren
Drei-Frucht-Konfitüre 95
Himbeer-Colada 65

Hokkaidokürbis
Gebackene Kürbisspalten 113
Gefüllte Kürbisse 137

Holunder
Gebackene Holunderblüten 52
Topfenknödel mit Holunder-
Cranberry-Sauce 133

I

Ingwer
Asiatische Forellen 51
Glossar 179
Info 160

J

Joghurttörtchen mit Aprikosen 91
Johannisbeer-Sorbet 93

K

Kalbsbrust mit Maroni-Füllung 128
Kaninchen mit Frühlingsgemüse 46
Kaninchen: Pappardelle mit
Kaninchenragout 119
Kapern (Glossar) 179
Kapuzinerkressesalat 99

Kartoffeln
Bratkartoffeln mit Pilz-Gröstel 123
Doraden auf Kartoffel-
Lauch-Bett 131
Endivien-Kartoffel-Püree 159
Entenkeulen vom Blech 125
Feldsalat mit Radicchio und
Kartoffel-Croûtons 150
Fisch-Gemüse-Topf 33
Frühkartoffeln mit
Radieschenquark 39
Kartoffel-Egerling-Salat 109
Kartoffelklöße mit Suppengrün 173
Kartoffel-Pastinaken-Puffer 122
Kartoffelsalat mit Kresse und Kefir 74
Kartoffel-Sellerie-Stampf 122
Kartoffeltaler auf Rahmspinat 158
Kasselerbraten im Apfelsud 129
Kerbelcremesuppe 30
Kohlrabi-Kartoffel-Gratin 41
Kürbis-Ricotta-Cannelloni 120
Lauchgratin mit Kartoffeln 111
Mangold-Tarte 117
Maroni-Kartoffeln 123
Ofenkartoffeln mit Rohkost 158
Pichelsteiner Eintopf 106
Raclette mit Gemüse 177
Rote-Bete-Eintopf mit Ente 147
Scharfes Lammragout 127
Walnuss-Bratkartoffeln 159
Warenkunde 102
Käsefondue 177

Kasseler
Grünkohl-Kasseler-Eintopf 147
Kasselerbraten im Apfelsud 129
Kerbelcremesuppe 30
Kerbelschaum (Minirezept) 47
Kirsche (Warenkunde) 62
Kiwi-Melonen-Smoothie 25

Knoblauch
Glossar 179
Grüne Bohnen mit Knoblauch 83
Knoblauch, junger (Info) 42
Knusper-Garnelen mit Aïoli-
Creme 48
Spaghettini mit jungem Knoblauch 43

Knollensellerie
Kartoffel-Sellerie-Stampf 122
Sellerie mit Erdnusskruste 154
Selleriesalat 151
Warenkunde 142
Knusper-Garnelen mit Aïoli-Creme 48

Kohlrabi
Bärlauchsalat mit Rotbarsch 37
Gemüseplatte mit Zitronensauce 81
Kohlrabi-Kartoffel-Gratin 41

Kokosmilch
Glossar 179
Himbeer-Colada 65

Konfitüre
*Konfitüre kalt rühren und
lagern (Info) 95*
Konfitüre mit Trockenaprikosen
(Variante) 94
Minirezept 19

Kopfsalat
Kopfsalat mit Erdbeeren 72
Warenkunde 62
Koriander (Glossar) 179

Kräuter
Fischfilet mit Tomaten-
Kräuter-Kruste 49
Kräuter einlegen oder trocknen 19
Kräuter, mediterrane (Warenkunde) 62
Kräuterblumenkohl 40
Kräuter-Joghurt-Nocken
mit Tomaten 70
Kräuter-Remoulade (Minirezept) 48
Lachs mit Kräuterschaum 50
Lammkeule mit Kräuter-Salsa 47
Provenzalische Nudelpfanne 78
Schweinefilet im Kräutermantel 86

Kresse
Kartoffelsalat mit Kresse und Kefir 74
Kresse-Senf-Butter (Minirezept) 68
Kreuzkümmel (Glossar) 180

Kürbis
Kürbis-Ricotta-Cannelloni 120
Kürbisrisotto 111
Kürbissuppe mit Orangen-
Gremolata 104
Warenkunde 102

L

Lachs
Blini mit Avocadocreme 149
Lachs mit Kräuterschaum 50
Wirsingrouladen mit Lachs 130
Lagerung von Gemüse und Obst 18

Lamm
Lammkeule mit Kräuter-Salsa 47
Lammkoteletts mit
Rhabarbersauce 44

SACH- UND REZEPTREGISTER

Lammpfanne mit Aprikosen 87
Scharfes Lammragout 127
Lauch
   Doraden auf Kartoffel-Lauch-Bett 131
   Endiviensuppe 145
   Lauch-Apfel-Flammkuchen 115
   Lauchgratin mit Kartoffeln 111
   Pilz-Frittata mit Lauch 155
   Warenkunde 102
Laugenstangen mit Leberkäse 67
Limetten-Hollerbrause 64
Linseneintopf mit Tofu 107
Lorbeerkartoffeln (Minirezept) 124
Löwenzahnsalat mit Speckpilzen 35

Mais
   Chorizo-Mais-Pizza 115
   Maiscremesuppe 105
Majoran-Schweinebraten 129
Makrele: Gegrillte Makrele mit Gurken-Melonen-Salsa 88
Mandarinen: Mango-Mandarinen-Lassi 24
Mandeln: Pfirsiche mit Mandelsahne 91
Mandelscholle mit Romanesco 51
Mango
   Mango-Mandarinen-Lassi 24
   Mango-Spargel-Salat 35
   Penne mit Mango-Curry-Sauce 157
Mangold
   Mangold-Tarte 117
   Sprossen-Mangold 41
Maronen
   Kalbsbrust mit Maroni-Füllung 128
   Maronen vorbereiten (Info) 128
   Maroni-Kartoffeln 123
   Rosenkohl-Maroni-Gemüse 173
Matjestopf mit Zuckerschoten 49
Meerrettich
   Info 124
   Meerrettich-Frischkäse mit Dill 26
   Meerrettich-Panna-cotta 148
   Rumpsteak mit Meerrettichkruste 161
Melone
   Fenchelrohkost mit Melone 73
   Gegrillte Makrele mit Gurken-Melonen-Salsa 88
   Kiwi-Melonen-Smoothie 25

Melonen-Minze-Sorbet 93
   Melonen-Relish 69
   Nektarinen-Melonen-Chutney 95
   Orangen-Melonen-Eistee 64
Meraner Nüsse 170
Miesmuscheln
   Miesmuscheln vorbereiten (Info) 130
   Muschel-Gemüse-Topf 131
Minestrone mit jungem Gemüse 32
Mini-Gespenster 139
Minze
   Melonen-Minze-Sorbet 93
   Minze-Joghurt-Dip (Minirezept) 113
Mirabellen: Stachelbeer-Mirabellen-Chutney 95
Mohnravioli mit Pflaumensauce 167
Mohnravioli mit Zimtbröseln (Variante) 167
Möhren
   Bunter Mai-Salat 34
   Chinakohl-Möhren-Gemüse 83
   Endivien-Möhren-Apfel-Salat 151
   Gedünstetes Frühlingsgemüse 40
   Gemüseplatte mit Zitronensauce 81
   Möhrenblümchen-Butter 99
   Möhrencremesuppe mit Curry 31
   Möhren-Muffins 57
   Möhren-Spaghetti mit Nuss-Pesto 118
   Pichelsteiner Eintopf 106
   Winter-Ratatouille 155
Monster-Bowle 138
Monster-Buletten 136
Monsterküsse 139
Mozzarella
   Hähnchen-Ciabatta 67
   Rote Bete mit Mozzarella 148
   Überbackene Spinatnudeln 121
Mungobohnensprossen (Glossar) 180
Muschel-Gemüse-Topf 131

Nektarinen-Melonen-Chutney 95
Niedrigtemperaturgaren (Info) 50
Nudeln
   Chinakohl-Nudel-Pfanne 119
   Nudeln mit Frühlingsgemüse 42
   Nudelsalat mit Salami 97
   Nudel-Wok mit Rindfleisch 79

Ochsenschwanz: Geschmorter Ochsenschwanz 163
Ofenkartoffeln mit Rohkost 158
Ökokiste 16
Oliven (Glossar) 180
Orange
   Erdbeer-Orangen-Aufstrich 27
   Kürbissuppe mit Orangen-Gremolata 104
   Orangen-Melonen-Eistee 64
   Orangenparfait mit Granatapfelsauce 168
   Rehragout mit Orange und Schalotten 127
   Rosmarin-Orangen-Butter 68
   Schwarzwurzeln in Orangenbutter 152
   Selleriesalat 151
   Spitzkohl-Orangen-Salat 109
Osterbrot 57
Osterdeko 59
Ostereier dekorieren und färben 58
Osterhasen backen 59

Pangasius: Fischfilet mit Tomaten-Kräuter-Kruste 49
Papaya: Blutorangen-Papaya-Drink 24
Pappardelle mit Kaninchenragout 119
Paprika-Graupen-Eintopf 107
Paprikapulver (Glossar) 180
Paprikaschote
   Bunter Sommersalat 72
   Fruchtiges Ajvar 69
   Gazpacho mit Croûtons 77
   Gegrillte Antipasti 71
   Gulaschsuppe mit Paprika 144
   Provenzalische Nudelpfanne 78
   Ratatouille-Reis 80
   Warenkunde 62
   Zucchini-Paprika-Salat 75
Parmesan (Glossar) 180
Pastinaken
   Kartoffel-Pastinaken-Puffer 122
   Warenkunde 102
Pfeffer (Glossar) 180
Penne mit Mango-Curry-Sauce 157
Pennette mit geschmolzenen Tomaten 79

Pfifferlinge
Pfifferlingragout mit
Heidelbeeren 110
Warenkunde 102

Pfirsich
Pfirsiche mit Mandelsahne 91
Warenkunde 62

Pflaumen
Mohnravioli mit Pflaumensauce 167
Pflaumen-Trifle 134

Pichelsteiner Eintopf 106

Pilze
Bratkartoffeln mit Pilzgröstel 123
Pilz-Frittata mit Lauch 155

Pink Power 25

Pizza
Chorizo-Mais-Pizza 115
Pizza-Muffins 97

Provenzalische Nudelpfanne 78

Pute
Puten-Nuggets mit
Apfel-Meerrettich-Dip 124
Thai-Gemüsesuppe mit Pute 105

Q

Quark
Quark-Hefe-Teig (Minirezept) 59
Topfenknödel mit Holunder-
Cranberry-Sauce 133
Zitronen-Quark-Soufflée 53

Quitten
Quittenkonfekt 171
Warenkunde 102
Weiße Schoko-Panna-cotta 135

R

Raclette mit Gemüse 177

Radicchio
Feldsalat mit Radicchio
und Kartoffel-Croûtons 150
Warenkunde 142

Radieschen
Frühkartoffeln mit
Radieschenquark 39
Frühlingsfrischer Wurstsalat 36
Römersalat mit Radieschencreme 35
Rahm-Rosenkohl 112
Ratatouille-Reis 80
Ratatouille-Varianten (Info) 80

Rehragout mit Orange
und Schalotten 127

Reis
Frühlings-Wok 33
Kürbisrisotto 111
Ratatouille-Reis 80
Reisnudelsalat 75

Rettich
Rettich-Chili-Garnelen 165
Warenkunde 22

Rhabarber
Grießflammeri mit Erdbeer-
Rhabarber-Kompott 55
Info 44
Lammkoteletts mit
Rhabarbersauce 44
Rhabarberkompott (Minirezept) 52
Rhabarber-Tarte mit Baiser 53

Ricotta
Erdbeercreme mit weißer
Schokolade 54
Kürbis-Ricotta-Cannelloni 120

Rind
Gemüsesuppe mit Klößchen 76
Gulaschsuppe mit Paprika 144
Hackbällchen mit Tomatendip 96
Nudel-Wok mit Rindfleisch 79
Pichelsteiner Eintopf 106
Rindfleischbrühe mit Spätzle 145
Rohkost 17

Romanesco: Mandelscholle
mit Romanesco 51
Römersalat mit Radieschencreme 35
Rosenbowle für Erwachsene 98

Rosenkohl
Rahm-Rosenkohl 112
Rosenkohl-Maroni-Gemüse 173
Warenkunde 142
Winter-Ratatouille 155

Rosmarin-Orangen-Butter 68

Rotbarsch
Bärlauchsalat mit Rotbarsch 37
Rotbarsch-Schwarzwurzel-Gratin 164

Rote Bete
Rote Bete im Salzteig 152
Rote Bete mit Mozzarella 148
Rote Bete vorbereiten (Info) 146
Rote-Bete-Eintopf mit Ente 147
Warenkunde 142

Rote Grütze mit Vanillecreme 90
Rotkohl-Birnen-Gemüse 112

Rucola: Ziegenkäsecreme mit Rucola 68

Rumpsteak
Bunte Grillspieße mit Rindfleisch 84
Rumpsteak mit Meerrettich-
Kruste 161

S

Safran (Glossar) 180
Sahnige Zucchini-»Nudeln« 82
Salatschleuder 17

Sauerkraut
Ananas-Sauerkraut 153
Info 157
Sauerkrautnudeln 157

Schalotten: Rehragout mit Orange
und Schalotten 127
Scharfes Lammragout 127
Schinken-Spinat-Pfannkuchen 28
Schokofondue mit Früchten 169
Schokoladenpudding 169

Schollenfilet
Fischröllchen auf Sahnegemüse 89
Mandelscholle mit Romanesco 51

Schwarzwurzeln
Rotbarsch-Schwarzwurzel-Gratin 164
Schwarzwurzeln in
Orangenbutter 152
Warenkunde 142

Schwein
Chinakohl-Nudel-Pfanne 119
Fenchelwürziger Schweinebraten 162
Frühlings-Wok 33
Majoran-Schweinebraten 129
Pichelsteiner Eintopf 106
Schweinefilet im Kräutermantel 86
Schweinemedaillons Stroganoff 161

Sellerie
Sellerie mit Erdnusskruste 154
Selleriesalat 151
Selleriesorten (Info) 154
Semmelknödelchen (Minirezept) 110

Senf: Grünkohl in Senfsahne 153
Sesamöl (Glossar) 181
Sojasauce (Glossar) 181

Spaghetti mit Steckrüben-
Bolognese 156
Spaghettini mit jungem Knoblauch 43

Spargel
Grüne Spargel-Limetten-Suppe 31
Grüner Spargel-Hähnchen-Wok 45
Grünes Risotto 39

SACH- UND REZEPTREGISTER

Mango-Spargel-Salat 35
Spargel einfrieren (Info) 38
Spargel mit Brunnenkresse-
   Hollandaise 38
Sparschäler 17
Spätzle: Rindfleischbrühe
   mit Spätzle 145
Spinat
   Bulgursalat mit Spinat 37
   Kartoffeltaler auf Rahmspinat 158
   Schinken-Spinat-Pfannkuchen 28
   Überbackene Spinatnudeln 121
   Warenkunde 22
Spitzkohl
   Frühlings-Wok 33
   Spitzkohl-Orangen-Salat 109
   Tagliatelle mit Steinpilzsauce 118
Spitzpaprika aus dem Ofen 82
Sprossen-Mangold 41
Stachelbeer-Mirabellen-Chutney 95
Steckrüben: Spaghetti mit
   Steckrüben-Bolognese 156
Steinbeißer auf Ofengemüse 89
Steinpilze
   Tagliatelle mit Steinpilzsauce 118
   Warenkunde 102
   Südtiroler Speckknödelchen
   (Minirezept) 127
Süßkartoffeln
   Grünkohl-Kasseler-Eintopf 147
   Möhrencremesuppe mit Curry 31

Tafelspitz: Rindfleischbrühe
   mit Spätzle 145
Tagliatelle
   Chinakohlnudeln mit Lachssahne 43
   Provenzalische Nudelpfanne 78
   Tagliatelle mit Steinpilzsauce 118
   Zitronennudeln mit Krebsen 157
Thai-Gemüsesuppe mit Pute 105
Thunfisch
   Reisnudelsalat 75
   Thunfisch-Burger mit Senfsauce 149
   Thunfisch-Crostini 67
Tiefkühlen von Gemüse und Obst 18
Tofu
   Glossar 181
   Linseneintopf mit Tofu 107

Tomaten
   Bruschetta mit Tomaten 66
   Gazpacho mit Croûtons 77
   Gefüllte Tomaten 81
   Gemüsesuppe mit Klößchen 76
   Hackbällchen mit Tomatendip 96
   Kräuter-Joghurt-Nocken
      mit Tomaten 70
   Mangold-Tarte 117
   Pennette mit geschmolzenen
      Tomaten 79
   Provenzalische Nudelpfanne 78
   Reisnudelsalat 75
   Schweinefilet im Kräutermantel 86
   Tomaten häuten (Info) 78
   Tomaten-Bohnen-Salat 73
   Warenkunde 62
Tomaten, getrocknete
   Fischfilet mit Tomaten-
      Kräuter-Kruste 49
   Glossar 179
   Paprika-Graupen-Eintopf 107
   Schinken-Spinat-Pfannkuchen 28
   Topfenknödel mit Holunder-
      Cranberry-Sauce 133
   Topfen-Nugat-Knödel (Variante) 133
Topinambur
   Info 145
   Topinambursuppe mit Speck 145
   Warenkunde 142
   Traubensülze mit Zabaione 135
   Trifle mit Preiselbeeren
      (Minirezept) 134

Überbackene Spinatnudeln 121

V

Vanille
   Glossar 181
   Vanilleeis 92
   Vanillesauce (Minirezept) 167

W

Waldmeistersauce (Minirezept) 54
Walnuss
   Meraner Nüsse 170
   Walnuss-Bratkartoffeln 159

Warenkunde 142
Weiße Schoko-Crisps 170
Weiße Schoko-Panna-cotta 135
*Weiß- und Rotkohl
   (Warenkunde) 142*
Wildkräuter sammeln (Info) 35
Winter-Ratatouille 155
Winterrettich
   Info 164
   Ofenkartoffeln mit Rohkost 158
Wintersalate vorbereiten (Info) 150
Wirsing
   Curry-Fisch mit
      Apfel-Wirsing 165
   Info 106
   Pichelsteiner Eintopf 106
   Warenkunde 102
   Wirsingrouladen mit Lachs 130
Wurzel-Wok mit Entenbrust 160

Z

Zabaione: Traubensülze
   mit Zabaione 135
Zander: Fenchelcremesuppe
   mit Zander 104
Ziegenkäsecreme mit Rucola 68
Zimt-Vanilleeis-Sterne 175
Zitronengras (Glossar) 181
Zitronennudeln mit Krebsen 157
Zitronen-Quark-Soufflé 53
Zitrusfrüchte (Glossar) 181
Zucchini
   Bunte Gemüse-Quiche 117
   Gegrillte Antipasti 71
   Gemüsesuppe mit Klößchen 76
   Ratatouille-Reis 80
   Sahnige Zucchini-»Nudeln« 82
   Zucchini-Paprika-Salat 75
Zuckerschoten
   Frühlings-Wok 33
   Gemüseplatte mit
      Zitronensauce 81
   Grüner Spargel-Hähnchen-
      Wok 45
   Grünes Risotto 39
   Löwenzahnsalat mit Speckpilzen 35
   Matjestopf mit Zuckerschoten 49
   Nudeln mit Frühlingsgemüse 42

IMPRESSUM

Die Autorinnen

Susanne Bodensteiner Die Literaturwissenschaftlerin und leidenschaftliche Köchin arbeitet seit vielen Jahren als freie Food-Autorin. Für die Jahreszeitenküche schrieb sie die Aufmachertexte, füllte Service- und Glossarseiten mit dem Know-how aus Ihrer Küchenpraxis und steuerte auch viele familientaugliche Rezepte bei. Denn täglich kocht sie für Mann und Söhne und immer am liebsten mit frischen Zutaten vom Markt. Sie freut sich, wenn es ihren Männern schmeckt. Aus langjähriger Erfahrung als Familienköchin weiß sie allerdings auch: Nicht jedes Gemüse ist jederzeit vermittelbar.

Martina Kittler Die Diplom-Oecotrophologin und Sportwissenschaftlerin machte ihre Leidenschaft fürs Kochen zum Beruf – acht Jahre lang bei der größten deutschen Food-Zeitschrift und seit der Geburt ihrer Kinder Janina und Laurens als freie Fachjournalistin und Kochbuch-Autorin. Sie entwickelt gerne Neues und hat viel Freude am Ausprobieren – gut die Hälfte der Rezepte stammt von ihr, gesund und ideenreich zusammengestellt mit Produkten, die jahreszeitlich auf dem Markt und in ausreichender Menge zu haben sind. Ihr Rat für alle, die jeden Tag kochen müssen: Wenn die Zeit reif ist, in Gemüse- und Obstsorten à la saison schwelgen!

Christa Schmedes arbeitet seit vielen Jahren für Zeitschriften und Buchverlage und als Stylistin in Studios bekannter Fotografen. Als freie Autorin veröffentlichte sie zahlreiche Bücher rund um die Themen Kochen, Backen und Feste feiern. Vor allem die Früchte aus dem eigenen Garten inspirieren sie immer wieder zu Köstlichkeiten, die ihre Familie, Freunde und große und kleine Nachbarn gern genießen. So entwickelte sie für die Jahreszeitenküche kreative Rezepte für traumhafte Desserts, Konfitüren und phantasievolle Dekorationen.

Die Fotografinnen

Ulrike Schmid und **Sabine Mader** arbeiten seit Jahren als Team in ihrem Foodstudio **Fotos mit Geschmack** und leben mit ihren Familien im »Fünf-Seen-Land« zwischen Starnberger See und Ammersee. Am liebsten fotografieren sie, wo das Licht am schönsten ist, im Studio, vor der Tür oder mit Gummistiefeln beim Bio-Bauern. Sie bedanken sich bei der tollen Crew in der Küche: Alex Kühn und Hans Gerlach. Ebenfalls vielen Dank an die Firmen Riess Email, Arzberg Porzellan und Blanco Küchentechnik.

Bildnachweis:
alle Fotos von **Fotos mit Geschmack:** Ulrike Schmid, Sabine Mader

Außer Produktfotos S. 10-15: **Teubner Foodfoto**

Illustrationen: Franziska Misselwitz

Titelfoto: Gegrillte Hähnchenbrust und Bunte Grillspieße von Seite 84/85

© 2009 GRÄFE UND UNZER VERLAG GmbH, München.
Alle Rechte vorbehalten. Nachdruck, auch auszugsweise, sowie Verbreitung durch Film, Funk, Fernsehen und Internet, durch fotomechanische Wiedergabe, Tonträger und Datenverarbeitungssysteme jeglicher Art nur mit schriftlicher Genehmigung des Verlags.

Konzept, Redaktion und Bildredaktion: Sigrid Burghard

Lektorat: Katharina Lisson

Korrektorat: Petra Bachmann

Layout, Typographie und Umschlaggestaltung: independent Medien-Design, München

Herstellung: Petra Roth

Satz: Knipping Werbung GmbH, Berg/Starnberg

Reproduktion: Longo AG, Bozen

Druck: Firmengruppe APPL, aprinta druck, Wemding

Bindung: Conzella, Pfarrkirchen

ISBN 978-3-8338-1732-8
1. Auflage 2009

Unsere Garantie

Alle Informationen in diesem Ratgeber sind sorgfältig und gewissenhaft geprüft. Sollte dennoch einmal ein Fehler enthalten sein, schicken Sie uns das Buch mit dem entsprechenden Hinweis an unseren Leserservice zurück. Wir tauschen Ihnen den GU-Ratgeber gegen einen anderen zum gleichen oder einem ähnlichen Thema um.

Liebe Leserin und lieber Leser,

wir freuen uns, dass Sie sich für ein GU-Buch entschieden haben. Mit Ihrem Kauf setzen Sie auf die Qualität, Kompetenz und Aktualität unserer Ratgeber. Dafür sagen wir Danke! Wir wollen als führender Ratgeberverlag noch besser werden. Daher ist uns Ihre Meinung wichtig. Bitte senden Sie uns Ihre Anregungen, Ihre Kritik oder Ihr Lob zu unseren Büchern. Haben Sie Fragen oder benötigen Sie weiteren Rat zum Thema? Wir freuen uns auf Ihre Nachricht!

Wir sind für Sie da!
Montag–Donnerstag: 8.00–18.00 Uhr;
Freitag: 8.00–16.00 Uhr
Tel.: 0180 - 5 00 50 54*
Fax: 0180 - 501 20 54*
E-Mail: leserservice@graefe-und-unzer.de

*(0,14 €/Min. aus dem dt. Festnetz/Mobilfunkpreise können abweichen.)

PS: Wollen Sie noch mehr Aktuelles von GU wissen, dann abonnieren Sie doch unseren kostenlosen GU-Online-Newsletter und/oder unsere kostenlosen Kundenmagazine.

GRÄFE UND UNZER VERLAG
Leserservice
Postfach 86 03 13 | 81630 München

Kochlust pur

Koch- und Backvergnügen für alle und für jeden Anlass

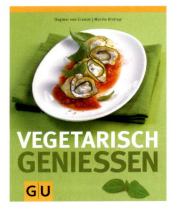

ISBN 978-3-8338-0479-3
192 Seiten

ISBN 978-3-7742-7200-2
240 Seiten

ISBN 978-3-8338-0649-0
192 Seiten

ISBN 978-3-8338-0825-8
192 Seiten

Unsere umfassenden Standards:
Kochen und Backen – unsere beste Auswahl für Sie
Alltag und Feste – Rezepte, die man wirklich braucht
Kochen erleben – mit der GU-Gelinggarantie

Willkommen im Leben.

Einfach göttlich kochen und himmlisch speisen? Die passenden Rezepte, Küchentipps und -tricks in Wort und Film finden Sie ganz einfach unter: www.küchengötter.de

SCHLAUE TIPPS UND TRICKS

Prima Klima im Kühlschrank

→ Damit's nicht »muffelt«, eine Espressotasse mit **Kaffeepulver** ins oberste Fach stellen.
→ Regelmäßig Kühlschrank ausräumen, säubern und zum Schluss mit **Essigwasser** auswischen.

Fleckenteufel

→ **Rotwein** verschüttet? Ob Tischtuch oder T-Shirt: Am besten gleich Salz darüberstreuen – es bindet Feuchtigkeit und Farbpartikel. Anschließend mit Vollwaschmittel und reichlich Wasser waschen. Vorsicht! Empfindliche Textilien, z.B. aus Samt oder Seide, vertragen kein Salz. Hier hilft nur Einweichen über Nacht.
→ **Obstflecken** lassen sich mit Buttermilch entfernen: darüberträufeln, einwirken lassen, dann das Kleidungsstück waschen.
→ Verkleckertes **Eigelb** trocknen lassen und vorsichtig abkratzen. Fleck mit Spülmittel oder Gallseife kalt auswaschen.

So glänzt Ihr Tafelsilber

→ **Silberbesteck** mit einem Stückchen Alufolie und einer Handvoll Salz in eine Schale legen, mit kochendem Wasser bedecken und etwas darin ziehen lassen. Dann abspülen und abtrocknen.

Papierkram

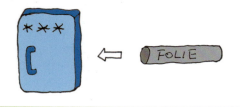

→ **Frischhaltefolie** lässt sich nicht abreißen, sondern klebt zusammen? Rolle kurz in den Kühlschrank legen.
→ **Backpapier** rollt sich ein? »Kleben« Sie es einfach mit etwas Butter ans Blech.

Bitte mit Ketchup!

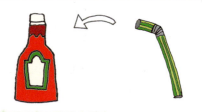

→ **Ketchup will nicht aus der Flasche?** Strohhalm reinstecken und wieder herausziehen. So kommt Luft in die Flasche, und schon fließt der Ketchup.